中国特色小（城）镇
暨"千企千镇工程"发展报告

2017

中国城镇化促进会
"千企千镇工程"办公室 编

ZHONGGUO TESE XIAO（CHENG）ZHEN
JI "QIANQI QIANZHEN GONGCHENG"
FAZHAN BAOGAO 2017

人民出版社　中国致公出版社 China Zhigong Press

图书在版编目（ＣＩＰ）数据

中国特色小（城）镇暨"千企千镇工程"发展报告 . 2017/
中国城镇化促进会，"千企千镇工程"办公室编 . —— 北京：
中国致公出版社，2018

ISBN 978-7-5145-1248-9

Ⅰ . ①中… Ⅱ . ①中… ②千… Ⅲ . ①小城镇—城市发展—
研究报告—中国— 2017 Ⅳ . ① F299.21

中国版本图书馆 CIP 数据核字（2018）第 063903 号

中国特色小（城）镇暨"千企千镇工程"发展报告 2017

中国城镇化促进会，"千企千镇工程"办公室　编

责任编辑：张洪雪

责任印制：岳　珍

出版发行：中国致公出版社 China Zhigong Press

地　　址：北京市海淀区翠微路 2 号院科贸楼

邮　　编：100036

电　　话：010-85869872（发行部）

经　　销：全国新华书店

印　　刷：北京文昌阁彩色印刷有限公司

开　　本：889mm×1194mm　　　1/16

印　　张：23.5

字　　数：320 千字

版　　次：2018 年 6 月第 1 版　　2018 年 6 月第 1 次印刷

定　　价：128.00 元

序 言

　　习近平总书记在党的十九大报告中明确提出要实施区域协调发展战略和乡村振兴战略，强调"以城市群为主体构建大中小城市和小城镇协调发展的城镇格局"，"建立健全城乡融合发展体制机制和政策体系，加快推进农业农村现代化"。这两项战略的实施都与特色小（城）镇建设密不可分。

　　近年来，我国大中城市发展迅速，小城市和小城镇发展相对滞后，出现了区域发展不平衡、不协调的问题。尤其是小城镇建设，与一些先行城市化的国家相比，还有很大差距，成为制约我国区域平衡、协调发展的短板之一。党中央、国务院高度重视小城镇建设，把加强特色小（城）镇作为加快经济转型升级、推进新型城镇化的重要抓手。2015 年 12 月 24 日，习近平总书记对加强特色小镇和特色小城镇建设作出重要指示：抓特色小镇、小城镇建设大有可为，对经济转型升级、新型城镇化建设，都具有重要意义。近年来，国家相继出台了一系列支持特色小（城）镇发展的政策，对推动我国特色小（城）镇建设起到了十分重要的作用。

　　党的十九大提出的乡村振兴战略为特色小（城）镇发展提供了广阔的舞台。小（城）镇位于城乡结合部，联结着大中小城市和农村，是农产品加工、贸易产业的集聚地和农村一二三产业融合的空间载体，是推动城乡发展要素自由流动、城乡融合发展的桥梁和纽带。农村转移人口到小城镇就业、生活，将推动农民就地就近城镇化，减少农业人口向大中城市转移所产生的"城市病"。

　　近年来，我国特色小（城）镇建设取得了明显成效，积累了不少经验，同时也应该看到，特色小（城）镇建设过程中也出现了一些不容忽视的问题。为保证特色小（城）镇健康发展，亟待国家的引导和规范。为此，国家发展改革委、国土资源部、环境保护部、住房和城乡建设部于 2017 年 12 月 4 日联合印发了《关于规范推进特色小镇和特色小城镇建设的若干意见》，进一步明确了特色小（城）镇建设的指导思想、基本原则和重点任务。

为了切实按照习近平总书记关于加强特色小镇和小城镇建设的重要指示精神，充分发挥市场主体作用，因地制宜、突出特色、大胆创新、健康有序推动我国特色小（城）镇建设，国家发展改革委、国家开发银行、中国光大银行、中国企业联合会、中国企业家协会、中国城镇化促进会于2016年12月12日联合发出了《关于实施"千企千镇工程"，推进美丽特色小（城）镇建设的通知》，开始实施"千企千镇工程"。"千企千镇工程"就是要按照"政府引导、企业主体、市场化运作"的新型小（城）镇创建模式，搭建小（城）镇与企业主体有效对接平台，引导社会资本参与美丽特色小（城）镇建设，促进镇企融合发展、共同成长，实现一企带一镇，一业兴一镇。"千企千镇工程"实施以来，由国家发展改革委牵头，六部门通力合作，密切配合，形成合力，开展了"千企千镇工程"进湖南、进重庆、进内蒙古、进湖北、进山东、进海南等活动，面向全国各地基层政府和企业举办了十多期高质量的公益培训班，打造了千企千镇服务网、建立了全国特色小（城）镇基础数据资源库和企业转型升级数据库，促成了300余对镇企结对合作，有力推动了我国特色小（城）镇建设。

为了全面、系统地反映过去一年来我国特色小（城）镇建设和"千企千镇工程"实施进程及取得的经验和成就，中国城镇化促进会和"千企千镇工程"办公室联合编写了《中国特色小（城）镇暨"千企千镇工程"发展报告2017》。

希望这份报告能够完整记录我国特色小（城）镇建设的发展足迹，充分反映我国特色小（城）镇建设的非凡成就，能够成为见证我国特色小（城）镇建设成就和"千企千镇工程"实施进程的编年史，能够为我国新型城镇化提供一份宝贵的资料。

中国城镇化促进会主席
2018年4月

目 录
Contents

上 篇　特色小（城）镇发展总报告

第一章　发展现状 / 003

第二章　工作进展 / 032

第三章　发展特点 / 063

第四章　存在的问题 / 101

第五章　发展趋势 / 131

中 篇　特色小（城）镇发展分报告

第六章　小（城）镇品牌建设与发展 / 143

第七章　网络知名度评估 / 178

第八章　各地经验 / 198

下 篇　"千企千镇工程"发展报告

第九章　"千企千镇工程"概述 / 223

第十章　总体推进情况 / 232

第十一章　联合发起单位工作进展 / 246

第十二章　实施中存在的问题 / 256

第十三章　案例介绍 / 264

附 录

国家相关政策汇总 / 317

大事记 / 358

后 记 / 367

上　篇

特色小（城）镇发展总报告

第一章　发展现状

随着我国的城市化率超过 50%，我国进入了城镇化的转折点，需要改变之前粗放的、以规模扩张为主的城市化发展，转向以创新、协调、绿色、开放、共享"五大发展理念"为核心的集约的、精致的新型城镇化发展方向。特色小镇无疑是这种转变最突出的特征和最具有意义的实践。我国在 2003 年通过全面建设小康示范镇，对新型城镇化进行了探索；2014 年在浙江以特色小镇的形式进行了实践。经过 2016 年开局之年后，2017 年特色小镇在全国进入了一个发展高潮。

除了以"乡镇"行政单元继续进行认定，第二批新增 276 个，共 403 个外，各地以非行政建制，围绕特色经济和地区独特的发展之路，形成了丰富多彩的特色小镇。

一、发展概况

自 2014 年浙江省首次提出"特色小镇"以来，国家发展改革委、国家财政部和国家住房和城乡建设部（以下简称"三部委"）于 2016 年 7 月联合了发布《关于开展特色小镇培育工作的通知》（建村〔2016〕147 号）（以下简称《通知》），2016 年 10 月住房和城乡建设部发布了《第一批 127 个中国特色小镇名单》，随着这两份文件的发布，特色小镇建设在全国全面铺开。截止到 2017 年年底，全国提到特色小镇的地域就有数千个之多，各地以各种方式进行的关于特色小镇的论坛、培训和各种交流活动的密集程度，也远超其他城镇化内容，特色小镇成为首要议题。

1. 特色小镇的规划

"三部委"的《通知》中提出"到 2020 年，培育 1000 个左右各具特色、富有活力的休闲旅游、商贸物流、现代制造、教育科技、传统文化、美丽宜居等特色小镇"，之后各地积极开展培育特色小镇的探索性尝试，各项地方规划密集出炉。截止到 2017 年年底，全国大陆 31 个省市自治区都明确提出了小镇建设计划，其中浙、苏、鲁、湘、粤均拟建 100 个及以上特色小镇；另外，浙江、天津、江苏、福建、广州、贵州、甘肃等地均出台了相关政策，在土地、租金、税费等方面进行减免优惠。其中 20 个省（直辖市、自治区）明确了具体建设数量，总量达到 1700 多个，且均要求在 2020 年前创建完成。

根据对全国 31 个省市特色小镇建设规划的不完全统计，各地规划的特色小镇建设数量达到 2000 多个（见表 1.1），远远超过三部委的规划。

表 1.1　各地特色小镇建设规划数量

地区	特色小镇规划数量（个）	规划年份
北京市	42	2020
天津市	20	2020
河北省	100	2020—2025
山西省	40	2020—2025
内蒙古自治区	48	2020
辽宁省	50	2020
吉林省	80	2020
黑龙江省	100	2020
上海市	40	2020
江苏省	100	2020—2025
浙江省	100	2020
安徽省	80	2020
福建省	100	2020
江西省	60	2020
山东省	100	2020
河南省	50	2020—2025

续表

地区	特色小镇规划数量（个）	规划年份
湖北省	50	2020—2025
湖南省	100	2020
广东省	100	2020
广西壮族自治区	100	2018
海南省	100	2020
重庆市	30	"十三五"
四川省	200	2020
贵州省	100	2020
云南省	200	"十三五"
西藏自治区	100	2020
陕西省	100	2020
甘肃省	18	2018
青海省	20	2020
宁夏回族自治区	40	2020—2025
新疆维吾尔自治区	100	2020—2025

（资料来源：根据各地文件整理）

由于特色小镇不受行政界线的限制和类型的约束,任何一片区域、一个产业、任何一个有特点的地区都可以称之为特色小镇,2016 年被称之为特色小镇的数量就已经达到了 1000 个,2017 年更是增加到了 5000 个之多。

专家观点 ▶

◎**李强（上海市委书记）**

特色小镇建设必须实现"多规合一",必须坚持规划先行、多规融合,突出规划的前瞻性和协调性,统筹考虑人口分布、生产力布局、国土空间利用和生态环境保护。

◎**郑新立（中共中央政策研究室原副主任）**

城镇化很大程度上是在各地经济发展的过程中自然形成的,由于缺乏明晰的战略规划引导,导致了一些新的矛盾和问题的产生：第一,部分大城市、特大型城市交通拥堵、空气污染、房价畸高,制约了城市的可持续发展；第二，常住人口和户籍人口形成二元格局，既不利于培育稳定、高素质的产业工人队伍，又造成了新老居民之间基本权益的不平等；第三，城市结构、布局不合理，城市总量明显偏少，大城市、特大型城市因吸引要素的能力强、就业机会多而迅速膨胀，中小城市特别是小城镇因吸纳就业的能力弱而发展缓慢、数量偏少，中西部地区尤为明显。

◎朱鼎健（全国政协委员）

特色小镇不是房地产"圈地运动"，要留住村民创业，要让当地百姓享受到特色小镇的红利，并成为最终受益者。部分乡村大力扶植旅游观光业发展的同时，也不能忽视传统制造业。针对广大的村、乡、镇地区，从大到规划，小到单体建筑设计，政府有关部门可以制定出细致有效的管理手段和模式。

◎赵晖（住房和城乡建设部总经济师）

特色小镇的建设不适宜制定非常硬性的标准，否则就不是特色小镇了，而应该对规划和建设提出原则性要求和指导性意见，以保证小镇建设发挥特色，因地制宜。小城镇发展是有规律的，不能盲目追求大规模，规划、设施建设规模要予以控制。特色小镇规划切忌大而全，不能照搬城市经验，应注重特色小镇的建设性和可实施性。

2. 投资

（1）投资规模。

大规模的特色小镇在全国迅速铺开，伴随着的是基础设施、环境、不动产的大规模建设，以及后续旅游、养生、健康等产业的开发。这些活动将带来巨大投资，产业将涉及房地产、建筑、建材、旅游、园林、智慧城市等多个行业，受益的子行业超过 50 个，估计产值也将超数万亿元。尤其是对处于转折点的房地产业，将是个巨大的投资机会。

根据对已经初步建成并有企业进驻运营的部分小镇统计来看，平均一个特色小镇投资额为 50—60 亿元。按照住建部总规划 100 个特色小镇，将产生 5—6 万亿的投资体量；如果按 31 个省市规划的特色小镇总量，2400 多个特色小镇将产生 12—15 万亿投资额。这个额度的投资可为经济增长提供强大推力，将约占 2016 年 GDP 的 15%。

特色小镇巨大的建设机会也将为相关企业带来巨大的市场机会。根据财政部 PPP 项目库数据显示，目前已有 20 家由政府主导的特色小镇项目挂牌，投资额最少的为 3 亿元，最多的则达 80 亿元。对浙江、江苏、广东、重庆、山东等省市的建设目标及投资进行统计，预计到 2020 年特色小镇总计建设 1900 个左右，假设东部省市单个小镇建设投资 50 亿元，中部省市 30 亿元，西部省市 10 亿元，考虑到部分省市未给出明确的目标，相信特色小镇投资会更大，经初步测算，全国总投资至少为 4.8 万亿元，基建投资至少 1.4 亿元。

表1.2 各地特色小镇建设规划投资统计

地区	建设目标（个）	投资金额（亿元）
天津市	30	1500
河北省	100	2000
内蒙古自治区	40—60	500
辽宁省	50	1000
江苏省	100	5000
浙江省	100	5000
安徽省	80	2400
福建省	28	840
江西省	60	1800
山东省	100	3000
河南省	100	3000
湖北省	50	1000
湖南省	100	3000
广东省	100	5000

续表

地区	建设目标（个）	投资金额（亿元）
广西壮族自治区	100	1000
海南省	55	550
重庆市	30	900
四川省	200	6000
云南省	210	2100
西藏自治区	20	200
陕西省	100	1000
甘肃省	18	180
新疆维吾尔自治区	100	1000
总计	2000	47970

（资料来源：根据地方发展改革委等相关网站整理）

　　财政部 PPP 项目库数据显示，目前已有 20 家由政府主导的特色小镇项目挂牌，投资额最少的为 3 亿元，最多的则达 80 亿元。可见，建筑企业打造特色小镇的步伐越来越快，正在由一个建设企业向城市运营商转型，以特色小镇探索新型城镇化建设，是为地区的发展建设开辟新的方向，也是为自身发展新产业提供新空间。

表 1.3　建筑公司投资特色小镇概况（截止到 2017 年年底）

建筑公司	特色小镇	意向投资金额	投资方式
中国建筑	徐州云龙文博小镇和官湖小镇、上海重固和枫泾科技小镇、十堰高铁小镇、青岛李哥庄小镇、天津蓟州区白涧河官庄色特小镇、成都五凤特色小镇、武汉智慧小镇等	超 2000 亿元	合作投资、PPP 等模式
中国中铁	湖南汨罗特色小镇、西安阎良航空小镇、上海朱家角特色小镇、四川乐山永乐光辉特色小镇、青海海东小依休智慧养老小镇、江苏扬州弯头玉器特色小镇等	约 400 亿元	合作投资、PPP、EPC 等模式

续表

建筑公司	特色小镇	意向投资金额	投资方式
中国交建	湖南邵阳神滩晚渡特色小镇、云南怒江一带的特色小镇	约1000亿元	合作投资
中国电建	河南孟津特色小镇、西藏吉隆特色小镇、新疆阿恰勒特色小镇	约150亿元	合作投资、PPP模式
五矿集团	贵州独山玉水特色小镇、贵州高峰特色小镇、湖南邵东九色玫瑰特色小镇		合作投资
河北荣盛、科达集团、上海建工集团、北京城建集团、天津建工集团、云南城投等	河北平山县李家庄特色小镇、山东泰安奉山生态旅游特色小镇、上海枫泾特色小镇、江苏仪征医养游特色小镇、安宁渠特色小镇、皇冠健康小镇等	超300亿元	待定

（资料来源：根据报道信息汇总）

（2）投资的主体结构。

从投资结构来看，目前主要以政府前期基础设施为主。据前瞻产业研究院对国内已建成小镇的样本统计，总投资中基建设施投资约占比30%—50%，估算全国1000个小镇基建投资将有1.5—2.5万亿。第二批特色小镇平均固定资产投资为22.89亿元，其中社会投资占比超过50%。2017年作为初期阶段的第二年，仍主要表现为以政府对基础设施的投资为主，房地产真正的投资仅占11.6%。其他未列入国家名单的一些小镇，政府为了鼓励小镇参与申报全国和省级特色小镇，也往往由政府首先进行基础设施建设，为后续引进社会资本提供前提条件。

专家观点 ▶

◎李兵弟（住房和城乡建设部原司长）

关于特色小镇建设过程中企业的定位问题，国家的大企业集团是推进特色小镇产业发展实业落地的重要力量。大企业要敢于把延伸的产业链放到镇上，把转移出来的产业职能（不是落后产能）放到镇上，让创造出的新的价值链落在镇上，带动地方的特色经济，而不要利用自己的优势地位，长期垄断基层资源，更不能把城市的发展模式移植过来，简单地推动房地产开发。

◎常春（石嘴山市副市长）

从实际情况来讲，禁止地产商进入特色小镇也是不现实的。特色小镇的前期建设投入较高，如体育小镇，其基础设施、场地建设、配套设施的投资规模都很大。投资公司方面，目前比较流行的是采用PPP模式与政府合作，但地产商参与的比例也比较高。地方政府可以给地产商设置一些限制，比如适当减少住宅比例等。

专栏 1.1

乡村基础设施建设将为特色小镇提供前提条件

中国城镇化促进会对山东省青岛市和湖北省一些特色小镇调查，发现前期主要表现为政府对基础设施建设的投资。

（1）青岛市黄岛区六汪镇，是西海岸新区现代农业示范区两个直管区之一，总面积122平方千米、耕地面积6000公顷，管辖43个行政村、3.1万人；2016年财政收入9544万元，利用外资2735万美元、内资3.7亿元；距离青岛西客站15千米，黄岛前湾港码头35千米，青岛国际机场65千米；有铁镢山和长城遗址。近年来该镇立足"花果林"资源，定"园艺小镇、锦绣六汪"为发展目标，大力发展现代农业和休闲旅游业，重点推进基础设施建设、产业发展和人居环境改善，小城镇建设卓有成效。该镇先后荣获山东省环境优美镇、国家一镇一业示范镇、山东省文明镇、山东省旅游强镇、青岛市电子商务示范镇、青岛市绿化模范镇、青岛市信访三无单位、青岛市村镇规划工作先进集体等荣誉称号。

（2）青岛市黄岛胶河区近年来，共有20个项目列入全区特色小镇建设计划，总投资达1.2亿元，主要用于基础设施，也涵盖产业园区基础设施。

（3）青岛市莱西市南墅镇总面积165平方千米，人口5.1万人，拥有石墨资源、森林公园和青山湖，属于"全国重点镇""千强镇520名""国家环境优美镇""山东省文明镇""青岛市重点中心镇"。依据《中共莱西市人民政府关于加快推进特色小镇建设工程的实施意见》，特色小镇建设将被给予以下扶持政策。一是土地保障及项目建设优惠，根据用地规模和指标，有限安排重点打造的特色小镇。需要建设用地的，可先行办理农用地转用及供地手续，市政府根据年度用地单列计划用地指标，在特色小镇范围内的建设项目可整体打包享受青岛市重点项目优惠政策。二是加大资金扶持，设立专项奖励基金。对于每个成功创建并通过考核验收的国家、省、青岛市级特色小镇所在地的街道，分别给予3000万元、2000万元、1000万元的专项奖励资金。基础设施项目资金，通过与社会资本合作，成立市特色小镇发展基金，对具有产业支撑、发展思路清晰的特色小镇进行基础设施建设扶持。特色小镇与美丽乡村建设相结合，在特色小镇区域内的村庄优先申报美丽乡村标准化建设示范村，补助资金应与特色小镇建设相结合。授权特色小镇所在镇街作为特色小镇建设实施主体，授权成立平台公司资格，用以PPP融资。三是其他扶持政策，积极争取项目列入青岛市50亿元的特色小镇发展基金项目库。市级部门牵头管理的各类专项资金优先支持特色小镇发展。由企业成功创建并通过考核验收的国家、省、青岛市级特色小镇，投资企业享受莱西市《加快新旧动能转换支持总部经济发展意见》。名为"绿色碳谷"小镇，以基础设施完善、公共服务设施完善、镇区风貌改造、生态修复工程、工业项目升级改造为主要抓手，发展特色。

（4）青岛市黄岛区张家楼镇有63个行政村，其中达尼画家村以油画而著名。为突出"油画小镇、画美张家楼"的主题，以"城镇引领、产业支撑、市场带动、生态优先"思路为引领，该村全力抓好"一村、一城、一廊"，走出了小镇的特色之路。该村同时打造文化市场、特色农产品交易市场和花卉市场，如今主导产业兴旺、市场聚集效应明显。投资8亿元、总建筑面积10万平方米的青岛艺博城项目是油画小镇的重点项目，并由深圳大芬上艺文化集团整体运营，主要包括油画及艺术品制作与交易，采取"实体店＋互联网"运营模式。十里文化长廊连接博艺城和达尼画家村。这里有田园乐趣、蓝莓采摘、草莓采摘、樱桃采摘、樱皇大世界生态园等活动，有泽丰文化生态园、佳沃蓝莓精品示范园、珠山芝田文化生态园、青岛幸福村生态园，举办过情系故乡黄岛籍艺术家回想作品展、蓝莓文化节、樱桃文化节、民间艺术表演、社区书屋、手工时刻雕花等活动。

（5）湖北襄阳市普陀区，区位优势明显，交通四通八达，周边商贸业较发达。缺点如下：一是农民。村民以种养殖业为主，年轻人外出打工比例高，经济对外依赖性强，老龄化、空心村问题严重；农业以传统农业为主，种植品类单一，产值低，经济发展水平不高。二是农村。废弃物乱堆放、房屋扩建问题突出，村庄布局零散，景观粗放；设施不完善，道路狭窄，破损严重，生活质量差。规划项目：国家无公害蔬菜标准园创建基地，农产品质量追溯系统平台，婚纱摄影婚礼文创基地，都市现代农业休闲旅游示范点，农业产业龙头企业，农业服务化、农民产业工人示范区。目的：在创新、生态、绿色、环保、共享的理念下，以围绕婚庆摄影、旅学研科普教育、亲子教育、养生禅修、农业嘉年华（鲜花小镇）特色商业街等产业发展，用第三产业带动第一、第二产业的融合与发展，以提升城镇功能为重点，推动"产、城（镇）、人、文"的融合发展，打造环境之美、生态之美、环保节能的美丽乡村底色，建设有婚庆文创产业、培训教育产业的特色小镇。项目投资概算：农业嘉年华（示范区综合服务区）占地140亩，投资2.8亿；产学研产业基地占地93亩，投资2.7亿；康体养生230亩，投资6.9亿；居民集并区占地150亩，投资4.2亿；婚庆产业区占地67亩，投资2亿；美食及休闲区占地150亩，投资4.5亿；乡创空间区占地66亩，投资2亿；襄阳七庄基础设施及风貌改造，投资6亿；供刚蔬菜基地占地1800亩，投资0.9亿；安全石材供应及深加工基地12000亩，投资3.8亿。乡村建设总投资35.8亿，其中产业投资14.2亿，养生产业和商业21.6亿（含美丽乡村改造6亿）。

（3）投资的行业结构。

从对不同行业特色小镇的投资来看，高端制造业的投资领先，其次是旅游产业，然后依次是经典传统产业、时尚产业、信息产业、金融业、健康产业、环保等产业（见图1.1）。

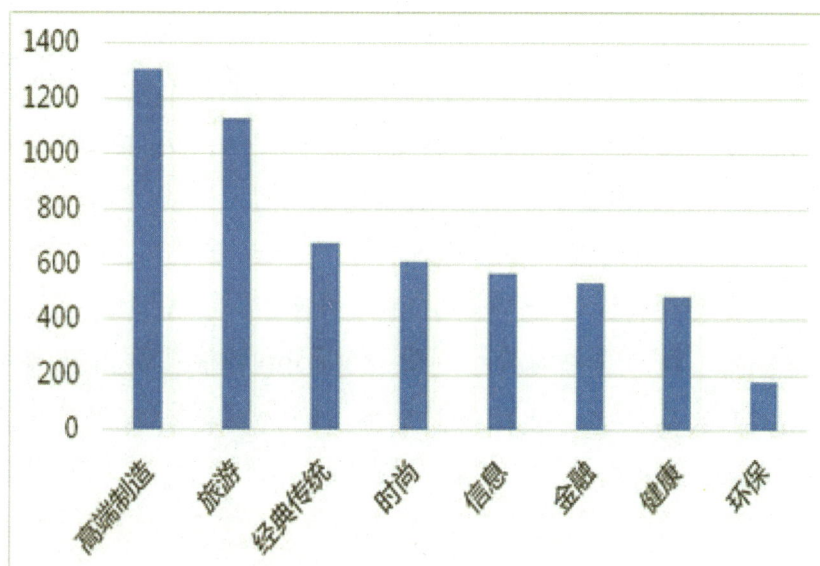

图 1.1　特色小镇中主要行业投资额（单位：亿元）
（资料来源：小城镇建设网站）

专家观点 ▶

◎**左坤（国家开发银行国开金融有限责任公司副总裁）**

特色小镇中一定要包含房地产，它只不过是超越了房地产，范围更广，内涵更多，但是一定要靠居住功能。

◎**罗祖亮（全国人大代表、大湖产业投资集团董事局主席）**

特色小镇的建设资金可以企业为主体，政府提供政策供给、规划引导、审批服务等方面支持，最大限度优化资金环境，提高企业的积极性，鼓励在集体土地供应上进行探索，使特色小镇建设朝集约化、节约化、紧凑化方向发展。

◎刘云中（国务院发展研究中心研究员）

特色小镇的建设需要投入大量资金，尤其一些基础性投资，回收周期长，面临资金约束，需要政府、企业和居民的共同努力。从鼓励企业积极性的角度，地方政府可以从三方面入手：首先可以对特色小镇的建设内容进行分类，对于成本收益划分比较明确的项目，积极鼓励企业资金的进入；其次，在较高的行政层级上，例如省一级或者地级市层面，将一定数目的特色小镇建设集中打包，通过采取发行地方政府债券等方式吸引民间资金进入；再次，地方政府可以制定一些特殊政策，鼓励有实力的企业整体进入，承建和运营特色小镇。PPP模式也是企业和政府合作来建设特色小镇的一种方式，尤其是在有较为明确收益的特色小镇建设项目中，可以采取PPP模式，减轻政府资金投入的压力。当然，在这一过程中，无论是政府还是企业都应该具有契约精神，信守合同的约定。

二、国家级特色小镇发展现状

住房和城乡建设部自2016年10月公布第一批特色小镇名单以来，又于2017年7月公布了第二批全国特色小镇名单276个，到目前为止两批次共403个。第二批比第一批数量增加了一倍，显示了各地特色小镇的发展速度。

1. 数量和分布

从数量上看，第二批特色小镇入选数量是第一批特色小镇入选数量的2倍多。其中，江苏省、浙江省、山东省位列特色小镇总量前三。浙江省、江苏省、四川省、广东省、江西省均有13个及以上的小镇入选，东部沿海地区以120个小镇数量继续领跑全国其他各地区。长三角地区经济发展活跃、居民收入水平相对较高，为特色小镇发展奠定了经济基础；京津冀地区相较之下，特色小镇数量偏少，未来仍具备较大发展空间。第一批和第二批数量及其分布见图1.2。

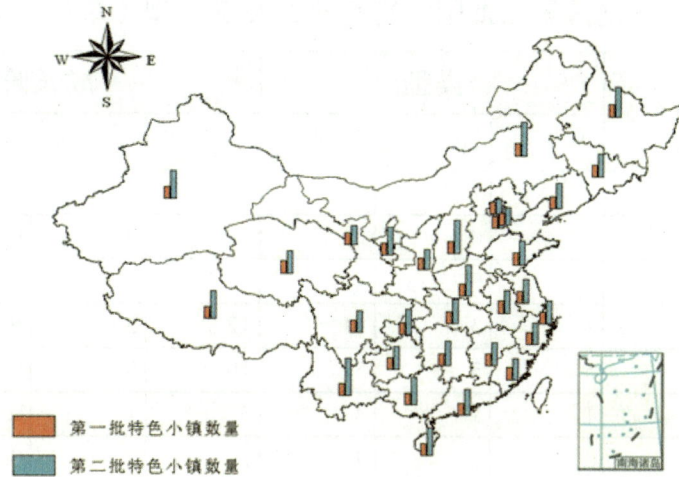

图 1.2　第一批、第二批全国特色小镇数量分布

2. 类型与分布

根据特色小镇的功能和产业特点，主要可以划分为旅游型、产业型和多产业或多功能兼顾的兼业型三大类。其中，产业型特色小镇是指小镇聚焦自身优势的特色产业；通过延伸产业链，形成"产业本身＋产业应用＋产业服务"的相关产业集群。从浙江经验来看，小镇可以通过做精做细一个块状产业来形成特色产业，比如宠物用品、领带、袜子，这些产业都在细分市场中占据主导地位，小镇可以带动资源聚集，成长为特色产业小镇。旅游型特色小镇是指以旅游资源为依托，形成围绕旅游而衍生出的相关旅游及其服务业。根据旅游资源的不同可以分为文化旅游型、自然风景旅游型和生态旅游型；根据发展模式，可分为景点依托型旅游和全域旅游。兼业型特色小镇是以特色产业为基础而延伸出的旅游功能，主要形成"旅游＋农业""旅游＋乡村""旅游＋工业""旅游＋健康""旅游＋体育运动""旅游＋科技""旅游＋教育"，以及其他两种以上产业功能等方面内容，从而实现产业融合。

2017 年的第二批国家特色小镇中，不但总体数量远超第一批，在结构方面，产业型比例明显增加，旅游型比例减少（见表 1.4）。

表 1.4　各地区第二批国家特色小镇及其类型（单位：个）

地区	类型			成长阶段			
	旅游型	兼业型	产业型	萌芽期	成长期	成熟期	衰退期
北京市（4）	1	1	2	3	1	0	0
天津市（3）	1	0	2	3	0	0	0
河北省（8）	1	0	7	8	0	0	0
江苏省（15）	1	3	11	12	3	0	0
浙江省（15）	5	5	5	10	5	0	0
上海市（6）	1	1	4	5	1	0	0
福建省（9）	3	2	4	7	2	0	0
山东省（15）	5	4	6	11	4	0	0
广东省（14）	8	5	1	9	5	0	0
海南省（5）	1	2	2	3	2	0	0
辽宁省（9）	1	3	5	6	3	0	0
吉林省（6）	1	4	1	2	4	0	0
黑龙江省（8）	0	4	4	4	4	0	0
山西省（9）	2	5	2	4	5	0	0
安徽省（10）	3	3	4	7	3	0	0
江西省（8）	3	4	1	4	4	0	0
河南省（11）	7	3	1	8	3	0	0
湖北省（11）	3	4	4	7	4	0	0
湖南省（11）	3	3	5	8	3	0	0
广西壮族自治区（10）	1	5	4	5	5	0	0
重庆市（9）	5	2	2	7	2	0	0
四川省（13）	7	2	4	11	2	0	0
贵州省（10）	5	2	3	8	2	0	0
云南省（10）	6	3	1	7	3	0	0
西藏自治区（5）	2	0	3	5	0	0	0
内蒙古自治区（9）	1	3	5	6	3	0	0
陕西省（9）	5	2	2	7	2	0	0
甘肃省（5）	3	1	1	4	1	0	0
青海省（4）	2	1	1	3	1	0	0
宁夏回族自治区（5）	1	0	4	5	0	0	0
新疆维吾尔自治区（7）	2	3	2	4	3	0	0
新疆建设兵团（3）	1	0	2	3	0	0	0
合计（276）	91	80	105	196	80	0	0

　　第二批特色小镇各类型中，产业型主要分布在河北、江苏、山东、辽宁、内蒙古等省区，旅游型主要分布在广东、河南、云南、贵州、陕西等省，旅游和产业兼业型分布在浙江、广东、山西、江西、广西等省区（见图 1.3）。

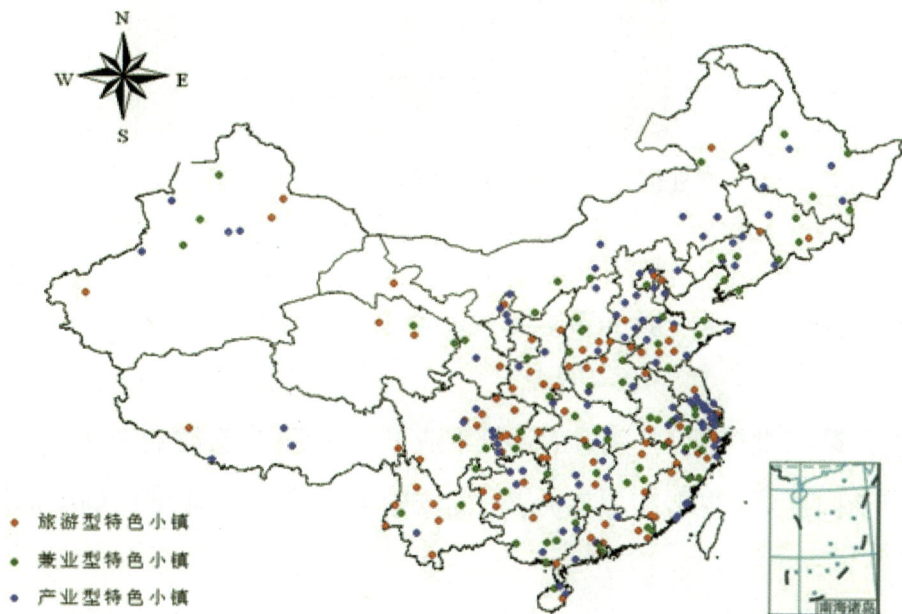

图 1.3　各类型特色小镇和分布

　　第一批国家特色小镇中半数以上为旅游型小镇。从公布的第二批国家特色小镇来看，国家加大了对特色小镇推荐的审核力度，明确了以旅游文化产业为主导的特色小镇推荐比例不超过 1/3，压缩了旅游产业为主的小镇名额，同时，加大了产业小镇的比例，表现出了产业导向。在第一批国家特色小镇中，产业发展型的特色小镇有 39 个，占 31%；而在第二批的特色小镇中有 105 个，占 38%。第一批次旅游小镇占半数以上，在第二批特色小镇中共有 91 个旅游发展型小镇，占 33%；第二批兼业型特色小镇业从第一批的 29 增加到 81 个，数量和比例都表现出明显的优势（见图 1.4）。

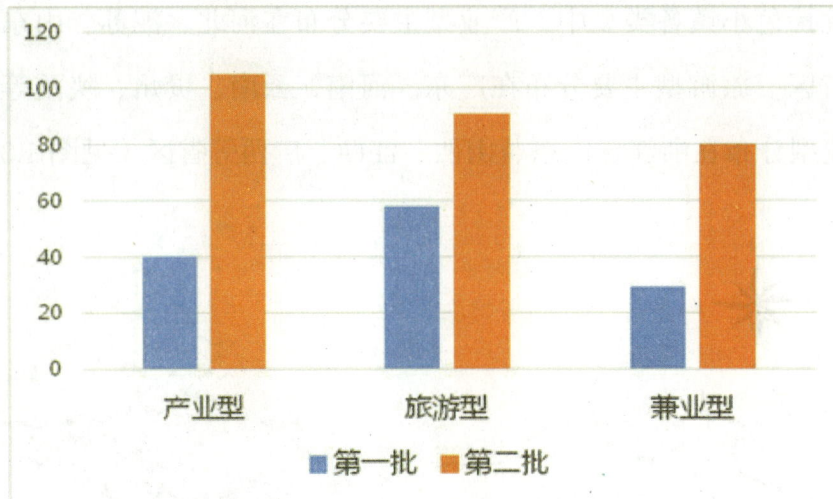

图 1.4 第一批和第二批国家特色小镇各类型数量分布

其中，第二批产业型、旅游型和兼业型各分别占总数的 38.0%、33.0% 和 29.0%（见图 1.5）。三者相差不大，产业型比例最高，兼业型比例稍低。

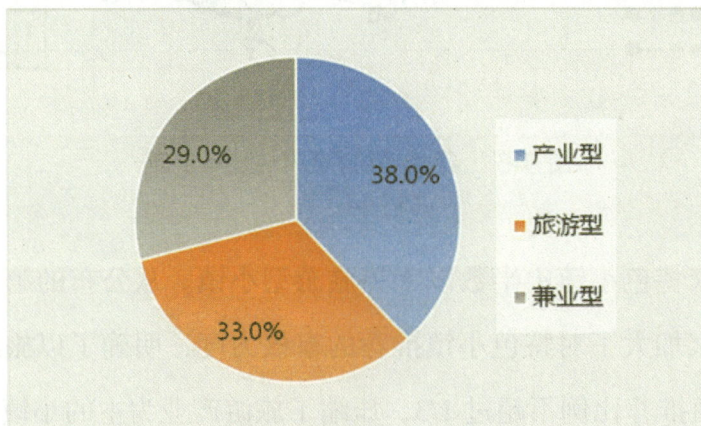

图 1.5 第二批特色小镇各类型占比

3. 二级分类及其分布

为了突出小镇的特色，在上述的产业型、旅游型和兼业型等类型基础上，再进行二级分类。

（1）产业型二级类型。

产业类型根据不同产业，又可以分为农业型、制造业型、商贸物流型和特殊类型。以制造业型的数量最多，商贸物流型和特殊类型刚开始起步，比例都较低。各类型占比和空间分布见图 1.6 和图 1.7。

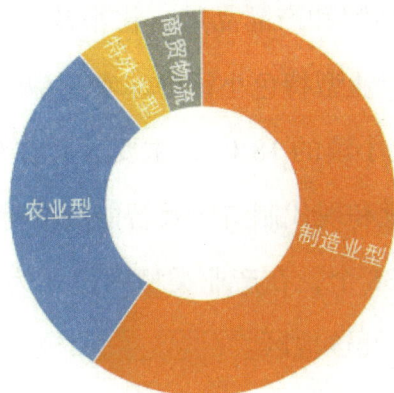

图 1.6　产业型特色小镇内部结构

图 1.7　产业型特色小镇二级类型分布

农业型是指以包括农业种植、农产品加工等为主要产业的特色小镇。2017年 6 月，农业部发布《关于组织开展农业特色互联网小镇建设试点工作的通知》（农市便函〔2017〕114 号），指出：力争在 2020 年试点结束以前，原则上以县（市、区）或垦区为单位，在全国建设、运营 100 个农业特色优势明显、产业基础好、发展潜力大、带动能力强的农业特色互联网小镇。在小镇内，培育一批经济效益好、辐射带动强的新型农业经营主体，打造一批优势特色明显的农业区域公用品牌、企业品牌和产品品牌，将小镇培育成农业农村经济的重要支柱。在第二批的 105 个产业型特色小镇中，农业型的小镇有 50 个，占该类型数量的 47.6%，占全部特色小镇的 18.1%，主要分布在东部和中部地区。

制造业型是指以加工业和现代制造以及智能制造等为主要产业的特色小镇。在第二批中这类小镇共有 38 个，在产业类型内占比为 36.2%，占全部特色小镇的 13.8%，主要分布在东部发达地区。

商贸物流型是指在商贸中心或交通枢纽和物流中心等基础上，延伸出相关服务业而形成的特色小镇。第二批共有 9 个，在产业类型中占 8.6%，占全部数量的 3.3%，主要分布在地区级的商贸物流中心，这些物流中心级别较低，主要为当地产品服务，也是地方产品的集散中心。

特殊类型是指小镇的某个产品或服务品牌、某项有影响力的活动，或者因某种形象而形成的具有知识产权（IP）或者一定知名度的特色小镇。在第二批特色小镇中，这类小镇崭露头角，共有 8 个，在产业类型中占 7.6%，占全部数量的 2.9%，数量与商贸物流型相同，主要分布在长三角和四川等制造业发达或劳动密集型制造业地区。

（2）旅游型二级类型。

旅游型可以分为自然风景、历史文化、生态休闲和康养等类型，第二批中共有 91 个。其中，生态休闲类数量最多，除了康养等其他类型刚起步、数量较少外，自然风景型数量明显偏少，反映了特色小镇建设正在摆脱自然资源依赖，向深度体验性的生态休闲和内容更加丰富的历史文化转型。各类型占比和空间分布分别见图 1.8 和图 1.9。

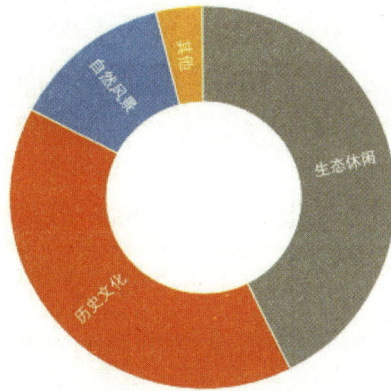

图 1.8　旅游型特色小镇内部结构

- 历史文化型旅游特色小镇
- 自然风景型旅游特色小镇
- 生态旅游型旅游特色小镇
- 其他类型旅游特色小镇

图 1.9　旅游型特色小镇二级类型分布

　　自然风景型是以当地的某种自然景观资源为依托、景点建设为主要目标，并围绕为游客服务而不断延伸出住宿、交通、餐饮、购物等相关服务业的旅游型特色小镇。第二批中共有 17 个，比第一批有所减少，占第二批旅游型小镇的18.7%，占全部数量的 6.2%，主要分布在华中和西南地区。

　　历史文化型是以历史文物古迹和人文景观为旅游资源而衍生出的旅游型特色小镇。第二批中共有 51 个，比第一批明显增加，占第二批旅游型小镇的56%，占全部小镇的 18.5%，主要分布在山东、中部和西部地区。

　　生态休闲型是以生态环境建设为主要目标，以度假或短期休闲旅游为目的的特色小镇，是自第二批开始出现的一种类型。在第二批小镇中，共有 18 个。这类小镇分别占旅游小镇的 19.8%，占全部小镇的 6.5%，主要分布在西部地区。

　　康养等其他旅游型是随着人们生活水平提高，对健康的重视程度日益提高而对旅游提出的多元化类型的特色小镇，主要以健康和养生内容为旅游目的而衍生出的相关服务业为特色的小镇，也是第二批才呈现出的类型。这类小镇共有 5 个，占第二批旅游型小镇的 5.5%，占全部小镇的 1.8%，主要分布在西部地区。

　　（3）兼业型二级分类。

　　兼业型特色小镇是一个小镇里农业与旅游、制造业与旅游、商贸物流与旅游，以及其他产业与旅游甚至其他产业之间的融合。在第二批中兼业型共有 80 个。其中，以"农业 + 旅游"数量最多，超过了一半，其余各类型数量都较少。各类型占比和空间分布分别见图 1.10 和图 1.11。

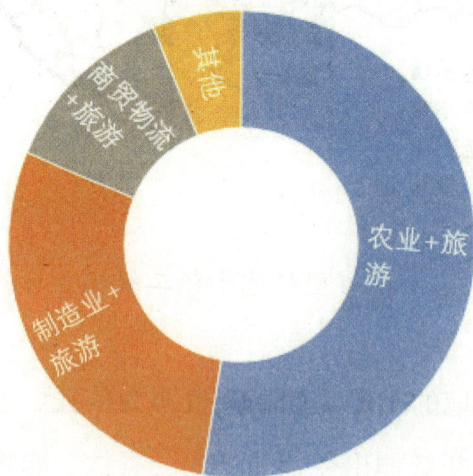

图 1.10　兼业型特色小镇内部结构

图 1.11　兼业型特色小镇二级类型分布

　　农业与旅游兼容主要是在农业条件好的地区,增加了基础设施和环境建设,或者因本地具有自然、历史文化等旅游资源而形成的。第二批共有 42 个,占兼业型数量的 52.5%,占全国小镇的 15.2%,主要分布在东部和中部地区。

　　制造业与旅游兼容的主要是在制造业条件好的地区,本地具有一些旅游资源,并具有经济实力建设基础设施和改善环境条件而形成的。第二批共有 23 个,占兼业型数量的 28.8%,占全国小镇的 8.3%,环境好的制造业地区都有分布。

　　商贸物流与旅游兼容是指商贸物流业已经形成了一定的知名度或者所流通的产品具有规模优势,伴随着客流量增加而形成的相关服务业。第二批共有 10 个,占兼业型数量的 12.5%,占全国小镇的 3.6%,东北地区分布最多。

　　另外,其他产业与旅游,以及其他产业之间的融合则体现了该地区城镇综合发展能力方面的优势。由于两种以上的产业特色不容易突出,因此,特色小镇数量较少。

4. 成长阶段与分布

特色小镇在初始阶段，主要体现的是当地的资源禀赋，一般产业和特色较为单一。随着小镇经济进一步进入成长阶段，特色小镇的创新氛围、产业生态和所体现的"五大发展理念"和"三生"融合特征所体现的发展路径进一步显现。除了在认定时更加注重产业特征外，第二批特色小镇比第一批在发展阶段方面阶段性明显提升。其中萌芽期是指小镇为单一产业，成长期是指小镇在原来特色产业基础上，由于延伸和关联以及融合，衍生出多个产业。

在第二批特色小镇中，萌芽期的有 196 个，占小镇总量的 71.0%，较第一批的 77.17% 有所下降；第二批中进入成长阶段的有 80 个，占总量的比重为 29.0%，较第一批的 12.83% 上升了 6 个百分点（见图 1.12）。

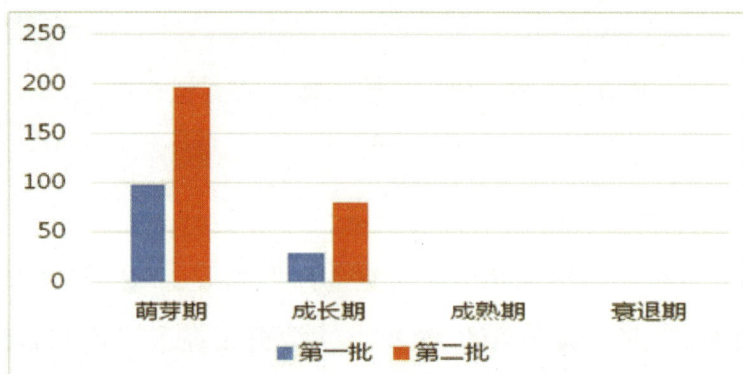

图 1.12　第一批和第二批国家特色小镇不同阶段数量分布

萌芽期小镇主要分布在四川、重庆、云南、贵州、宁夏、新疆、青海、西藏、甘肃等西部地区；成长期小镇以浙江和广东等长三角和珠三角地区数量最多、比例也最高。

三、区域特色小镇发展初现端倪

随着特色小镇由萌芽逐步走向成熟，特色小镇成长路径进一步显现，与当地经济发展结合得越紧密，小镇发展就越显示出地方特色，一大批具有区域特点的小镇应运而生。从特色小镇的成长阶段来看，与 2016 年相比，2017 年的特色小镇更多地强调其经济基础的同时，也更多地表现出了由萌芽期向成长期转化。由于我国地区差距大，小镇由萌芽进入成长的发展路径与地区特点相结合，反映了不同地区的发展特色。

1. 特色小镇与区域发展方向趋于一致

由于各地面临的环境和问题不同，各省分别针对当前需要解决的主要问题，从不同角度为特色小镇建设创造环境，促进各自特色小镇的发展。

在产业发展方面，海南提出"以产兴镇"配合"以镇促产"，前者针对现状较落后、暂时还不具备对镇区进行大规模投资建设但具有优势产业的小镇，以培育优势产业为主；后者对产业基础、区位条件好的小镇，创造条件进行镇域局部或全面改造，通过镇区等改造促进旅游等相关产业发展，提高就地城镇化水平。广西提出了把培育主导产业为小城镇建设的着力点，因地制宜地发展工业、商业、边贸、旅游、文化、科技等各类产业。贵州则是以当地的白酒产业、茶叶产业为着力点，培养各具特色的小镇。

在环境保护方面，为了扭转过去大规模建投带来的严重环境污染，天津、四川和贵州均明确提出了绿色、环保、生态保护等要求，明确了进一步强化生态环境资源优势的具体任务。天津位于雾霾严重的京津冀地区，要求不再以简单的大规模开发为主，更强调精细、美观而具有地域辨识性。这一政策是立足于吸引北京、天津等超大城市的市民在周末等休闲时间去周围的特色小镇旅游、消费，也包含了疏解大城市人口的目的。

在吸纳人口方面，四川和贵州希望通过建设特色小城镇，改善基础设施和公共条件，提高小城镇居民的生活质量，实现就近人口城镇化；北京则通过建设功能性小城镇，疏解北京非首都职能，吸纳北京城区巨量的人口，以达到疏解大城市人口的目的。

专家观点 ▶

◎赵晖（住房和城乡建设部总经济师）

特色小镇发展必须遵循规律，要有一定的区位条件和资源条件。培育特色小镇一定要注意几个原则：一是坚持有重点发展、有条件发展，不能"一哄而上"；二是坚持有特色发展，防止"千镇一面"；三是坚持以市场为主体、产业为动力，防止"只见新镇不见人"；四是防止打着特色小镇名义，违法违规搞圈地开发。

小城镇发展有十项基本要求。一是坚持小城镇大战略，加大投入，扭转"重城轻镇"的观念。二是坚持有重点发展，科学确定重点镇和特色小镇，合理控制数量，有序有效推进，避免重点镇、特色小镇培育工作一哄而上。三是坚持有特色发展，培育特色鲜明的产业形态，防止产业发展跟风。四是坚持有特色建设，尊重山水环境和原有街区肌理，控制建设高度、密度和体量，突出特色风貌，避免千镇一面。五是坚持乡村中心主要职责，补齐基础设施和公共服务的短板，防止脱离农村、农业和农民。六是坚持产业市场主导，以就业为基础规划人口和用地，力求项目空间落地，避免盲目造镇。七是坚持集约节约，科学确定镇建设总体规模，防止工业、商业、旅游、文化等大型项目建设规模过大，强化依规建设，防止违法违规圈地搞开发。八是坚持以人为本，将更多土地、资金投入生活区建设，合理减少工业用地，降低工业园区道路和绿化美化等建设标准，避免宽马路大广场等形象工程。九是坚持突出文化与内涵，注重挖掘展现本地传统文化，保护传承文化遗产，让文化成为重要发展力和发展目的。十是坚持多规合一，统筹确定建设项目，提升规划的实用性。

◎翟纯乾（山东淄博昆仑镇党委书记）

特色小镇的建设要立足区域优势，才能加速产业转型，同时，还要高标准编制建设规划，并且积极融入本土文化。

2. 发达地区小镇产业特色突出、融合度较高

发达地区的新兴产业有较好基础，各种具有地方制造业和经济特点的小镇正在崛起，更多地显示了成长期的特征，既由单一的旅游或者某个产业形成多个相关产业。以浙江为例，小镇不但显示了其制造业的集群化和智能化特点，还显示了其历史、文化和生态环境特征，正在成为浙江经济的主要载体。

表1.5 浙江不同类型特色小镇概况

类型	小镇名称	具体产业	涉及领域和附加产业
信息类	云栖小镇	云计算、大数据	APP开发、游戏、互联网金融、移动互联网、数据挖掘等
	滨江物联网小镇	物联网	云计算、大数据、移动互联网、信息安全、先进传感设备核心元器件制造
	萧山信息港小镇	互联网+	互联网健康、互联网设计等全产业链
	余杭梦想小镇	互联网创业	企业孵化、天使梦想基金等
时尚产业类	余杭艺尚小镇	时尚服装	时尚设计发布、时尚教育培训、时尚产业拓展、时尚旅游休闲、跨境电子商务、金融商务等
	吴兴美妆小镇	化妆品生产	高端化妆品引进、产业服务区、旅游休闲区和创意体验区
	诸暨袜艺小镇	袜业制造	设计、制造、旅游等
高端制造	临安云制造	云制造研发服务、智能设备制造业	智能文化旅游
	长兴新能源小镇	新型电池、新能源汽车、太阳能光热光伏	新能源总部经济、创新孵化、文化旅游、信息服务等
	秀洲光伏小镇	光伏发电和光伏制造	开发科普教育、会展观光等
	金华新能源汽车小镇	新能源汽车整车与关键零部件研发设计	工业、农业和区块链结合的旅游等
历史经典产业	绍兴黄酒	黄酒生产	生产观光、展示体验、文化创意、休闲旅游等
	东阳木雕	木雕艺术	木雕产业、文化体验、旅游休闲等

（资料来源：根据浙江省相关部门资料整理）

浙江省的特色小镇在互联网新经济形态下，聚集了互联网创新的优势要素，通过创新平台和创新环境，为产业转型提供了新的载体；同时，由传统产业集群转化的高端制造业小镇，又通过小镇空间的进一步筛选和培育，使产业链向前和向后延伸，产生了文化、旅游、服务设计等相关行业；加之，一些历史经典产业型特色小镇，充分展示了地区底蕴和文化特色，与上述的新兴产业小镇和高端制造业小镇相互映衬，体现了地区发展延续性与小镇的高度融合性。

3. 中西部地区资源特色鲜明

在经济欠发达地区，围绕特色资源，规划和正在建设体现当地特色经济的特色小镇，反映了地区特色经济的发展路径。

2016 年 12 月 23 日，国务院审议通过了《西部大开发"十三五"规划》（国函〔2017〕1 号），明确西部 12 省份将打造近百座特色小城镇，并对特色小城镇给出了八大分类：旅游休闲型城镇、健康疗养型城镇、商贸物流型城镇、科技教育型城镇、文化民俗型城镇、特色制造型城镇、能矿资源型城镇和边境口岸型城镇。陕西省和内蒙古自治区均各入选 10 个，并列第一。

表 1.6　特色小（城）镇名单（单位：个）

类型	小镇名称	数量
旅游休闲型城镇	重庆市武隆县仙女山镇，四川省稻城县香格里拉镇，贵州省荔波县甲良镇，云南省剑川县沙溪镇，西藏自治区林芝市巴宜区鲁朗镇，陕西省柞水县营盘镇、铜川市耀州区照金镇，甘肃省临潭县冶力关镇、康县阳坝镇，青海省贵德县河阴镇，宁夏回族自治区中卫市沙坡头区迎水桥镇，新疆维吾尔自治区吐鲁番市高昌区亚尔镇，内蒙古自治区多伦县多伦诺尔镇，广西壮族自治区阳朔县兴坪镇。	14
健康疗养型城镇	重庆市江津区四屏镇，四川省盐边县红格镇，贵州省石阡县中坝镇，云南省保山市隆阳区板桥镇，西藏自治区林芝市巴宜区八一镇，陕西省华阴市罗敷镇，甘肃省永靖县刘家峡镇，新疆维吾尔自治区温泉县博格达尔镇，内蒙古自治区阿尔山市温泉街、喀喇沁旗锦山镇，广西壮族自治区巴马瑶族自治县甲篆镇、富川瑶族自治县福利镇。	12

续表

类型	小镇名称	数量
商贸物流型城镇	重庆市江北区寸滩街道，四川省富顺县富世镇，贵州省龙里县醒狮镇、榕江县忠诚镇，西藏自治区吉隆县吉隆镇，陕西省安康市汉滨区恒口镇、西安市灞柳基金小镇，甘肃省陇西县首阳镇，青海省大通县城关镇，宁夏回族自治区盐池县惠安堡镇，新疆维吾尔自治区巴楚县色力布亚镇、阿拉尔市沙河镇，内蒙古自治区丰镇市隆盛庄镇，广西壮族自治区防城港市防城区那良镇。	14
科技教育型城镇	重庆市沙坪坝区虎溪街道，四川省绵阳市游仙区游仙镇，贵州省仁怀市茅台镇，云南省昆明市呈贡区，西藏自治区拉萨市城关区蔡公堂乡，陕西省西咸新区国际学镇，甘肃省榆中县和平镇，宁夏回族自治区贺兰县习岗镇，新疆维吾尔自治区乌鲁木齐市新市区高新区，内蒙古自治区包头市石拐区五当召镇，广西壮族自治区武鸣县城厢镇。	11
文化民俗型城镇	重庆市奉节县白帝镇，四川省马尔康县松岗镇，云南省贡山县丙中洛镇，西藏自治区普兰县巴嘎乡，陕西省礼泉县烟霞镇、宁强县青木川镇，甘肃省肃南县马蹄藏族乡，青海省互助县威远镇，宁夏回族自治区永宁县闽宁镇，新疆维吾尔自治区阿图什市上阿图什镇，内蒙古自治区莫力达瓦旗尼尔基镇，广西壮族自治区龙胜县龙脊镇。	12
特色制造型城镇	重庆市九龙坡区西彭镇，四川省蒲江县寿安镇，贵州省安顺市西秀区七眼桥镇，云南省个旧市大屯镇，西藏自治区贡嘎县杰德秀镇，陕西省城固县柳林镇，甘肃省武威市凉州区黄羊镇，宁夏回族自治区贺兰县洪广镇，新疆维吾尔自治区和田市吉亚乡，内蒙古自治区鄂尔多斯市东胜区罕台镇，广西壮族自治区柳州市柳东区雒容镇。	11
能矿资源型城镇	重庆市涪陵区焦石镇，四川省珙县上罗镇，贵州省盘县柏果镇，云南省师宗县雄壁镇，西藏自治区江达县青泥洞乡，陕西省神木县大柳塔镇，甘肃省华亭县安口镇，青海省大柴旦行委大柴旦镇，宁夏回族自治区灵武市宁东镇、平罗县汝箕沟镇，新疆维吾尔自治区巴里坤县三塘湖镇，内蒙古自治区霍林郭勒市，广西壮族自治区平果县马头镇。	13
边境口岸型城镇	云南省河口县河口镇，内蒙古自治区乌拉特中旗甘其毛都镇、额济纳旗策克镇，广西壮族自治区凭祥市友谊镇。	4

（资料来源：根据各地文件整理）

　　在中西部较不发达地区，通过百座特色小镇规划和建设，可以对原有城镇进行改造，不但改善了居住环境和人文氛围，提升了当地居民的生活质量，利用当地特色的传统产业（如白酒、茶叶等）增加了本地人的认同感、自豪感，以吸引当地农民就近完成城镇化，还可以通过特色经济为地区经济提供示范效应。

四、建设成就

特色小镇经过近两年的快速发展，全国已经形成了众多以一产、二产或者三产为主导产业的特色小镇，取得了较好的成果，主要表现为新增大量就业岗位、基础设施配套基本达标、绝大部分小镇拥有省级上非物质文化遗产、体制机制创新取得较大进展。

1. 特色小镇建设初步成果

第一批 127 个特色小镇已经建设了一年，成效显著。一是带动产业和农村发展效果明显；据估算新增企业就业人口 10 万人，平均每个小镇新增工作岗位近 800 个；农民人均纯收入比全国平均水平高 1/3。二是基础设施进一步完善。90% 以上小镇的自来水普及率高于 90%，80% 小镇的生活垃圾处理率高于 90%，基本达到县城平均水平。三是公共服务能力不断提升。平均每个小镇配有 6 个银行或信用社网点、5 个大型连锁超市或商业中心、9 个快递网点以及 15 个文化活动场所或中心。四是传统文化得到了保护和传承。85% 的小镇拥有省级以上非物质文化遗产，80% 以上的小镇定期举办民俗活动，70% 以上的小镇保留了独具特色的民间技艺。五是体制机制创新取得进展。90% 以上的小镇建立了规划建设管理机构和"一站式"综合行政服务，80% 以上的小镇设立了综合执法机构。

2. 特色小镇基础日益巩固

在地理分布特征方面，平原、丘陵、山区的比例基本上为三分天下，说明地域特点多样化突出。从地区性质来看，农业地区占比为 43%，大城市近郊 30%，城市远郊 27%，说明农业地区条件也得到较快改善；小镇的基础设施配套等相对完善，多数小镇实现自来水普及、生活垃圾处理率较高、银行和生活商业覆盖等，基本达到县级平均水平。

从功能类型角度来看，两批特色小镇中旅游文化类的小镇最多，产业类小镇数量较少。据统计，两批特色小镇中，85%的小镇拥有省级以上非物质文化遗产，80%以上的小镇定期举办民俗活动，70%以上的小镇保留了独具特色的民间技艺。

体制机制创新效应显著。资金来源方面，约一半的小镇采用了PPP模式，有近3/4的小镇采用购买市场化服务项目的模式进行运营；约90%以上的小镇建立了规划、建设、管理机构和"一站式"综合行政服务，大大缩短了行政管理的链条并提升了效率，同时约80%的小镇设立了综合执法机构定位。

3. 土地利用效率提高

与2016年相比，2017年的特色小镇尽管建设力度大幅度增加，但是土地交易并没有明显增加。据中国特色小镇网的统计，2017年特色小镇及周边地区的土地交易为1068宗，与2016年基本持平；交易面积为3040.25万平方米，比2016年减少了2.49%；交易金额约1350亿元，也与上年基本持平。这说明，特色小镇正在向集约化方向发展。

第二章　工作进展

特色小镇呈现发展道路鲜明、地方特色突出、发展方式集约等特点，体现了新型城镇化的"五大发展理念"，正在成为我国城乡一体化发展的转折点；其在解决大城市病和乡村振兴中的作用，显示了巨大生命力。2017年的"两会"政府工作报告提出"优化区域发展格局，支持中小城市和特色小城镇发展，推动一批具备条件的县和特大镇有序设市，发挥城市群辐射带动作用"，是政府工作报告首次提及"支持特色小城镇"，将特色小城镇建设提升到了中央政府重要工作高度。2017年作为特色小镇在全国全面铺开和认识深化的关键一年，全国从中央到地方都进行了很多关键型工作。

一、政策支持

自2016年3月《"十三五"规划纲要》提出加快发展特色小城镇以来，2017年特色小镇建设进入全面提速阶段，中央政策推进高度超预期。在政策方面，主要强调了金融扶持的重要作用。

1. 国家层面的金融支持

国家层面的金融扶持主要与新型城镇化、扶贫战略挂钩，落地性较强。以2017年1月国家发展改革委和国家开发银行联合发布的《关于开发性金融支持特色小（城）镇建设促进脱贫攻坚的意见》（发改规划〔2017〕102号）为开端，明确了金融在特色小镇建设中的作用。随后住房和城乡建设部又与光大集团签订协议，共同推进特色小镇建设，明确指出支持发展特色产业；补齐特色小（城）

镇发展短板；对脱贫攻坚建设试点单位优先编制融资规划，优先安排贷款规模，优先给予政策、资金等方面的支持。2017 年 4 月，住房和城乡建设部和中国建设银行联合发出《关于推进商业金融支持小城镇建设的通知》（建村〔2017〕81 号）（以下简称《通知》），要求各级住房和城乡建设部门、中国建设银行各分行要加强组织协作，创新投融资体制，加大金融对特色小镇、重点镇和一般镇建设的支持力度，确保项目资金落地，全面提升小城镇建设水平和发展质量。

国家层面金融支持的主要特点表现为：一是政策可操作性强，明确了为特色小镇提供低息、长期金融支持，以及建立绿色信贷通道等实操细节；二是将特色小镇重要性提升到了新型城镇化建设的突破口；三是将特色小镇建设与扶贫战略相结合，战略地位进一步提高。另外，将金融支持特色小镇建设与脱贫攻坚相结合，也有利于从薄弱环节促进乡村振兴。

重点支持内容包括：供水、供气、供热、供电、通信、道路等基础设施建设；学校、医院、邻里中心、博物馆、体育馆、图书馆等公共服务设施建设；小城镇污水处理、垃圾处理、水环境治理等设施建设。此外，国家还将支持促进小城镇产业发展的配套设施建设，主要包括：标准厂房、众创空间、产品交易等生产平台建设，以及促进特色产业发展的配套设施建设。支持农村人口就地城镇化、提升小城镇公共服务水平和提高承载能力为目的的基础设施和公共服务设施建设；为促进特色小镇产业发展，提供平台支撑的配套设施建设；支持促进小城镇宜居环境塑造和传统文化传承的工程建设；环境设施以及传统文化传承和保护。

支持范围：以认定的特色小镇为核心，以新型城镇化试点为目标，在鼓励特色小镇建设的过程中，还覆盖了全国 3675 个重点镇建设，提升发展质量，逐步完善一般小城镇的功能，将一批产业基础较好、基础设施水平较高的小城镇打造成特色小镇，以及名村、名镇等具有历史文化传承的小镇；并与国家集中贫困地区的脱贫攻坚工作结合，针对全国扶贫重点镇，通过推动小城镇建设，完成脱贫攻坚。

支持方式：住房和城乡建设部与国家开发银行联合设立特色小镇项目储备库，对优质项目优先提供中长期贷款。要求地方制定近期建设项目库和年度建设计划，统筹建设项目，确定融资方式和融资规模；在此基础上，各县（市、区）住建（规划）部门组织做好本地区项目与国家开发银行各分行的项目对接和推荐，填写小城镇建设项目入库申报表，报省级住房和城乡建设部门。每年11月底前报送下一年度项目申报表，并完成项目录入工作。住建部将会同国家开发银行对各地上报项目进行评估，将评估结果好的项目作为优先推荐项目。与此同时，根据住建部和国家开发银行签署的《共同推进小城镇建设战略合作框架协议》，将建立部行工作会商制度。国家开发银行将依据小城镇总体规划，适时编制相应的融资规划，做好项目融资安排，针对具体项目的融资需求，统筹安排融资方式和融资总量。国开行各分行将会同各地住房和城乡建设（规划）部门，确定小城镇建设的投资主体、投融资模式等，共同做好项目前期准备工作。对纳入全国小城镇建设项目储备库的优先推荐项目，在符合贷款条件的情况下，优先提供中长期信贷支持。贷款的时候根据国家发展改革委、住建部提出的要求，国家开发银行支持基础设施、公共服务设施和生态建设，以及各类配套设施，如果有涉及扶贫贷款利息还会下降10—5个百分点，并且优先安排。

支持方法：国开行将研究设立特色小镇产业基金、专业债券，为特色小镇提供融资，支持优惠政策包括专项基金支持、延长贷款期限、接受符合要求的资源作为贷款质押担保、加强信贷支持等。

2. 地方层面的支持政策

自2016年到2017年各地纷纷出台特色小镇支持政策。到目前为止约有百余项政策措施。财政部PPP项目库数据显示，地方政府主导的特色小镇建设项目挂牌的有20家，投资最少的为3亿元，最多达80亿元。

（1）资金支持政策。

随着特色小镇成为政府的主要工作，地方政府也纷纷制定本地区针对特色小镇建设的金融支持政策，大致可分为三类：一是税费返还或奖励补助；二是财政统筹资金支持或倾斜；三是设立专项建设引导基金重点支持。截止到 2017 年年底，已有 15 个省出台了明确的支持政策（见表 2.1）。

表 2.1　各地支持特色小镇建设的资金支持政策

地区	资金支持政策
浙江省	新增财政收入上交省财政部分，前 3 年全额返还、后 2 年返还一半给当地财政。
河北省	省级财政专项资金优先对接支持特色小镇建设；鼓励和引导政府投融资平台及投资基金，加大对特色小镇支持力度；省市县美丽乡村建设融资平台对相关特色小镇的美丽乡村建设予以倾斜支持。
内蒙古自治区	各级财政统筹整合相关专项资金，重点支持特色小镇市政基础设施建设；在镇规划区内建设项目缴交的基础设施配套费，要全额返还小城镇。
辽宁省	研究制定相关配套优惠政策，整合各类涉农资金，支持特色乡镇建设；列入省级新型城镇化试点，并可推荐申报国家新型城镇化综合试点镇；省财政通过不断优化财政支出结构，支持各地推进特色乡镇建设。
山东省	从 2016 年起，省级统筹城镇化建设等资金，积极支持特色小镇创建；鼓励省级城镇化投资引导基金参股子基金，加大对特色小镇创建的投入力度。
安徽省	整合对特色小镇的各类补助资金；省发展改革委支持符合条件的建设项目申请专项建设基金；省财政对工作开展较好的特色小镇给予奖补；市、县财政要进一步加大特色小镇建设投入。
福建省	新增的县级财政收入，县级财政可以安排一定比例的资金用于特色小镇建设；发债企业 1% 的贴息，省地各承担一半；50 万元规划设计补助，省发展改革委、省财政厅各承担 25 万元。
甘肃省	省级财政采取整合部门资金的办法，对特色小镇建设给予支持，采取"以奖代补"；特色小镇建设用地的租赁收入以及小城镇基础设施配套费，专项用于特色小镇基础设施建设。
海南省	特色风情小镇建设项目和资金上优先；村镇规划区内建设项目缴交的基础设施配套费全额返还小城镇设立产业小镇产业发展引导基金，重点用于产业小镇的产业培育；财政专项资金（基金）向产业小镇项目倾斜；新增财政收入部分，省财政可考虑给予一定返还。
重庆市	加大市级小城镇建设专项资金投入，重点支持特色小镇示范点建设；特色小镇示范点建设项目打捆纳入市级重点项目。

续表

地区	资金支持政策
陕西省	重点示范镇每年省财政支持 1000 万元，文化旅游名镇每年支持 500 万元。
四川省	省级财政安排专项资金，支持试点镇市政基础设施建设；市（州）、县（市、区）财政也要安排专项资金，加大投入。
贵州省	各市（州）、试点县在年度财政预算时要安排小城镇建设发展专项；"财政补助、信贷支持、社会投入"。
广西壮族自治区	将整合涉及示范镇建设的相关资金和项目，积极为示范镇争取专项和转移支付资金支持；自治区本级资金补助标准为每个示范镇 1000 万元，示范镇总投资一般不低于 2000 万元。
西藏自治区	财政安排 10 亿元特色小城镇示范点建设工作启动资金；充分发挥援藏资金在小城镇建设中的重要作用。

（资料来源：根据各地文件汇总）

（2）资金筹措。

2017 年 6 月，海南省发布《海南省特色产业小镇发展基金设立方案》，通过明确搭建统筹规划平台、吸引多方社会资源、发挥投贷联动作用、统筹推进镇区建设等目的，规定政府引导、市场主导、融资融智、多元参与等原则，约束基金组织形式、规模、来源、成本、期限、缴付、用途等形式，以及基金管理制度，为特色小镇建设提供有效资金支持。按照政府引导、市场主导、融资融智、多元参与原则，采用国际上通行和市场上普遍采用的有限合伙制形式，设立特色产业小镇发展基金，基金总规模为 200 亿元。基金设立旨在搭建统筹规划平台，培育特色小镇；吸引多方社会资源，深度参与建设运营；发挥投贷联动作用，助推项目落地，通过基金投入和国家开发银行、中国光大银行贷款相结合的方式，解决特色产业小镇基础设施、公共服务配套建设和产业培育发展所需的建设资金，为建设特色产业小镇提供充足的资金支持；统筹推进镇区建设，培育产业发展。基金分期募集到位。国开金融有限责任公司承诺对外募集资金 179 亿元，在基金中占比 89.5%；政府出资人作为劣后级有限合伙人出资 21 亿元，在基金中占比 10.5%。基金成立后，首期规模 67 亿元，政府出资 7

亿元，国开金融有限责任公司募集 60 亿元。后期资金根据基金投资与运作情况分期到位。基金存续期 10 年，其中 8 年投资期，2 年退出期。经全体合伙人同意，基金期限可继续延长。

海南省的基金作为特色产业小镇项目的资本金和项目资金，重点支持两类项目。一是基础设施类、公益类等政策性项目，主要用于特色产业小镇"五网"等大型基础设施和山体、湿地等生态修复类项目；旅游、教育、文化体育、医疗卫生等公共服务设施；污水处理、垃圾处理、园林绿化、山体和湿地修复等生态环境保护建设和运营项目；小镇建筑风貌改造等"双修"项目。二是商业类市场化项目。支持促进小镇产业发展的配套设施建设，主要包括标准厂房、众创空间、产品交易等生产平台建设，展示馆、科技馆、文化交流中心、民俗传承基地等展示平台建设，旅游休闲、商贸物流、人才公寓等服务平台建设，以及促进特色产业发展的配套设施建设，严禁以住宅为主的房地产开发；促进小镇产业发展的项目建设，主要包括旅游业、热带特色农业、渔业、文化体育、健康养老、商贸服务、互联网、黎苗文化等促进当地经济发展的特色产业项目。

云南省计划用 3 年时间，利用财政补助、基金覆盖、社会资本投入、群众参与等多渠道筹措资金近 2000 亿元，建设 105 个特色小镇。这标志着云南省特色小镇的创建全面起航。据了解，云南省今年 105 个特色小镇必须完成投资规模的 20% 以上，并且要求在 9 月底之前全部开工建设。对于纳入创建名单的特色小镇，拨付每个小镇 1000 万元的启动资金，用于扶持小镇开展规划编制和项目前期工作，接下来几年也将陆续启动财政税收优惠奖励政策。特色小镇规划区域内的新建企业，从项目实施之日起，其缴纳的新增税收省（州）市分享收入，前 3 年全额返还、后 2 年减半返给县市、区政府。下一步，云南省还要进入规划—建设—考核验收阶段。2018 年年底和 2019 年年底由省特色小镇发展领导小组办公室牵头，开展特色小镇考核工作，并依据考核情况兑现奖惩。其中，考核合格的给予年度扶持政策，考核不合格的停止支持政策，退出创建名单。

专家观点 ▶

◎赵弘（北京市社会科学院副院长）

特色小镇建设需要大量投入，政府不能"大包大揽"，必须解决好谁来投钱、谁来建设的问题。要发挥好政府投入的"杠杆"作用，充分调动市场主体的积极性，吸引更多的社会资本参与特色小镇开发和建设。要探索创新特色小镇建设投资运营模式，鼓励采取PPP等模式，允许社会资本包括农民出资参与特色小镇建设，采取多种形式拓宽投融资渠道。

二、评估认定

特色化发展是小城镇发展的主要方向。我国小城镇数量多、规模小，多年来发展动力普遍不足，即便是全国重点镇也面临此问题。近年浙江等地特色小镇的发展充满活力，其经验说明特色发展将是未来我国大多数小城镇的主要发展方向。正确健康地引导特色小镇建设热潮是事关特色小镇成功与否的关键。对特色小镇的评估和认定是职能部门更好知道特色小镇建设的重要步骤。每年对全国建设条件好的小镇进行一次评定，可以为其他地区和后续建设经验和发现问题提供参考。

2017年5月国家住房和城乡建设部开始进行第二批全国特色小镇的评定工作，下发了《关于做好第二批全国特色小镇推荐工作的通知》（建办村函〔2017〕357号）（以下简称《通知》），要求第二批300个国家级特色小镇在6月30日前完成申报，推荐名额约300个，是2016年159个的近两倍；而且明显比第一批提高了门槛，要求也更加具体。

专家观点 ▶

◎闵学勤（南京大学社会学院教授）

有必要为特色小镇建设制定精准度较高的评估指标体系，这一评估贯穿特色小镇创建和运营的全过程，且要符合国际潮流。特色小镇从创建之初到日常营运需要一整套规范制度，把精准治理嵌入到运行机制中体现的是平台化、网络化的运行模式。由于特色小镇体量较小，所有参与小镇运行的各主体可直接在镇管委会搭建的工作平台（包括线上和线下）中共享信息、回应需求、解决问题及互相补位等，从而凸显线上平台在特色小镇精准治理中的作用。

1. 申报要求

根据2016年表现出来的问题，《通知》明确要求，对存在以房地产为单一产业，镇规划未达到有关要求、脱离实际，盲目立项、盲目建设，政府大包大揽或过度举债，打着特色小镇名义搞圈地开发，项目或设施建设规模过大导致资源浪费等问题的建制镇不得推荐；县政府驻地镇不推荐；以旅游文化产业为主导的特色小镇推荐比例不超过1/3。具体要求为：

具备良好的发展基础、区位优势和特色资源，能较快发展起来。

实施并储备了一批质量高、带动效应强的产业项目。

镇规划编制工作抓得紧，已编制的总体规划、详细规划或专项规划达到了定位准确、目标可行、规模适宜、管控有效4项要求。现有规划未达到定位准确等4项要求的已启动规划修编工作。

制定并实施了支持特色小镇发展的政策措施，营造了市场主导、政企合作等良好政策氛围。

　　实施了老镇区整治提升和发展利用工程，做到设施完善、风貌协调和环境优美。引入的旅游、文化等大型项目符合当地实际，建设的道路、公园等设施符合群众需求。

申报要求作为特色小镇建设的风向标，反映出了今后小镇建设的风向。本次申报体现出的具体特点，一是杜绝房地产利用特色小镇之名进行圈地行为；二是引导小镇向精致型和地域文化型方向发展，禁止"贪大求洋、宽马路、大广场"式的粗放开发；三是坚持产业兴镇、产业立镇；四是内容为主、更加重视文化建设，形式为辅、注重基础设施改善；五是注重类型多样化；六是更加注重体制机制创新；七是环保量化和评审透明；八是引导地方政府做好小镇建设规划。

专栏 2.1

特色小镇建设规划

　　内容：一个定位策划＋五个要求＋两个提升＋一个空间优化落地的规划体系。

　　一个定位策划：要找准发展定位，明确特色小镇发展思路和重点。

　　五个要求：产业、宜居、文化、设施服务、体制机制五个方面的专项规划和实施方案，保障特色小镇发展。

　　两个提升：旅游和智慧体系两个提升规划，建设系统提升。

　　一个空间优化落地：最终通过一个空间优化落地规划落实所有规划设想，并明确实施步骤。

　　特色小镇规划重点：特色小镇规划是以特色为导向的各种元素高度关联的综合性规划。必须坚持规划先行、多元融合，突出规划的前瞻性和协调性，统筹考虑人口分布、生产力布局、国土空间利用和生态环境保护。

特色导向。作为立镇之本的产业规划要找准自身的特色，要为自身发展提供充足的背景支撑。文化是特色小镇发展之源，其规划要注重挖掘文化魅力，围绕文化内容深入挖掘。特色小镇一般生态环境优美，其旅游规划要注重挖掘、整合小镇的特色自然与人文资源。

多元融合。提高产业竞争力，注重高端产业、新兴产业与传统产业的融合发展，以产业、项目规划，引导特色小镇空间规划的功能组织与布局。以文化特色、生态资源为导向，在空间、风貌、项目、活动、环境等方面进行落实。规划内容不是简单的叠加，而是高度融合。

特色小镇规划方法：一是多规合一。从内容上看，除了常规的空间规划内容，还包括产业规划、社区规划、旅游规划、交通规划等，同时需突出生态、文化等功能。特色小镇规划必须坚持多规融合，突出规划的前瞻性和协调性，以此推进产业、空间、设施等方面协调有序发展，引导项目与产业落地。二是重点突出。特色小镇规划的重点应在详细规划和城市设计上，确保规划的综合性和实用性。三是项目落地。建设项目落地是衡量特色小镇规划可操作性的重要内容，也是规划成败与否的关键性要素之一。结合小镇特点选择发展项目并进行合理定位布局是保障建设项目落地的重要手段。四是近远结合。近远结合是评价特色小镇规划可实施性的重要标准。以往的小城镇规划重视规划期末终极蓝图的编制，而忽视近期建设规划的安排。近期建设项目对于完成规划期末的目标有着重要的作用，特色小镇规划应注重近远结合，尤其要保持近期建设规划的相对完整。

2. 评选活动

《通知》要求第二批全国特色小镇"将以现场答辩形式审查推荐的特色小镇"。要求被推荐特色小镇的答辩人、汇报人在熟悉掌握特色小镇各方面工作情况前提下，通过现场宣讲、汇报和答辩，让评审专家短时间内全面了解小镇情况。

（1）遴选的基本条件。

一是产业有优势。特色小镇应是推动产业集聚、创新和升级的新平台。培育特色小镇要求小镇要具备一定的产业基础，产业定位科学精准，在产业规模、市场份额和特色方面要具有明显的优势，能够发挥产业的集聚效应和叠加效应，同时能够吸纳就业，以此带来长足发展。

二是风貌有特色。特色小镇应是融合风貌、文化、旅游等多元要素特色发展的新载体。注重对地域文化的挖掘与传承，将文化元素植入小镇的风貌建设的各个方面，指引建筑、街区、空间、环境等多维度的风貌建设，形成具有文化底蕴的特色风貌，增强文化认同感，同时促进特色旅游发展。

三是发展有成效。特色小镇应是创新发展的引擎和有示范作用的排头兵。特色小镇自身需具备一定的发展基础，能够在短期内见成效，成为带动自身及周边地区发展的引擎，同时在发展路径、发展模式上能成为条件相似的其他小城镇发展的范例。

四是动力有保障。特色小镇应是发挥市场主体作用和吸纳社会资本投资的新热土。培育特色小镇要选择动力有保障的小城镇，处理好政府与市场的关系，充分发挥市场主体作用，政府重在搭建平台、提供服务，政府为企业创业提供条件，让小城镇在提升社会投资效率、推动经济转型升级方面发挥更重要的作用。

（2）评选要点。

特色小镇的申报和遴选将严格按照"产业形态、宜居环境、传统文化、设施服务、体制机制"这五个方面及相关要点遴选和考评。

一是特色鲜明的产业形态。主导产业定位应符合国家产业政策要求，要有独特性，注重采用新技术手段和推动传统产业改造升级。产业优势明显，产品市场占有率和产品知名度高，利润率和装备水平有优势，注重研发投入。产业环境优良，有支持特色产业发展的鼓励政策。产业增长势头良好且经济社会带动作用明显。

产业要有基础、有依托，产业选择不可"空穴来风"；产业类型能完善小镇功能，拉动小镇发展，同时兼顾镇里原有产业，提升品质。

二是和谐宜居的美丽环境。城镇风貌和谐统一，能有效彰显小镇特色文化内涵。镇区新建建筑体量适宜，形式与传统建筑风貌相协调，能较好地表现本地区的建筑文化特色。镇区沿街建筑的体量、色彩、材质、符号、细部协调统一。特色小镇周边美丽乡村建设要保留乡土特色和田园风光。

注重自然山水，避免人工打造；景观多用自然，不要套用城市。风貌要突出地域、民族、时代的特征，注重地域材质、符号的应用，避免欧式，尊重地域文化，找到文化自信。

三是彰显特色的传统文化。传承独特的民俗活动、特色餐饮、民间技艺、民间戏曲等传统文化类型。保护好文保单位、历史街区、传统建筑挂牌等物质文化遗存。政府支持传承人及非遗文化活动的持续开展。文化传播具有独特地域文化特质，宣传途径多样。

特色小镇要有文化，有内涵，要注重保护历史传统文化，提升完善小镇精神，形成小镇的文化认同。

四是便捷完善的设施服务。镇区对外交通路面等级在二级以上，且情况良好。道路设施及绿化配置完善。公用设施建设水平较高，给水管网全覆盖，且符合国家相关标准。镇区污水管网全覆盖，且污水处理设施完善。建成区小学建设规模、标准、配置数量达到要求，可满足实际需求。镇区内中心医院、卫生院建设规模和标准达到国家相关规范要求，镇区建有一座综合超市，商业设施可满足多元需求。公共服务设施建设应是市场与政府相结合，相得益彰；共建共享，与原有镇结合，不要两层皮，考虑季节性需求变化。

基础设施建设要完善，要适用，要小，切忌大规模；共建共享，满足生活、发展需求；集约利用，符合小城镇的特点；污水、垃圾处理做到科学合理，保护特色小镇赖以发展的环境。

五是充满活力的体制机制。有创新的发展理念与模式，符合自身发展规律。建设管理方面实现多规协调，设有专门的规划管理机构，实现"四所合一"，制度健全，能实现规划管理数字化。社会管理服务水平高，建有综合的办事大厅，基础行政管理适度下放。在机构人员、购买服务、财政收支、人才培养等方面有突破性创新。

专栏 2.2

第二批全国特色小镇候选小镇现场答辩

7月21日至23日连续三天，第二批全国特色小镇的300多个候选小镇的代表，聚集在中国建筑设计院，完成了紧张的现场答辩。

此次答辩会由住房和城乡建设部组织，住建部、财政部、国家发展改革委、中国建设银行、国家开发银行、中国农业发展银行、中国光大银行等单位的领导和专家进行了现场评审。来自全国的100多个区县书记、100多个区县长、300多个镇长来到现场进行答辩。评审答辩会由住建部村镇建设司司长张学勤主持，住建部总经济师赵晖参加会议。

各个申报特色小镇的代表的现场答辩形式创意迭出，有的小镇代表穿着民族服饰，声情并茂地介绍自己的故乡；有的小镇代表在现场展示特色产品；有的小镇代表激情演讲。

答辩结束后，专家们对每个候选特色小镇进行了现场点评，对这些小镇的建设发展建言献策。

专家意见：随着第二批特色小镇名单的公布，住建部也公布了专家组对第二批全国特色小镇的评审意见。意见中提的比较多的、具有共性的几点如下：

产业——延伸现有产业链，提升产业附加值，发挥产业带动作用。

基建——完善镇域基础设施配套，加强对老镇区的环境整治。

外貌——塑造突出产业特色的建筑风貌。镇区建设要保持宜人的空间尺度，防止照搬城市修宽路、建高楼的做法。

用地——科学确定规划用地规模，集约节约利用土地资源，合理布局住宅、商业、公共设施等，避免过度房地产化。

规划——提高规划编制质量。

机制——创新体制机制，落实有关支持政策。

生态——加大生态环境保护力度。

3. 评选标准

根据《关于开展特色小镇培育工作的通知》（建村〔2016〕147号），特色小镇认定对象原则上是建制镇，要有特色鲜明的产业形态、和谐宜居的美丽环境、彰显特色的传统文化、便捷完善的设施服务和灵活的体制机制。在此基础上，构建五大核心特色指标，表现为两大特点：

一是以评"特色"为主，评"优秀"为辅。以往的小城镇系列评选以评"优秀"为主，例如全国重点镇，标准制定的基本思路是依据其优秀水平设定不同的评分等级。而特色本身是一个多样化的名词，不同的镇有自身不同的特色，如何用一个标准体系评判不同镇的不同特色是标准制定的难点。目前标准制定，是在"优秀"的基础之上，挖掘其"特色"因素。因此，将评价指标分为"特色性指标"和"一般性指标"。特色性指标反映小城镇的特色，给予较高的权重；一般性指标反映小城镇基本水平，给予较低的权重。做到以评"特色"为主，评"优秀"为辅。

二是以定性为主，定量为辅。小城镇的特色可简单概括为产业特色、风貌特色、文化特色、体制活力等，这些特色选项的呈现以定性描述居多。但是，完全的定性描述会导致标准评判的弹性过大，降低标准的科学与严谨性。而少量且必要的定量指标客观严谨，虽然使评审增加了一定的复杂性，但能够保证标准的科学与严密。所以，标准的制定以定性为主，定量为辅。在选择定量指标时首先尽量精简定量指标的数量，同时尽量使定量指标简单化增强可评性（见表 2.2）。

表2.2　特色小镇评价标准

特色	目标	定性指标	定量指标
产业发展	是否特色	1.产业是否符合国家的产业政策导向；现有产业是否是传统产业的优化升级或者新培育的战略新兴产业。2.产业知名度影响力有多强；产业是否有规模优势。其中产业规模优势为定量指标。3.特色产业还应该具有产业带动作用以及较好的产业发展创新环境。	产业规模优势；农村就业人口占本镇就业总人口比例、城乡居民收入比；产业投资额增速和龙头企业大专以上学历就业人数增速。
美丽宜居	是否宜居	城镇风貌：整体格局与空间布局、道路路网、街巷风貌、建筑风貌、住区环境；对镇区环境（公园绿地、环境卫生）以及镇域内美丽乡村建设。	
文化传承	文化是否传承	文化传承和文化传播。	
服务便捷	是否便捷	道路交通、市政设施、公共服务设施；现代服务设施的评审，包括WI-FI覆盖，高等级商业设施设置。	
体制机制	是否活力	1.小镇发展的理念模式是否有创新。发展是否具有产镇融合、镇村融合、文旅融合等先进发展理念；发展是否严格遵循市场主体规律等是考察的重点。2.规划建设管理是否有创新，规划编制是否实现多规合一。最后，省、市、县对特色小镇的发展是否有决心，支持政策是否有创新。	

（资料来源：根据住房和城乡建设部通知整理）

专栏 2.3

第二批特色小镇评定分值

产业发展（25分）

小城镇的产业特色首先表现在产业定位与发展特色上，要做到"人无我有、人有我优"，产业是否符合国家的产业政策导向；现有产业是否是传统产业的优化升级或者新培育的战略新兴产业。产业知名度影响力有多强，产业是否有规模优势。特色产业还应该具有产业带动作用以及较好的产业发展创新环境。特色鲜明的产业形态是小城镇的核心特色，因此，在百分制的评分体系中，对此给予25分的权重。

美丽宜居（25分）

和谐宜居的美丽环境是对小城镇风貌与建设特色的要求。首先是对城镇风貌特色的要求，依据研究，将城镇风貌分为整体格局与空间布局、道路路网、街巷风貌、建筑风貌、住区环境等5个指标，全方位评价小城镇风貌特色。其次，标准对镇区环境（公园绿地、环境卫生）以及镇域内美丽乡村建设两大项提出了相关考核要求。和谐宜居的美丽环境是特色小镇的核心载体，对此给予25分的评分权重。

文化传承（10分）

彰显特色的传统文化关乎小镇文化积淀的存续与发扬。因此，标准从文化传承和文化传播两个维度考察小镇的文化传承情况。由于不是所有的小城镇都有很强的历史文化积淀，加强对缺乏历史文化积淀的小镇在文化传播维度的审查。此项指标的权重为10分。

服务便捷（20分）

便捷完善的设施服务是特色小镇的基本要求。小城镇设施服务的标准较为成熟，依据以往经验，标准从道路交通、市政设施、公共服务设施等三大方面考核小镇的设施服务便捷性。同时，注重对现代服务设施的评审，包括WI-FI覆盖、高等级商业设施设置等指标。此大类是特色小镇的硬性要求，有20分的评分权重。

体制机制（20分）

　　充满活力的体制机制是特色小镇最后一个重要特征。首先，小镇发展的理念模式是否有创新，发展是否具有产镇融合、镇村融合、文旅融合等先进发展理念；发展是否严格遵循市场主体规律等是考察的重点；其次，规划建设管理是否有创新，规划编制是否实现多规合一；最后，省、市、县对特色小镇的发展是否有决心，支持政策是否有创新。此大类是考核特色小镇创新发展的要求，因此有20分的评分权重。

4. 评选结果

经过严格评选，最终有276个小镇被认定为国家第二批特色小镇（见表2.3）。

表2.3　全国第二批特色小镇名单（单位：个）

所在地	小镇名称
北京市（4）	怀柔区雁栖镇、大兴区魏善庄镇、顺义区龙湾屯镇、延庆区康庄镇
天津市（3）	津南区葛沽镇、蓟州区下营镇、武清区大王古庄镇
河北省（8）	衡水市枣强县大营镇、石家庄市鹿泉区铜冶镇、保定市曲阳县羊平镇、邢台市柏乡县龙华镇、承德市宽城满族自治县化皮溜子镇、邢台市清河县王官庄镇、邯郸市肥乡区天台山镇、保定市徐水区大王店镇
山西省（9）	运城市稷山县翟店镇、晋中市灵石县静升镇、晋城市高平市神农镇、晋城市泽州县巴公镇、朔州市怀仁县金沙滩镇、朔州市右玉县右卫镇、吕梁市汾阳市贾家庄镇、临汾市曲沃县曲村镇、吕梁市离石区信义镇
内蒙古自治区（9）	赤峰市敖汉旗下洼子镇、鄂尔多斯市东胜区罕台镇、乌兰察布市凉城县岱海镇、鄂尔多斯市鄂托克前旗城川镇、兴安盟阿尔山市白狼镇、呼伦贝尔市扎兰屯市柴河镇、乌兰察布市察哈尔右翼后旗土牧尔台镇、通辽市开鲁县东风镇、赤峰市林西县新城子镇
辽宁省（9）	沈阳市法库县十间房镇、营口市鲅鱼圈区熊岳镇、阜新市阜蒙县十家子镇、辽阳市灯塔市佟二堡镇、锦州市北镇市沟帮子镇、大连市庄河市王家镇、盘锦市盘山县胡家镇、本溪市桓仁县二棚甸子镇、鞍山市海城市西柳镇
吉林省（6）	延边州安图县二道白河镇、长春市绿园区合心镇、白山市抚松县松江河镇、四平市铁东区叶赫满族镇、吉林市龙潭区乌拉街满族镇、通化市集安市清河镇

续表

所在地	小镇名称
黑龙江省（8）	牡丹江市绥芬河市阜宁镇、黑河市五大连池市五大连池镇、牡丹江市穆棱市下城子镇、佳木斯市汤原县香兰镇、哈尔滨市尚志市一面坡镇、鹤岗市萝北县名山镇、大庆市肇源县新站镇、黑河市北安区赵光镇
上海市（6）	浦东新区新场镇、闵行区吴泾镇、崇明区东平镇、嘉定区安亭镇、宝山区罗泾镇、奉贤区庄行镇
江苏省（15）	无锡市江阴市新桥镇、徐州市邳州市铁富镇、扬州市广陵区杭集镇、苏州市昆山市陆家镇、镇江市扬中市新坝镇、盐城市盐都区大纵湖镇、苏州市常熟市海虞镇、无锡市惠山区阳山镇、南通市如东县栟茶镇、泰州市兴化市戴南镇、泰州市泰兴市黄桥镇、常州市新北区孟河镇、南通市如皋市搬经镇、无锡市锡山区东港镇、苏州市吴江区七都镇
浙江省（15）	嘉兴市嘉善县西塘镇、宁波市江北区慈城镇、湖州市安吉县孝丰镇、绍兴市越城区东浦镇、宁波市宁海县西店镇、宁波市余姚市梁弄镇、金华市义乌市佛堂镇、衢州市衢江区莲花镇、杭州市桐庐县富春江镇、嘉兴市秀洲区王店镇、金华市浦江县郑宅镇、杭州市建德市寿昌镇、台州市仙居县白塔镇、衢州市江山市廿八都镇、台州市三门县健跳镇
安徽省（10）	六安市金安区毛坦厂镇、芜湖市繁昌县孙村镇、合肥市肥西县三河镇、马鞍山市当涂县黄池镇、安庆市怀宁县石牌镇、滁州市来安县汊河镇、铜陵市义安区钟鸣镇、阜阳市界首市光武镇、宣城市宁国市港口镇、黄山市休宁县齐云山镇
福建省（9）	泉州市石狮市蚶江镇、福州市福清市龙田镇、泉州市晋江市金井镇、莆田市涵江区三江口镇、龙岩市永定区湖坑镇、宁德市福鼎市点头镇、漳州市南靖县书洋镇、南平市武夷山市五夫镇、宁德市福安市穆阳镇
江西省（8）	赣州市全南县南迳镇、吉安市吉安县永和镇、抚州市广昌县驿前镇、景德镇市浮梁县瑶里镇、赣州市宁都县小布镇、九江市庐山市海会镇、南昌市湾里区太平镇、宜春市樟树市阁山镇
山东省（15）	聊城市东阿县陈集镇、滨州市博兴县吕艺镇、菏泽市郓城县张营镇、烟台市招远市玲珑镇、济宁市曲阜市尼山镇、泰安市岱岳区满庄镇、济南市商河县玉皇庙镇、青岛市平度市南村镇、德州市庆云县尚堂镇、淄博市桓台县起凤镇、日照市岚山区巨峰镇、威海市荣成市虎山镇、莱芜市莱城区雪野镇、临沂市蒙阴县岱崮镇、枣庄市滕州市西岗镇
河南省（11）	平顶山市汝州市蟒川镇、南阳市镇平县石佛寺镇、洛阳市孟津县朝阳镇、濮阳市华龙区岳村镇、周口市商水县邓城镇、郑州市巩义市竹林镇、新乡市长垣县恼里镇、安阳市林州市石板岩镇、商丘市永城市芒山镇、三门峡市灵宝市函谷关镇、南阳市邓州市穰东镇

续表

所在地	小镇名称
湖北省（11）	荆州市松滋市涴水镇、宜昌市兴山县昭君镇、潜江市熊口镇、仙桃市彭场镇、襄阳市老河口市仙人渡镇、十堰市竹溪县汇湾镇、咸宁市嘉鱼县官桥镇、神农架林区红坪镇、武汉市蔡甸区玉贤镇、天门市岳口镇、恩施州利川市谋道镇
湖南省（11）	常德市临澧县新安镇、邵阳市邵阳县下花桥镇、娄底市冷水江市、青镇、长沙市望城区乔口镇、湘西土家族苗族自治州龙山县里耶镇、永州市宁远县湾井镇、株洲市攸县皇图岭镇、湘潭市湘潭县花石镇、岳阳市华容县东山镇、长沙市宁乡县灰汤镇、衡阳市珠晖区茶山坳镇
广东省（14）	佛山市南海区西樵镇、广州市番禺区沙湾镇、佛山市顺德区乐从、珠海市斗门区斗门镇、江门市蓬江区棠下镇、梅州市丰顺县留隍镇、揭阳市揭东区埔田镇、中山市大涌镇、茂名市电白区沙琅镇、汕头市潮阳区海门镇、湛江市廉江市安铺镇、肇庆市鼎湖区凤凰镇、潮州市湘桥区意溪镇、清远市英德市连江口镇
广西壮族自治区（10）	河池市宜州市刘三姐镇、贵港市港南区桥圩镇、贵港市桂平市木乐镇、南宁市横县校椅镇、北海市银海区侨港镇、桂林市兴安县溶江镇、崇左市江州区新和镇、贺州市昭平县黄姚镇、梧州市苍梧县六堡镇、钦州市灵山县陆屋镇
海南省（5）	澄迈县福山镇、琼海市博鳌镇、海口市石山镇、琼海市中原镇、文昌市会文镇
重庆市（9）	铜梁区安居镇、江津区白沙镇、合川区涞滩镇、南川区大观镇、长寿区长寿湖镇、永川区朱沱镇、垫江县高安镇、酉阳县龙潭镇、大足区龙水镇
四川省（13）	成都市郫都区三道堰镇、自贡市自流井区仲权镇、广元市昭化区昭化镇、成都市龙泉驿区洛带镇、眉山市洪雅县柳江镇、甘孜州稻城县香格里拉镇、绵阳市江油市青莲镇、雅安市雨城区多营镇、阿坝州汶川县水磨镇、遂宁市安居区拦江镇、德阳市罗江县金山镇、资阳市安岳县龙台镇、巴中市平昌县驷马镇
贵州省（10）	黔西南州贞丰县者相镇、黔东南州黎平县肇兴镇、贵安新区高峰镇、六盘水市水城县玉舍镇、安顺市镇宁县黄果树镇、铜仁市万山区万山镇、贵阳市开阳县龙岗镇、遵义市播州区鸭溪镇、遵义市湄潭县永兴镇、黔南州瓮安县猴场镇
云南省（10）	楚雄州姚安县光禄镇、大理州剑川县沙溪镇、玉溪市新平县戛洒镇、西双版纳州勐腊县勐仑镇、保山市隆阳区潞江镇、临沧市双江县勐库镇、昭通市彝良县小草坝镇、保山市腾冲市和顺镇、昆明市嵩明县杨林镇、普洱市孟连县勐马镇

续表

所在地	小镇名称
西藏自治区（5）	阿里地区普兰县巴嘎乡、昌都市芒康县曲孜卡乡、日喀则市吉隆县吉隆镇、拉萨市当雄县羊八井镇、山南市贡嘎县杰德秀镇
陕西省（9）	汉中市勉县武侯镇、安康市平利县长安镇、商洛市山阳县漫川关镇、咸阳市长武县亭口镇、宝鸡市扶风县法门镇、宝鸡市凤翔县柳林镇、商洛市镇安县云盖寺镇、延安市黄陵县店头镇、延安市延川县文安驿镇
甘肃省（5）	庆阳市华池县南梁镇、天水市麦积区甘泉镇、兰州市永登县苦水镇、嘉峪关市峪泉镇、定西市陇西县首阳镇
青海省（4）	海西州德令哈市柯鲁柯镇、海南州共和县龙羊峡镇、西宁市湟源县日月乡、海东市民和县官亭镇
宁夏回族自治区（5）	银川市兴庆区掌政镇、银川市永宁县闽宁镇、吴忠市利通区金银滩镇、石嘴山市惠农区红果子镇、吴忠市同心县韦州镇
新疆维吾尔自治区及建设兵团（10）	克拉玛依市乌尔禾区乌尔禾镇、吐鲁番市高昌区亚尔镇、伊犁州新源县那拉提镇、博州精河县托里镇、巴州焉耆县七个星镇、昌吉州吉木萨尔县北庭镇、阿克苏地区沙雅县古勒巴格镇、阿拉尔市沙河镇、图木舒克市草湖镇、铁门关市博古其镇

随着第二批榜单发布，全国建设特色小镇的步伐将更加理性和规范。

5. 地方层面的创建和认定

为配合国家职能部门对国家级特色小镇的认定和培育，各省以及地方政府也通过各自的标准和程序对省级特色小镇进行了评估和认定。

四川省《四川省"十三五"特色小城镇发展规划》中提出，大力培育发展200个左右类型多样、充满活力、富有魅力的特色小城镇。按照各地主体功能定位，根据重点开发区域、农产品主产区、重点生态功能区的管控要求，立足资源禀赋、地理区位、发展基础等实际，引导特色小城镇布局建设，将重点打造旅游休闲型、现代农业型、商贸物流型、加工制造型、文化创意型和科技教育型六大类型。规划名单中，旅游休闲型特色小城镇47个、现代农业型特色小城镇45个、商贸物流型特色小城镇31个、加工制造型特色小城镇30个、文化创意型特色小城镇32个、科技教育型特色小城镇15个，共计200个（见表2.4）。

表2.4 四川省百镇计划名单

所在城市	旅游休闲	现代农业	商贸物流	加工制造	文化创意	科技教育
成都市	金堂县五凤镇、大邑县新场镇	青白江区福洪镇、蒲江县朝阳湖镇	新都区斑竹园镇	都江堰市蒲阳镇、新津县普兴镇	龙泉驿区洛带镇、崇州市怀远镇、大邑县安仁镇	郫都区德源镇、彭州市丽春镇、简阳市石板凳镇
自贡市	沿滩区永安镇	沿滩区黄市镇、荣县留佳镇、富顺县李桥镇	自流井区舒坪镇、大安区大山铺镇		贡井区艾叶镇	贡井区成佳镇
攀枝花市	米易县得石镇、盐边县红格镇	东区银江镇、仁和区大田镇、米易县撒莲镇、盐边县永兴镇	仁和区金江镇			
泸州市	合江县尧坝镇、古蔺县双沙镇	江阳区分水岭镇、合江县大桥镇	龙马潭区石洞镇	江阳区黄舣镇、纳溪区大渡口镇、泸县太伏镇、叙永县龙凤镇	龙马潭区特兴镇、叙永县江门镇	纳溪区合面镇、泸县云龙镇
德阳市	什邡市冰川镇、罗江县白马关镇	绵竹市九龙镇	旌阳区德新镇、绵竹市土门镇	中江县仓山镇、罗江县金山镇	旌阳区孝泉镇、广汉市南兴镇、中江县龙台镇	广汉市新平镇
绵阳市	平武县响岩镇、三台县郪江镇	游仙区街子镇	梓潼县许州镇	游仙区松垭镇、安州区界牌镇	涪城区河边镇、游仙区沉抗镇、江油市青莲镇、北川县禹里镇、盐亭县金鸡镇	涪城区青义镇、江油市厚坝镇
广元市	朝天区曾家镇、剑阁县剑门关镇、苍溪县云峰镇	苍溪县五龙镇	昭化区红岩镇、剑阁县元山镇、旺苍县嘉川镇	朝天区中子镇	青川县关庄镇	剑阁县普安镇、青川县竹园镇
遂宁市	安居区玉丰镇	船山区河沙镇、安居区聚贤镇	大英县河边镇	船山区桂花镇、蓬溪县金桥镇	射洪县金华镇、大英县卓筒井镇	

续表

所在城市	旅游休闲	现代农业	商贸物流	加工制造	文化创意	科技教育
内江市	威远县连界镇	隆昌县普润镇		东兴区椑木镇	市中区龙门镇、资中县罗泉镇、隆昌县云顶镇	
乐山市	犍为县芭沟镇、沐川县箭板镇、峨边彝族自治县黑竹沟镇	沙湾区福禄镇、夹江县华头镇、马边彝族自治县烟烽镇	峨眉山市符溪镇	五通桥区金山镇、沙湾区嘉农镇	市中区苏稽镇、井研县竹园镇	
南充市	蓬安县锦屏镇	高坪区江陵镇、营山县黄渡镇	顺庆区李家镇、南部县东坝镇、仪陇县立山镇、蓬安县河舒镇	营山县城南镇	高坪区长乐镇、嘉陵区李渡镇、阆中市柏垭镇	西充县多扶镇
宜宾市	兴文县石海镇、屏山县龙华镇	南溪区江南镇、江安县底蓬镇、高县大窝镇、筠连县腾达镇、珙县王家镇	翠屏区菜坝镇、宜宾县泥溪镇	南溪区裴石镇、宜宾县高场镇、江安县桐梓镇、珙县珙泉镇	翠屏区李庄镇、长宁县双河镇	
广安市	武胜县飞龙镇	前锋区观塘镇、华蓥市明月镇、岳池县乔家镇、邻水县柑子镇	前锋区护安镇、武胜县烈面镇	广安区龙台镇、华蓥市高兴镇、邻水县高滩镇	华蓥市永兴镇	广安区协兴镇
达州市	通川区罗江镇、万源市八台镇	通川区磐石镇、达川区亭子镇、宣汉县黄金镇、大竹县乌木镇	达川区河市镇、宣汉县南坝镇、大竹县杨家镇	开江县普安镇	宣汉县樊哙镇、渠县临巴镇	通川区北外镇
巴中市	南江县关坝镇	恩阳区下八庙镇、通江县铁佛镇		巴州区清江镇	平昌县驷马镇	
雅安市	名山区蒙顶山镇	芦山县大川镇	雨城区对岩镇、名山区车岭镇	名山区百丈镇		

续表

所在城市	旅游休闲	现代农业	商贸物流	加工制造	文化创意	科技教育
眉山市	彭山区江口镇、青神县汉阳镇	仁寿县文宫镇		东坡区修文镇、仁寿县视高镇	洪雅县止戈镇	
资阳市	安岳县卧佛镇	雁江区丹山镇、安岳县文化镇	乐至县良安镇	雁江区临江镇		
阿坝藏族羌族自治州	理县桃坪镇、茂县叠溪镇、黑水县卡龙镇、若尔盖县红星镇、红县安曲镇	金川县安宁镇				
甘孜藏族自治州	康定市新都桥镇、泸定县冷碛镇、丹巴县巴底镇、雅江县西俄洛镇、甘孜县来马镇、新龙县拉日马镇、稻城县桑堆镇	乡城县青德镇	九龙县烟袋镇			
凉山彝族自治州	木里藏族自治县茶布朗镇、布拖县龙潭镇、喜德县红莫镇、甘洛县海棠镇、雷波县黄琅镇	西昌市黄联关镇、冕宁县沙坝镇	德昌县永郎镇、会理县通安镇、会东县姜州镇			

（资料来源：根据四川省相关通知和文件整理）

河北省在 2016 年拟建设的 100 个基础上，2017 年明确提出了 30 个创建和 52 个培育特色小镇名单（见表 2.5）。

表2.5　河北省特色小镇名单

所在城市	创建类特色小镇	培育类特色小镇
石家庄市	栾城区航空小镇、平山县西柏坡红色旅游小镇、灵寿县漫山花溪旅游小镇	正定县艺术小镇、正定县木都小镇、藁城区（滹沱河）康怡乐生态小镇、藁城区宫灯小镇、赞皇县天山电商主题小镇、新华区杜北生态健康小镇、高邑县物流小镇
承德市	围场县皇家猎苑小镇、承德县德鸣大数据小镇	丰宁县中国马镇、丰宁县汤河温泉小镇、滦平县古城国际庄园小镇、隆化县枫水满乡小镇
张家口市	崇礼县冰雪文化小镇、察北区乳业小镇	蔚县国际艺术小镇、怀来县鸡鸣驿国际旅游度假小镇、张北县光伏小镇
秦皇岛市	北戴河新区医疗康养旅游小镇、昌黎县干红小镇	青龙县满韵小镇、海港区秦皇印象小镇、山海关古御道明清文化旅游小镇、海港区圆明山生态小镇
唐山市	滦县滦州古城小镇、迁西县露营小镇、曹妃甸匠谷小镇、路北区陶瓷文化小镇	遵化市满族文化小镇、滦南县中国钢锹小镇、迁西县花乡果巷小镇、玉田县养生小镇
廊坊市	安次区第什里风筝小镇、永清县云裳小镇、安次区北田曼城国际小镇、香河县运河文化创客小镇	永清县幸福创新小镇、霸州市足球运动小镇、香河县机器人小镇、大厂县创意田园小镇、广阳区西部金融小镇、文安县鲁能生态健康小镇
保定市	易县恋乡太行水镇、涞水县四季圣诞小镇、白沟特色商贸小镇、涞水县京作古典家具艺术小镇、定兴县非遗小镇	涞水县健康谷小镇、清苑区好梦林水小镇、雄县京南花谷小镇、蠡县绒毛小镇、安国市药苑小镇、易县易文化小镇、易县燕都古城小镇
沧州市	肃宁县华斯裘皮小镇、青县中古红木文化小镇	任丘市中医文化小镇、沧州市武术文化小镇、吴桥县杂技旅游小镇、任丘市白洋淀水乡风情小镇
衡水市	武强县周窝音乐小镇、枣强县玫瑰小镇	景县广川董子文化小镇、枣强县吉祥文化小镇、景县智能物流装备小镇
邢台市	清河县羊绒小镇、宁晋县小河庄电缆小镇	广宗县自行车风情小镇、内丘县太行山苹果小镇、邢台县路罗旅游康养小镇、宁晋县农机小镇、柏乡县牡丹小镇
邯郸市	馆陶县寿东粮画小镇、涉县赤水湾太行民俗小镇	曲周县世界童车小镇、魏县糖果小镇、磁县磁州童装小镇、鸡泽县辣椒小镇、曲周县循环农业示范小镇

（资料来源：根据河北省有关通知和文件整理）

广东省在 2016 年提议了 23 个省级特色小镇，2017 年改变工作方式，通过特色小镇建设示范工作，引导特色小镇建设。2017 年 8 月通过《关于加快特色小（城）镇建设的指导意见》（粤发改区域〔2017〕438 号，以下简称《指导意见》）发布名单（见表 2.6）。

表2.6　广东省特色小镇示范镇

所在城市	小镇名称
广州市	番禺沙湾瑰宝小镇
深圳市	龙华大浪时尚创意小镇
珠海市	平沙影视文化小镇
汕头市	龙湖外砂潮织小镇、潮南陈店内衣小镇
佛山市	禅城陶谷小镇、南海千灯湖创投小镇、顺德特色小镇集群示范区
韶关市	翁源江尾兰花小镇
河源市	江东新区生命谷小镇
梅州市	梅江东山健康小镇、梅县雁洋文化旅游小镇、丰顺留隍潮客小镇
惠州市	潼湖科技小镇
汕尾市	红海湾滨海运动小镇
东莞市	长安智能手机小镇、大岭山莞香小镇
中山市	小榄菊城智谷小镇、古镇灯饰小镇、大涌红木文化旅游小镇
江门市	开平赤坎华侨文化旅游小镇
阳江市	阳东新洲地热小镇
湛江市	麻章南海之芯小镇
茂名市	高州马贵高山草甸运动小镇
肇庆市	高要回龙宋隆小镇、四会玉器文化小镇
清远市	英德锦潭小镇
潮州市	饶平钱东潮商文化小镇
揭阳市	中德金属生态城合创小镇、望天湖生态康养小镇
云浮市	云城氢能小镇、新兴六祖小镇

（资料来源：根据广东省有关通知和文件整理）

云南分层次分级别，提出建设国际水平、全国一流和全省一流特色小镇名单（见表 2.7）

表2.7　云南省创建目标特色小镇名单（单位：个）

目标	小镇名称
国际水平（5）	丽江古城、元阳哈尼梯田、大理古城、巍山古城、建水临安古城
全国一流（20）	和顺古镇、沙溪古镇、建水西庄紫陶小镇、橄榄坝傣族水乡、普者黑水乡、喜洲古镇、泸沽湖摩梭小镇、红河水乡、思茅普洱茶小镇、瑞丽畹町小镇、香格里拉月光城、临沧翁丁葫芦小镇、丙中洛小镇、楚雄彝人古镇、昭通大山包极限运动小镇、曲靖爨文化小镇、西双版纳勐仑小镇、昆明斗南花卉小镇、玉溪澄江广龙旅游小镇、昆明嘉丽泽高原体育运动小镇
全省一流（80）	九乡旅游小镇、轿子雪山小镇、"云上云"双创小镇、官渡古镇、凤龙湾阿拉丁小镇、罗平油菜花小镇、麒麟爱情小镇、鲁布革布依风情小镇、陆良蚕桑小镇、嶍峨古镇、新平嘎洒花腰傣风情小镇、通海杨广智慧农业小镇、澄江寒武纪小镇、华宁盘溪橘乡小镇、腾冲玛御谷温泉小镇、腾冲银杏小镇、昌宁红茶小镇、善洲小镇、施甸摆榔金布朗风情小镇、保山永子围棋小镇、腾冲启迪冰雪双创小镇、高黎贡山摄影小镇、盐津豆沙关南丝路古镇、彝良小草坝天麻小镇、水富大峡谷温泉小镇、镇雄以勒小镇、丽江黎明丹霞小镇、华坪芒果小镇、锦绣丽江、永胜清水古镇、景迈普洱茶小镇、普洱汇源小镇、西盟佤部落、孟连勐阿小组、宁洱那勐勐小镇、思茅洗马湖科学家小镇、澜沧酒井老达保乡村音乐小镇、勐库冰岛茶小镇、临翔区昔归普洱茶小镇、凤庆鲁史茶马古文化小镇、南美拉祜风情小镇、凤庆滇红小镇、光禄古镇、侏罗纪小镇、南华野生菌小镇、"元谋人"远古小镇、红河哈尼土司文化小镇、碧色寨滇越铁路小镇、弥勒太平湖森林小镇、河口瑶族盘王小镇、红河"东方韵"小镇、弥勒可邑小镇、个旧大屯特色制造小镇、屏边滴水苗城、泸西城子古镇、金平蝴蝶谷小镇、广南坝美世外桃源、文山古木三七小镇、八宝壮乡小镇、易武古镇、勐巴拉雨林小镇、基诺风情小镇、大理双廊小镇、鹤庆新华银器艺术小镇、诺邓古镇、祥云南驿小镇、剑川木雕艺术小镇、鸡足山禅修小镇、大理龙尾关小镇、芒市咖啡小镇、德宏大盈江万塔小镇、姐告跨境电商小镇、陇川民族风情小镇、梁河南甸傣族水镇、芒市航空小镇、怒江傈僳风情小镇、贡山独龙风情小镇、罗古箐普米风情小镇、梅里雪山小镇、高原冰酒小镇

（资料来源：根据云南省有关通知和文件整理）

　　同时，江苏、福建、重庆、广西和河北雄安的首批特色小镇也纷纷公布（见表2.8）。

表2.8　江苏、福建、重庆、广西和河北雄安特色小镇名单（单位：个）

所在地	小镇名称
江苏省（25）	未来网络小镇、高淳国瓷小镇、鸿山物联网小镇、太湖影视小镇、新桥时裳小镇、沙集电商小镇、石墨烯小镇、殷村职教小镇、智能传感小镇、苏绣小镇、东沙湖基金小镇、昆山智谷小镇、吕四仙渔小镇、海门足球小镇、东海水晶小镇、盱眙龙虾小镇、数梦小镇、汽车小镇、头桥医械小镇、大路通航小镇、丹阳眼镜风尚小镇、句容绿色新能源小镇、医药双创小镇、黄桥琴韵小镇、电商筑梦小镇
福建省（28）	长乐东湖VR小镇、永泰嵩口休闲旅游小镇、集美汽车小镇、南靖山城兰谷小镇、长泰古琴小镇、东山海洋运动小镇、诏安四都渔乡休闲小镇、永春达埔香都小镇、德化三班瓷都茶具小镇、安溪藤云小镇、晋江人才梦想小镇、晋江深沪体育小镇、明溪药谷小镇、永安石墨小镇、仙游仙作工艺小镇、城厢华林鞋艺小镇、秀屿上塘银饰小镇、湄洲妈祖文化小镇、光泽圣农小镇、武夷山五夫朱子文化休闲小镇、政和石圳白茶小镇、建瓯徐墩根艺小镇、上杭古田红色小镇、漳平永福花香小镇、连城培田草药小镇、屏南药膳小镇、霞浦三沙光影小镇、蕉城三都澳大黄鱼小镇
重庆市（35）	万州区武陵镇、黔江区濯水镇、涪陵区蔺市镇、沙坪坝区青木关镇、九龙坡区走马镇、南岸区迎龙镇、北碚区金刀峡镇、渝北区统景镇、巴南区东温泉镇、长寿区长寿湖镇、江津区白沙镇、合川区涞滩镇、永川区朱沱镇、南川区大观镇、綦江区东溪镇、大足区龙水镇、璧山区福禄镇、铜梁区安居镇、潼南区双江镇、荣昌区万灵镇、开州区铁桥镇、梁平区屏锦镇、武隆区江口镇、丰都县高家镇、垫江县高安镇、忠县石宝镇、云阳县江口镇、奉节县白帝镇、巫山县大昌镇、巫溪县文峰镇、石柱县黄水镇、秀山县洪安镇、酉阳县龙潭镇、彭水县保家镇、万盛经开区青年镇
广西壮族自治区（45）	茉莉小镇、林科小镇、喀斯特山水古韵小镇、莲花小镇、螺蛳粉小镇、柚香小镇、月柿小镇、漓江三花小镇、漓水文化特色小镇、衣架小镇、罗汉果小镇、六堡茶小镇、丝绸小镇、滨海宜居小镇、海洋小镇、月饼小镇、浪漫小镇、机电产业小镇、红椎菌特色小镇、飞翔小镇、金花茶小镇、京族海洋小镇、温暖小镇、运动服智造小镇、电动车小镇、圣诞树小镇、陶瓷小镇、现代农业科技特色小镇、中医药特色文化小镇、沙田柚特色小镇、壮乡芒果风情小镇、商贸物流小镇、工业小镇、宗祠文脉小镇、旅游文化特色小镇、天丝小镇、康养小镇、丹泉小镇、铜鼓小镇、轻工业小镇、银白龙石材小镇、甜蜜小镇、边贸小镇、木艺小镇、芳香小镇
河北雄安新区及周边（10）	白沟特色商贸小镇、雄县京南花谷小镇、定兴县非遗小镇、清苑区好梦林水小镇、霸州足球运动小镇、鲁能生态健康小镇、华斯裘皮小镇、中医文化小镇、白洋淀水乡风情小镇、农机商贸小镇

（资料来源：根究各相关地区报道整理）

三、推进行动

1. 培训与交流

在建设特色小镇时，为了避免错误解读，少走弯路，让地方和参与小镇的建设者能够较好地把握发展方向和建设要领，需要对特色小镇的基本方向、建设步骤、方法和经验进行一些培训。

（1）住房和城乡建设部。

2017 年住房和城乡建设部针对申报工作开展了全面的培训。针对小城镇建设中的问题提出了 10 项基本要求：一是坚持小城镇大战略，加大投入。二是坚持有重点发展。三是坚持有特色发展。四是坚持有特色建设。五是坚持乡村中心主要职责，补齐基础设施和公共服务的短板。六是坚持产业市场主导。七是坚持集约节约。八是坚持以人为本。九是坚持突出文化与内涵。十是坚持多规合一。配合申报工作，培训的主要内容体现在以下五个方面。

特色鲜明的产业形态。产业定位精准，特色鲜明，战略新兴产业、传统产业、现代农业等发展良好、前景可观。产业向做特、做精、做强发展，新兴产业成长快，传统产业改造升级效果明显，充分利用"互联网+"等新兴手段，推动产业链向研发、营销延伸。产业发展环境良好，产业、投资、人才、服务等要素集聚度较高。通过产业发展，小镇吸纳周边农村剩余劳动力就业的能力明显增强，带动农村发展效果明显。

和谐宜居的美丽环境。空间布局与周边自然环境相协调，整体格局和风貌具有典型特征，路网合理，建设高度和密度适宜。居住区开放融合，提倡街坊式布局，住房舒适美观。建筑彰显传统文化和地域特色。公园绿地贴近生活、贴近工作。店铺布局有管控。镇区环境优美，干净整洁。土地利用集约节约，小镇建设与产业发展同步协调。美丽乡村建设成效突出。

彰显特色的传统文化。传统文化得到充分挖掘、整理、记录，历史文化遗存得到良好保护和利用，非物质文化遗产活态传承。形成独特的文化标识，与产业融合发展。优秀传统文化在经济发展和社会管理中得到充分弘扬。公共文化传播方式方法丰富有效。居民思想道德和文化素质较高。

便捷完善的设施服务。基础设施完善，自来水符合卫生标准，生活污水被全面收集并达标排放，垃圾无害化处理，道路交通停车设施完善便捷，绿化覆盖率较高，防洪、排涝、消防等各类防灾设施符合标准。公共服务设施完善、服务质量较高，教育、医疗、文化、商业等服务覆盖农村地区。

充满活力的体制机制。发展理念有创新，经济发展模式有创新。规划建设管理有创新，鼓励多规协调，建设规划与土地利用规划合一，社会管理服务有创新。省、市、县支持政策有创新。镇村融合发展有创新。体制机制建设促进小镇健康发展，激发内生动力。

（2）中国城镇化促进会。

中国城镇化促进会以公益为出发点，免费对全国地方相关负责人进行培训，以便使各地更好地理解特色小镇建设工作。针对"千企千镇工程"中存在的问题和关键工作要领，以及为企业和地方政府搭建对接平台，2017 年共进行了 4 期培训，每期 3 天左右。到目前为止，有千余人接受了中国城镇化促进会举办的特色小镇培训班，该培训成为推动特色小镇的标志性工作。

2018 年 1 月 20—24 日，中国城镇化促进会组织了全国特色小镇和特色小城镇培训班，到目前为止已有 403 个特色小镇负责人以及来自"千企千镇工程"的参与企业的代表共 500 人参加。加上另外组织的全国城镇化综合试点培训，目前中国城镇化促进会的培训工作已成为特色小镇和小城镇建设方面的标志，引导和推动全国的城镇化和特色小镇建设。

2. "千企千镇工程"继续推进

"千企千镇工程"作为落实特色小镇建设的具体实践，通过将企业与小镇对接，为特色小镇的管理者、建设投资者和地方发展搭建了有效的公共平台。

2017 年，"千企千镇工程"建立了企业与地方政府供需双方的项目库，入库企业有国家开发银行、荣盛房地产、恒大地产集团、北京住总集团、英大泰和财产、远东控股集团、中国光大集团等著名企业；入库项目有北京房山区青龙湖镇、北京怀柔九渡河黄花城水长城、北京海淀区西北旺空间信息生态小镇等数十个。其中"千企千镇"网络平台入户用户达 845570。

专栏 2.4
"千企千镇工程"项目——中国云城在浙江余姚启动

2017 年 5 月 15 日，中国云城暨国际机器人交易博览中心奠基动工仪式在浙江省余姚市隆重举行。

中国云城项目是国家发展改革委、中国城镇化促进会等六部门共同推动实施的国家"千企千镇工程"的重要落地项目之一，是余姚市委、市政府与华晟基金合作，以"产城融合"与"产融结合"为目标，以集聚和孵化大数据技术、"互联网+"、智能制造等高新技术类产业为主要特征的城市综合开发运营项目，包括产业导入升级、产业孵化投资、云基础设施建设、城市更新等一系列资源整合，是国家"双创战略"引导下的新型城镇化 PPP 标杆项目，是余姚市打造智能经济发展新高地的重要项目载体，是对城市综合开发运营投融资机制和项目运作模式的探索创新。

项目定位于打造余慈地区中小企业的云总部基地、长三角产业创新升级的孵化基地和具有国际影响力的中国云城，总投资约 203 亿元，规划控制区 20 平方千米。一期总规划面积 3.2 平方千米，其中云示范区 1.8 平方千米，投资约 100 亿元。

此次中国云城项目启动，标志着城市运营创新模式实现了异地推广和创新升级。中国云城依托创新的城市运营模式和专业的团队运作，必将助推余姚市新型城镇化建设再上新台阶，真正实现产业升级转型、城市扩容提质、人民安居乐业。

华晟基金是由中国中信集团和中国银行联合打造的，以服务国家新型城镇化战略为宗旨，专注于新型城镇化 PPP 项目实践，致力于为新型城镇化提供全链条金融综合服务的创新型城市运营平台。

专家观点 ▶

◎ **方明（中国城市科学规划设计研究院院长）**

特色小镇的培育要坚持四大原则：产业有优势、风貌有特色、发展有成效、动力有保障。特色小镇应是发挥市场主体作用和吸纳社会资本投资的新热土，要让特色小镇在提升社会投资效率、推动经济转型升级方面发挥重要作用。特色小镇不仅需要具备一定的产业基础，更要注重对地域文化的挖掘与传承，将文化元素植入小镇风貌建设的各个方面。特色小镇的创建关键在"产业形态、宜居环境、传统文化、设施服务、体制机制"五个方面的内容：一是特色鲜明的产业形态；二是和谐宜居的美丽环境；三是彰显特色的传统文化；四是便捷完善的设施服务；五是充满活力的体制机制。

第三章　发展特点

特色小镇和特色小城镇是城镇化的重要组成部分，其发展水平既是城镇化进程的结果，也是推动城镇化的重要阵地。而城镇化是一个国家或地区经济和社会全面发展的标志。因此，特色小镇作为城镇体系和城乡连接的基层和核心枢纽，与经济和地区发展有密切联系。特色小镇和特色小城镇建设过程是这种相辅相成关系特征的演变。

一、中小城市（镇）发展为特色小城（镇）奠定了基础

改革开放初期，我国乡镇企业得到迅速发展，填补了城镇化和地区经济的很多空白，成为我国工业化的重要组成部分，也为后来我国成为制造业大国奠定了雄厚的基础。但是自20世纪90年代后期以来，随着乡镇企业逐步退出，中小城市（镇）发展进入迟缓阶段，使得城镇体系中底层发展弱化。强调特色小城（镇）建设意在通过充分发挥地方特色资源和特色产业优势，重振小城镇，完善我国的城镇体系。

1. 千强镇工业发展为特色小镇成长提供经济基础

作为特色小城（镇）成长的基石，中小城镇的发展有着举足轻重的作用。中小城市经济发展委员会、中小城市发展战略研究院、中国中小城市科学发展指数研究课题组以建制镇为单位，选取了三个指标进行综合比较：地区生产总值、城乡居民人均可支配收入、公共财政收入，对全国所有建制镇得分进行排名，其中排名前1000位的被称为"全国综合实力千强镇"（以下简称千强镇）。在这些千

强镇里，特色小镇共有 79 个，占比为 8%；而所有特色小镇在全国所有建制镇中的比例仅为 2%。这说明，经济发展尤其是城镇经济发展是特色小镇建设的基础。

目前我国整体处于工业化中期阶段，无论是在城市经济还是县域经济中，工业生产能力都是决定其经济实力的主要因素，因此工业总产值往往决定了其经济发展水平和实力。在选择了千强镇中的 79 个特色小镇和与这些特色小镇排名接近的 79 个非特色小镇，用案例的定性比较分析（QCA）后发现，工业总产值大于全国平均水平是特色小镇成长的共同条件。尤其是制造业型特色小镇，工业总产值是其成长的必要条件。农业型特色小镇虽然靠近大城市，有第一产业占比大于全国平均水平作为影响因素，也需要与工业总产值高于全国平均水平的条件相结合，才能形成农业型特色小镇。对于旅游型特色小镇而言，如果不靠近大城市或者著名景区，工业总产值也同样是影响其成长的因素之一。

专家观点 ▶

◎陈亚军（国家发展改革委规划司司长）

在中小城市建设经营管理中，政府应改变过去既担当城市管理者，又充当城市经营者的角色定位，而将城市具体建设经营交由专业化企业，多数公共服务供给也通过购买服务来实现。政府主要担当好城市管理者、监督者的角色。

"千企千镇工程"，主要目的就是厘清政府和市场的关系，充分发挥市场配置资源的决定性作用和更好发挥政府作用，充分调动市场主体的积极性，避免政府"大包大揽"；同时也引导社会资本参与美丽特色小（城）镇建设，促进镇企融合发展、共同成长。在发展特色小镇的创新上，浙江先行一步，创造了一个非镇非区的特色小镇概念，核心是聚焦传统经典产业和战略性新兴产业，打造"双创"新平台。

◎景朝阳（国家发展改革委国际合作中心总监）

培育特色小镇要坚持突出特色，防止千镇一面和一哄而上；以产业发展为重点，依据产业发展确定建设规模，防止盲目造镇；坚持深化改革，培育壮大新兴产业，打造创业创新新平台，发展新经济。

在特色小镇的建设过程中要坚持市场主导，政府重在搭建平台、提供服务，防止大包大揽。需要引入社会资本，引入专业的城市投资建设运营商，通过 PPP 模式，通过专业化的手段摆脱当地人才、资金、能力不足这种瓶颈来进行优质资源的整合，促进当地的跨越式发展。

◎徐春华（陕西省政府副秘书长）

特色小镇在路径选择上可能要更多地与现代工业、现代制造业以及现代农业等结合，让这些传统优势得到巩固发展。同时，还应当借助互联网等媒介，让小镇经济发展得以最大化。此外，最好能利用特色小镇的集聚能力，再依托龙头企业带动，将优势产业进一步凝聚，提升产业的承载能力，打造出一批明星产业。

◎肖金成（国家发展改革委国土开发与地区经济研究所原所长）

发展特色小镇有利于增加就业岗位。特色小镇并不是城镇化的唯一途径，甚至不是主要途径。特色小镇能实现一部分农民的就近城镇化，同时也能使城市公共服务向小城镇和农村延伸，还拓宽了城乡居民的收入渠道，改善民生。但特色小镇吸纳劳动力的能力有限，甚至它也很难发展成为中等城市。

特色小镇的"特色"真正的根基是产业。产业会带来就业，从而吸引人们到小镇居住，吸引人才的流入，进而促进小镇的发展。很多地方将城镇化等同于"房地产化"，忽视产业发展，没有产业只有房子的地方，是无法成为特色小镇的。所以，特色小镇的构建思路，需要以产业的发展情况来定夺，特色小镇的基础设施建设，应视这一地区的产业发展情况而定。

特色小镇要完善基础设施建设，传承优秀文化，彰显区域特色。特色小镇的基础条件，区位、环境和资源禀赋，是特色小镇是否具有吸引力的关键，也就是其"特色"的来源。重视（特色小镇）产业的发展和人气的聚集，在业态上的选择要结合本地区的条件，挖掘资源优势和产业的潜力，推动相关配套产业的发展。

◎王晓东（清华同衡规划院副院长）

特色小镇的规划应以原住民和在小镇里面长期居住、生活的新住民为优先，而不是以外来的游客和短期的看客为优先。无论是我们的基础设施，还是公共服务设施，以及整个人居环境的打造应该为长期在小镇居住、生活、就业的这些人优先配置。其次，特色小镇的打造应该坚持社会效益重于经济效益，在小镇里面一方面要让它带来经济的活力，要给它带来直接的经济效益，另一方面也要注重社会文明、文化传承和风俗传统的有序传承和发展。同时，要坚持可持续的活力营造，重于短期空间效果的打造。我们要更重视功能的植入、产业的注入、教育和人才的支撑，以及公共服务的打造。

2. 城镇化促进特色小镇成长

特色小镇的城镇化条件优于普通镇。全国有建制镇 2 万多个，第一批和第二批特色小镇共有 403 个。2016 年 2 万多个建制镇行政区域面积的平均值与 403 个特色小镇行政区域面积的平均值分别为 25747 公顷和 25939 公顷，两者相差不大。但是，常住人口、从业人员、第二和第三产业从业人员、工业总产值、城镇建成区面积和城镇建成区常住人口的平均值差距却较大（见表 3.1）。

表 3.1　2016 年特色小镇与全国建制镇各项数据比较

项目 ＼ 平均值	特色小镇平均值	第一批特色小镇平均值	第二批特色小镇平均值	全国建制镇平均值
行政区域面积（公顷）	25939.801	25927.173	25945.612	25747.053
常住人口（人）	46823	48472	46064	29766
从业人员（人）	27430	29312	26564	17112
第二和第三产业从业人员（人）	19012	21246	17984	9356
工业总产值（万元）	692138.42	831985.73	628329.76	197465.35
城镇建成区面积（公顷）	689.338	659.512	703.408	559.533
城镇建成区常住人口（人）	19754	20921	19204	11442

（资料来源：《中国县域统计年鉴 2016（县市卷）》）

表 3.1 显示，特色小镇的常住人口平均值约为全国建制镇平均值的 1.57 倍；从业人员方面，特色小镇平均值约为全国建制镇平均值的 1.6 倍；非农产业从业人员（第二和第三产业从业人员）方面，特色小镇平均值是全国建制镇平均值的 2 倍多；特色小镇的工业总产值平均值约为全国建制镇平均值的 3.5 倍；城镇建成区面积方面，特色小镇平均值是全国建制镇平均值的 1.2 倍；城镇建成区常住人口方面，特色小镇平均值约为全国建制镇平均值的 1.73 倍。

如果用常住人口平均值代表小镇的规模、从业人员平均值代表产业发展水平、非农产业从业人员平均值代表产业的城镇化程度、城镇建成区面积平均值代表空间城镇化程度、城镇建成区常住人口平均值代表城镇人口聚集程度、工业总产值平均值表示经济发展水平，则特色小镇在人口、产业、空间和聚集度等方面的城镇化程度都远高于普通镇。在建立城镇化大背景下，特色小镇的发展代表了新型城镇化的发展方向。

专家观点 ▶

◎余池明（全国市长研修会城市发展研究所所长）

特色小镇的建设过程中，一是要处理好特色小镇与大、中城市的关系，特色小镇与村的关系。小城镇的本质特征是"城市之尾、农村之首"，小城镇成为融合城乡的天然载体。处理好与大、中城市的关系，形成对大、中城市的反磁力吸引中心，同时实行镇、村联动，带动村的发展，处理好与村的关系。二是要坚持产城融合原则，处理好产业发展与小镇规划、建设管理之间的关系。产业发展应与基础设施和公共服务设施同步配套发展，实现产、城、人、文一体，避免产、城割裂。以绿色发展为引领，推动特色小镇可持续发展，特色小镇的建设规模也要与其环境承载力相适应。

在特色小镇管理过程中要处理好政府与市场的关系。既要发挥市场在资源配置中的决定性作用，又要发挥政府的引导作用。特色小镇建设必须在政府的引导下，充分发挥企业的主体作用，坚持市场化运作，通过 PPP 模式引入社会资本参与城市基础设施的建设、运营和维护。

◎赵弘（北京市社会科学院副院长）

要解决特色小镇建设用地问题，就要进一步深化农村土地制度改革，在不改变农村土地所有权的前提下，根据特色小镇产业、住宅和公共服务设施不同的使用功能，创新土地的流转、出让和征收等利用方式，将零散的建设用地和宅基地有效整合起来，统一规划、整体开发、集约利用，重要的是建立起各方共同受益、长期受益的模式和机制。

特色小镇的人口要以当地居民为主体，适当扩展到在当地投资、创业、就业的人群。要根据区域城镇布局，打破行政村的界限，鼓励邻近村庄农民进行宅基地置换，吸引农民向特色小镇集中。要制定明确的政策导向，适度吸引一部分高端人才到特色小镇安家置业，扩大特色小镇的人口聚集规模。要限制投机资本进入特色小镇房地产市场，推高房价。

◎袁昕（清华大学城市规划设计研究院副院长）

特色小镇的建设有可能在现有上行下效的体制下变成一个运动化的倾向。当前应该强调产业引领和特色打造，这两点是建设特色小镇的先决条件。如果房地产商在特色小镇的建设中没有产业支撑和对未来运营的规划，特色小镇是很难成功的。如果社会资本要求在短短几年内见到收益也不适合来投资特色小镇。

总结国内现阶段成功经验，特色小镇要想发展，至少要具备产业升级、科技创新与植入或者消费带动这三种基础条件之一。同时，特色小镇的建设要具备完整的产业链条，必须明确政府、社会资本、运营与开发企业等各领域之间的有效衔接与高效互动。

◎相伟（国家发展改革委发展规划司城镇化规划处处长）

虽然特色小镇是新型城镇化的热点，但并不是所有地方都适合做特色小镇，也不是所有企业都能做好特色小镇，更不是短时间就可以打造出成功的特色小镇。特色小镇更像是一个"奢侈品",从城镇化的角度来看,有两种地区适合建设特色小镇,一是人口达到300万以上的中心城市或大都市周边,二是特色资源所在地,而且这种资源是不可移动的,比如景德镇、茅台镇。

◎**石楠(中国城市规划学会秘书长)**

要特别重视当地居民的角色,不能为了造一个特色小镇,而把原本世代居住在这里的居民驱赶出去,这样打造出来的小镇,其实可能是缺历史没文化的。因此,让居民更好地发挥作用,让他们真正成为特色小镇规划建设的主人与受益的对象十分重要。

3. 各种城镇化试点建设为特色小镇做了大量前期工作

在城镇化的快速进程中,从中央到地方采取了很多促进措施,为小城镇建设和全面发展奠定了坚实基础,如全国重点镇建设、国家新型城镇化综合试点、中国历史文化名镇(村)、新农村建设、美丽乡村建设,以及旅游景区建设与完善,甚至后来的全域旅游等,从城镇发展、改革创新、文化保护、基础设施和环境改善、特色产业和服务业,以及强化农村地区发展等方面,改善了农村和小城镇的建设基础和发展环境。这些工作都是当今特色小镇的重要组成部分。

2017年公布的第二批276个特色小镇,共获得国家级荣誉称号331项,平均每个镇拥有超过1项国家级荣誉称号。其中,160个国家级重点镇,35个全国特色景观旅游名镇,35个中国历史文化名镇,52个全国美丽宜居镇(村),35个国家新型城镇化试点镇,14个建制镇试点镇,它们分别占第二批特色小镇总数的58.0%、12.7%、12.7%、18.8%、12.7%和5.1%。

专栏 3.1

定性比较分析特色小镇成长路径

定性比较分析是查尔斯·拉金（Charles C.Ragin）在 1987 年提出的，它是一种以案例研究为导向的理论集合研究方法。该方法通过系统地考察事件发生的成因以及内部生成因子之间的互动关系、可能性关系组合，试图解释促成事件产生的关键因子、因子之间的相互联系以及激发事件产生的复杂的成因组合，以期深化对事件产生的复杂因果关系的理解。通过特色小镇名单与全国千强镇名单的对比，将在千强镇范围内的 79 个案例作为正向样本，同时，在每个省份内根据排名的接近程度（反映了小镇发展水平较接近），再选取 79 个非特色小镇，即总样本量为 158 个。考虑到特色小镇的推动因素包括国家新型城镇化综合试点、美丽宜居的环境建设、历史文化底蕴和经济实力等几个方面，分别选取是否是国家新型城镇化试点镇、是否为美丽宜居镇、是否为历史文化名镇、是否靠近大城市、非农业比重和工业总产值是否高于全国平均水平等为变量。各类型成长路径的结果如下：

所有样本：特色小镇＝工业总产值大于全国平均水平＊（美丽宜居镇＋全国新型城镇化试点镇＊历史文化名镇）＋非全国新型城镇化试点镇＊美丽宜居镇＊历史文化名镇

制造业型小镇：制造业型特色小镇＝非全国新型城镇化试点镇＊历史文化名镇 [（非美丽宜居镇＊靠近大城市）＋（美丽宜居镇＊远离大城市）]＋全国新型城镇化试点镇＊靠近大城市 [（非美丽宜居镇＊历史文化名镇）＋（美丽宜居镇＊非历史文化名镇）]

农业型小镇：农业型小镇＝（非美丽宜居镇＊非历史文化名镇）[（非农产业占比大于全国平均水平＊工业总产值大于全国平均水平＊是全国新型城镇化试点镇）＋（靠近大城市＊农业占比大于全国平均水平）（非全国新型城镇化试点镇＋工业总产值大于全国平均水平）]

旅游型小镇：旅游型小镇＝靠近大城市 [（美丽宜居镇＊非历史文化名镇＊工业总产值小于平均水平）＋（历史文化名镇＊工业总产

值大于平均水平＊农业占比大于全国平均水平）]+远离大城市＊美丽宜居镇 [（历史文化名镇＊工业总产值小于平均水平）+（非历史文化名镇＊工业总产值和非农产业占比大于全国平均水平）]

二、企业在特色小镇建设中扮演重要角色

据不完全统计，2016 年 7 月至今，已有相当数量的上市公司公布参与特色小镇计划，涉及房地产、建材、文化，以及旅游等各行业，总数已经超过了 300 家。2017 年，华夏幸福、莱茵体育、华斯股份等 10 余家 A 股上市公司发布与特色小镇建设相关的公告，涉及项目规模从数亿元至数十亿元不等。

1. 房地产企业积极拓展新的模式

房地产企业是特色小镇的积极参与者，自国家公布特色小镇和相关政策后，近半年的时间里，绿地、华夏幸福、万科、华侨城等多家房地产企业陆续发布了"小镇战略"。目前 A 股中的特色小镇概念板块共有 23 家上市公司，其中有 9 家是房地产企业，占比接近 40%。特色小镇有望成为房地产业新的增长点。华夏幸福、碧桂园、绿城、绿地、融创、万科、华侨城、雅居乐、南国置业、滨江控股、阳光城、宏泰、上海元合、美好置业、南山控股、云南旅游等房地产代表企业纷纷进入特色小镇建设领域。尤其是万科、绿地、碧桂园、华夏幸福、美好置业、南山控股、云南旅游等房地产企业将开发特色小镇作为 2017 年业务发展的重点方向。

其中，碧桂园布局了 5 个科技小镇，按照规划，未来 5 年，碧桂园将投入千亿资金，按照不低于森林城市的建设标准开发多个科技小镇，其中 3 个已于 2017 年动工建设。绿城选择距离上海、杭州等城市三五十千米的地区，建设特色"农业小镇"。万科开发的万科良渚文化村，由良渚文化博物馆、"良渚圣地"公园、白鹭湾君澜度假酒店、玉鸟流苏文化休闲街区，以及阳光天际、竹径茶语、

白鹭郡、七贤郡、劝学里、绿野花雨、金色水岸等多个组团共同构成，是一个可居、可游、可学、可创业的多功能生活小镇。万达在长白山修建了有 43 条雪道的滑雪场，并建设了高端度假酒店、温泉、影剧院和商业街，正逐渐形成冰雪旅游特色小镇。绿地控股在城市远郊及周边，计划重点围绕智慧健康城、文化旅游城两个题材，形成开发模型和产品系列，正在京津冀地区进行布局。华侨城将构建 100 座具有中国传统民俗文化特色的小镇。华夏幸福计划未来三年在环北京区域、沿长江经济带以及珠三角区域等大城市、核心城市的内部以及周边布局百座特色小镇。棕榈股份涉及的小镇项目包括长沙浔龙河、时光贵州、云漫湖、梅州雁洋、奉化滨海等。

房地产企业介入特色小镇开发，除了继续延续其地产项目外，更多地开始尝试向旅游、健康、养老、休闲，以及创意产业等方向延伸，探索新的运营方式，形成了以房地产开发为突破口，向休闲、健康、养老等方向发展的模式。如乌镇雅园以养老地产为启动项目，围绕颐养和医疗等健康养老服务产业，形成了学院式养老模式，并开始在浙江等地复制。

图 3.1　乌镇雅园的健康生态休闲产业园
（资料来源：乌镇雅园官网）

专家观点 ▶

◎ 向俊波（碧桂园集团助理总裁）

特色小镇并不是所有的企业都能做好，它对于企业现金流来说是一个非常大的考验，大多数企业并不愿意等待几年的时间来培育特色小镇。碧桂园模式是会卖掉一部分可售的东西，包括产业和住宅，但并不是把资金收回来，而是要把这部分资金用于覆盖对小镇产业投资的资金成本。

2. 鼓励村民参与助推企业成功

特色小镇主要基于小城镇和农村，其主体是小城镇居民和农民。尤其是在开发初期，多数面对的是拥有集体土地的农民。因此，寻求与农民建立利益共同体是开发成功的关键。很多成功的经验说明，处理好与农民的利益关系，可以主推企业更好地参与特色小镇建设，并能取得意想不到的效果。

湖南省长沙县果园镇浔龙河生态艺术小镇探索了独特的农民利益共同体的企业参与模式。浔龙河生态艺术小镇是由民营资本发起运作的，民营资本主导了项目的政策平台搭建、土地规划调整、顶层设计、资金运作等要素破题，充分发挥了市场对资源配置的决定性作用。政府在这个过程中起到推动和监督作用，在项目建设中不越位、不缺位。村民参与和分享，确保民生问题得到根本解决。浔龙河生态艺术小镇的建设创立了"多方参与、多元投资、多方共赢"的运作模式，被称为浔龙河模式。

多方参与：企业市场运作、政府推动监督、基层组织全程参与、民本民生充分保障。多元投资：村民（村集体）投资乡村资源、企业投资资本、政府投资公共配套和社会保障。多方共赢：村民（村集体）的经济收入和生活品质双提升，企业取得投资收益，政府获得税收、民生、区域经济发展。

项目成功破解了政策、民生、土地、产业、资金、团队等诸多要素难题，完成了一期建设并顺利开园，并被确定为湖南省重点建设项目，同时也成为湖南省集体经营性建设用地上市交易、集体产权制度改革试点、社会治理结构改革等试点。纵观浔龙河模式的成形，以"创新驱动"为内核的发展模式十分清晰。

专家观点 ▶

◎齐骥（住建部原副部长）

应该鼓励更多的企业、民营资本参与到小城镇的开发建设当中，小城镇镇一级基础设施建设基本没有财路，城镇基础设施建设要靠大量社会资本，把这个渠道打开，实现双赢。

专栏 3.2

浔龙河生态艺术小镇企业运作模式

浔龙河生态艺术小镇项目由湖南浔龙河投资控股有限公司、广东棕榈园林股份有限公司、成都仟坤投资有限公司共同开发建设。该项目按照"政府推动和监管、企业市场运作、基层组织保障、群众参与决策"的方式，通过村民集中居住促进公共服务集中推进、环境集中保护和资本集中下乡，让城市文明与乡村文明有机融合，形成新型农村社区，既实现了当地村民就地城镇化，又打通了城市居民下乡的通道；通过土地集中流转，依托独特的交通区位、山水资源优势，发展现代农业、现代休闲旅游和小城镇商居开发建设的一二三产业，促进村民就地就业，进而形成农民增收、农业增效和农村发展的良好局面。通过一系列复杂、细致的工作，浔龙河已逐步形成了由企业为主投资建设、政府主导推动、基层组织参与决策、农民意愿充分表达的"四轮驱动"模式，形成了"美丽乡村＋生态社区＋特色产业"的浔龙河模式。

图 3.2　浔龙河景观
（资料来源：浔龙河生态艺术小镇官网）

　　美丽乡村：充分挖掘著名人物，编撰《浔龙河村志》，体现人美；建设浔龙河、拖刀石、藏龙洞、龙王会、钻龙潭、出龙潭、龙转头、医龙台、顿刀洞、紫云台、华佗庙、杨泗庙、马踏石、关爷庙、燕子山、美女惜羞、狮子山、渔翁晒网、铁笼关虎、喜鹊含梁、团鱼山、铜钱洞、金井河等全域景点，体现生态美。

　　生态社区：一是土地混合使用。根据项目建设和产业发展需要，对项目区 14700 多亩土地进行规划调整，不同性质土地混合运营、功能互补，使建设项目点缀在青山绿水之间。建设用地：改变建设用地成片布局的传统方式，创造性地采取了点状、带状、片状布局。农业用地：近万亩农业用地不改变使用性质，保持山水自然风貌，种植粮食和花卉苗木等经济作物。国有出让建设用地：3800 多亩国有出让建设用地用于建设农产品加工厂、旅游度假设施、小城镇建设、康养产业等。集体建设用地：1000 亩集体建设用地用于交通、广场、公园等配套基础设施，农民集中居住区，加油站、商场等经营类项目建设。农民集中居住区按照长沙市人民政府第 103 号令，对拆迁农民进行新房分配：1—3 人户按 210 平方米建筑面积的基准分配，每增加 1 人增加 70 平方米建筑面积。农民可以自主选择，用拆迁补偿款购置新房。集中安置区充分考虑村民生活习惯和长远生计需求，按照"前临街道下有门面，后有院子旁有菜地"进行设计，并在集中居住区配套建设农民菜园，解决村民吃菜问题。新房具有土地使用权证和房屋所有权证，可用作抵押贷款，"呆资产"变成了"活资本"，解决了村民融资难的问题。

公共服务集中推进。完善小镇的公共配套功能，满足居民高品质的生活需求，形成具有一定综合承载能力、生态宜居的"紧凑型""组团型"集中居住区，实现水、电、路、气、网的全方位配套。建设社区医疗卫生室、镇卫生院、长沙市第八医院、县人民医院、妇幼保健院；引进公立幼儿园、北京师范大学长沙附属学校浔龙河校区；设立浔龙河村惠民综合服务社；开辟农民广场、公园、公交车站等。

特色产业：一是教育产业，将教育作为核心产业，打造全国最大的综合性研学教育基地。二是生态产业，依托小镇得天独厚的自然地理条件，整合棕榈园林、贝尔高林等规划设计院，对区域景观进行提升改造，建设三大主题生态园。三是文化产业，深耕本土文化积淀，以非遗文化产业为龙头，打造传承历史、体验湘中民俗风情的湖湘文化村落。四是康养产业，将国有建设用地、集体建设用地、流转土地进行混合使用、合理布局，加速打造集养老、养生、旅游为一体的康养生态圈。五是旅游产业，打造完整的研学旅游目的地产品体系和研学旅游体验，形成研学游、生态游、乡村游、文化游、康养游等业态丰富的旅游产品。

3. 企业跨界运行特色小镇初现端倪

特色小镇的最后目标是实现产业之间的相互渗透，实现产城融合与生产、生活和生态的"三生"融合。企业的跨界运营是高度融合的前提。随着特色小镇发展的方向愈加明确，企业跨界融合建设特色小镇的趋势也在显现。

2017 年年初，根据规划将在现有恒大足球学校和恒大金碧天下两大建设板块基础上，建设"恒大欧洲足球小镇"，拟将小镇定位为立足珠三角地区、面向全球的国际足球文化名镇，并融汇山水田园特色、人文风情，打造出多元活力的国际旅游目的地。另外，苏宁也宣布筹建南京国际足球小镇；龙湖地产准备参与槐房国际足球小镇开发项目；莱茵体育也发布公告，要投资 20 亿元，在桐庐县建设国际足球小镇。

　　融创作为地产开发公司，入股乐视，拟共同建设汽车生态小镇。根据规划，这个汽车生态小镇包括超级汽车生态体验园区和乐视汽车生态小镇，实现超级汽车从研发设计体验、品牌体验和汽车主题游乐的全价值链展示和体验。未来汽车生态小镇将集休闲旅游、商贸物流、现代制造、教育科技、传统文化、舒适宜居于一体。同时乐视还将邀请配套厂商进驻小镇，并逐步开发旅游业，成为集汽车生产制造、旅游观光、生态完整体验、生态模式实验与一身的特色生态小镇。

　　华夏幸福在已有产业新城基础上，将建设大厂影视小镇、香河机器人小镇、嘉善人才创业小镇，并陆续推出足球小镇、健康小镇和葡萄小镇。

　　以房地产开发著称的华侨城，将"文化＋旅游＋城镇化"作为华侨城"城镇化"的战略核心，把"旅游＋互联网＋金融"作为城镇化项目的战略支撑，正在将城镇化项目在广东、四川、云南、海南、山西、河北等地快速落地。如华侨城甘坑新镇，位于深圳布吉清平高速与机荷高速交会处，拟规划面积约 12 平方千米。这是华侨城拟投资 500 亿元打造的首个"文化＋旅游＋城镇化"小镇，这也是深圳的首单特色城镇，被称为"中国文创第一镇"。

　　另外，阿里巴巴计划在北京延庆投资特色小镇，也将开启互联网与特色小镇的跨界融合。

三、PPP 模式正在快速推进

　　特色小镇的开发模式主要有三种，政府主导模式、企业主导模式和政企合营的 PPP 模式。政府主导模式大多由于所在地区经济活力差，企业和社会资本能力不足，主要靠政府"大包大揽"，主要表现为政府全程扶持。企业主导模式更多强调产业自身的内驱动力，政府在特色小镇的建设过程中更多的是配建制度和环境的角色，以最高层级的规划作为引导力量，在建设过程中由企业和社会资本起主导作用，负责具体的战略落实、建设和运营。鉴于特色小镇具有资金投入量大、建设时间长、投资回收慢等特点，开发主体常以政企联合的PPP 模式，控股参与特色小镇建设，以解决特色小镇建设中资金不足的问题，从而实现政府和社会资本利益共享和风险共担。目前，特色小镇的建设资金来源包括中央补贴、地方政府补贴、社会资本等几方面。引入社会资本将是一个必然的选择，PPP 模式将成为一个较为普遍的应用方式。除了原来已有的在较为成熟的旅游景区和地方优势产业基础上发展起来的特色小镇，在 403 个特色小镇中有很多小镇采用了 PPP 模式；尤其是正在通过房地产、旅游景点开发的新建设小镇。可以预期未来在基础设施建设和公共设施建设中会有更多的 PPP模式的应用。

1.PPP 模式融资成效显著

浙江特色小镇创新发展模式已经取得一定成绩，成为其他地区特色小镇学习的典范。其中，尤以杭州市特色小镇数量较多、发展迅速，在浙江省特色小镇发展过程中起到"领头羊"作用。杭州特色小镇在浙江省第一批特色小镇创建名单占 24.3%，在浙江省第二批特色小镇建设名单中，杭州特色小镇占23.8%，例如玉皇山南基金小镇、梦想小镇和云栖小镇，它们已经成为省级示范特色小镇中的典范。到 2017 年年底，杭州市政府对特色小镇投资主要体现在以下方面：一是杭州政府每年拨出一部分财政资金用于特色小镇公路、桥梁、水、电、气等基础设施建设，同时对不同阶段特色小镇划拨的资金额度存在一定差别，着力推动重点项目建设发展。二是按照市政府有关要求，杭州市城投公司、市蒲公英天使投资引导基金和市创投引导基金，拟发起"特色小镇产业金融联动发展基金"，积极为当地特色小镇提供资金服务，主要负责为特色小镇重大项目建设融资，有时也直接参与项目经营及开发。三是杭州设立市特色小镇扶持专项资金，对小镇围绕特色产业新设立的公共技术创新服务平台给予资助，但对单个小镇资助额度有规定，不得超过 500 万。四是杭州市政府为特色小镇发展提供足够土地资源保障，对于符合市级要求的重大产业项目，不仅政府给予相应政策支持，出让土地价格相对比较优惠，同时由政府部门负责解决农转用指标。

专家观点 ▶

◎乔润令（国家发展改革委小城镇研究中心副主任）

　　特色城镇原来是地方政府建设，现在是城市资本建设。城市资本、民营资本是特色小镇重要的投资者和未来小镇的资产拥有者。特色小镇是非行政化，是创建制。特色小镇的治理形态是镇企结合，新体制机制的发展平台和项目综合体。

　　特色小镇根据镇企结合原则，在政府的委托授权下，投资者或者由投资者引入的专业化的运营公司应该是特色小镇治理的主体。

2.PPP 模式的应用环境亟待完善

从目前社会投资规模来看，杭州已经表现出社会资本参与的深度和广度都在迅速增加，滨江互联网小镇非国有投资规模位居首位。

但是，由于 PPP 模式尚处在初期阶段，根据调查，杭州特色小镇项目都不同程度地存在资金缺口。其中，62.14% 小镇的资金缺口在 10%—20% 之间，9.87% 小镇的资金缺口大于 30%，甚至有 2.3% 小镇的资金缺口高达 50% 以上。因此，特色小镇的 PPP 模式尚有较长的路要走。

专栏 3.3

华侨城 PPP 融资及特色小镇建设过程

　　华侨城目前在建的甘坑新镇项目，是由深圳市龙岗区政府、华侨城集团公司和深圳市甘坑生态文化发展有限公司三方，以 PPP 模式合作开发的，总投资额300亿元，收入来源是"门票收入＋地租＋销售分成"，其中地租收入是长期稳定的收入。地租即租金，以前旧的厂房每月每平方米租金是15—20元，华侨城将之改造后，租金能提高到每月每平方米50—60元，这部分收入是稳定的。而销售分成，包括在城镇中开发的农产品、餐饮服务、培育的一些产品的销售等，这部分收入把控难度，风险比较大。因此对于企业实力相对薄弱的小镇，除了加强与银行、信托和保险的合作外，还应当通过市场化的手段，如PPP模式以及一些产业基金的模式进行运作，分散自身的投资风险，以市场化机制推动小镇建设。

新模式把华侨城的"造城"能力推向新高。而在国家政策的支持下，华侨城作为中国新型城镇化的践行示范者率先通过PPP模式推出"100个美丽乡村"计划，构建100座具有中国传统民俗文化特色小镇。如中国唯一的博物馆小镇——四川安仁古镇，南方丝绸之路的起点——四川天回古镇，古色古香的"中国好莱坞"——四川黄龙溪古镇，中国文创第一镇——深圳甘坑小镇，民族英雄文天祥后人聚居地——深圳凤凰古镇，明清南中国海防军事要塞——深圳大鹏所城，深圳生态后花园——光明小镇等。

专家观点 ▶

◎杨军（北京清华同衡规划设计研究院详细规划研究中心三所所长）

房地产对特色小镇最开始是必须的，但是后期应该逐步退出，全程重资产对特色小镇风险是很大的。在传统的金融资产模式当中，政府加资本双主体的模式在特色小镇也存在风险，因为资本天生是快速逐利的，在特色小镇的逐利当中产业和运营方更具有主体价值，应该让资本做投资的属性进入特色小镇的建设。

四、特色产业优势显现

产业是特色小镇的基础，由于其产业类型不同，发展历程各异，针对不同产业和特色小镇不同发展阶段，按照产业和地区生命周期规律，小镇将通过独特的产品呈现出具有产业和地区特点的独特性。在国家第二批 276 个特色小镇中，约一半以上的小镇不但有明确的产业，还有特定的产品，其中 20% 左右的小镇产品具有地理标志和地域品牌，远比第一批特色小镇的产品丰富。

专家观点 ▶

◎闵学勤（南京大学社会学院教授）

产业经济导向下建构的特色小镇，在为产业配套的同时，会带动这一小镇的交通、消费、休闲、教育和旅游等，关键在于特色小镇应该以产业兴起而不止步于产业，如此才能全方位的、可持续的发展。

特色产业开发具体落地架构主要分为事业导入与产业开发两个方面。事业导入主要分为科（产业科研基地）、教（教育培训园区）、文（产业博物馆）、其他（如康复疗养医院）等。产业开发包括产业本身（科技产业园、产业孵化园、双创中心、创想园等）、产业应用（应用示范园等）、产业服务（"产业＋贸易""产业＋会议""产业＋康养""产业＋运动""产业＋休闲娱乐"等）。特色小镇独到之处除产业特色、自然山水外，更多需要后期的文化创意和社区营造来实现。文创对特色小镇的二次、三次开发不仅直接带来旅游及延伸产品的营收，也为小镇带来了更多的人文气息和更大的可持续发展空间。

1. 农业型特色小镇地域特征突出

农业型特色小镇是在当地农业基础条件好、以出产具有地理和地域特征的某些农产品基础上，衍生出相关农业服务，并有一定经济实力进行基础设施和公共服务建设的小镇。在第二批的 50 个农业型特色小镇中，34 个小镇都有明确的产业或品种，其中超过 20 个特色小镇具有某种独特产品或特色服务（见表3.2）。

表3.2 农业型特色小镇主要内容

名称	主要产业（或产品）	特色
北京市延庆区康庄镇	园艺	以园艺为特色主题的乡村旅游休闲地带、满族风情园艺示范村、蔬菜休闲观光采摘园等三处主题景区。
石家庄市鹿泉区铜冶镇		
承德市宽城满族自治县化皮溜子镇	创意农业	"休闲观光、绿色采摘、农事体验、满族文化"为一体的创意农业先行区。
保定市徐水区大王店镇	草莓	该镇是徐水区的农业大镇，形成了草莓、林果、蔬菜、蘑菇四大特色种植。
南通市如东县栟茶镇	水产养殖	因地制宜积极发展高效设施水产养殖。
南通市如皋市搬经镇		围绕打造"中国长寿农业第一镇"的目标定位，建立健全"农业＋长寿＋N"产业体系，推动一二三产融合发展。
无锡市锡山区东港镇	红豆杉	全国最大的红豆杉实生苗繁育基地，致力于打造"红豆杉综合开发利用全球领跑者"。以红豆杉为基础，开发了红豆书院、小红豆亲子乐园、素质拓展中心、红豆生态公园等一系列旅游观光项目。
衢州市衢江区莲花镇	生态农业	
台州市三门县健跳镇		创建全国重点镇、打造国家现代农业示范区、建设长三角绿色能源基地。
上海市宝山区罗泾镇	休闲农业	大力发展休闲农业。
上海市奉贤区庄行镇	农业艺术	有花、有米、有农、有艺的"农艺小镇"。
福州市福清市龙田镇	水产品加工和养殖业	东南地区"海产第一镇"。

续表

名称	主要产业（或产品）	特色
聊城市东阿县陈集镇	阿胶	以标志服饰加工、阿胶系列产品、食品添加剂等为主导产业的特色产业园区。
滨州市博兴县吕艺镇	农业创意	"农创小镇、农业硅谷"。
日照市岚山区巨峰镇	茶叶	
威海市荣成市虎山镇	海参养殖	
茂名市电白区沙琅镇	种植和养殖	莲垌的南药、观青的红辣椒、谭儒的萝卜、尚塘的龟鳖，以及沙琅的鼓油、小耳花猪。
海口市石山镇	石斛	
锦州市北镇市沟帮子镇	农产品加工（熏鸡）	以熏鸡产业为特色，以创新发展为统领，以红色文化为内涵，构建起融合产业、文化、旅游的创新创业发展平台。
本溪市桓仁县二棚甸子镇	山参	发展林下人参产业的黄金宝地。
牡丹江市穆棱市下城子镇	菌类种植	
佳木斯市汤原县香兰镇	农牧循环经济	
晋城市泽州县巴公镇	森林农业	
朔州市怀仁县金沙滩镇	特色种植业	以玉米、蔬菜、糖菜、小杂粮四大生产基地。
马鞍山市当涂县黄池镇	食品	特色食品小镇。
赣州市全南县南迳镇	芳香产品	打造芳香观光、芳香体验、芳香温泉等新兴业态；整合中滩风光、现代农业示范园区生态旅游资源，打造农旅综合体。
仙桃市彭场镇	食用菌、渔业	华中地区最大的食用菌工厂化生产基地、全省规模最大的光伏农业（渔业）产业园和全省规模最大的林业苗木景观基地。
十堰市竹溪县汇湾镇	茶叶	
武汉市蔡甸区玉贤镇	园艺	建成华中地区最大的园林园艺基地。
株洲市攸县皇图岭镇	农园商贸结合体	形成"特色农业基地＋特色农业园区＋特色农业商贸＋特色共享镇区"四位一体的特色小镇发展基本路径。

续表

名称	主要产业（或产品）	特色
桂林市兴安县溶江镇	果业、食品	以桂林三花米酒、桂林米粉等一批极具桂林传统特色的食品加工制造业为工业核心，结合葡萄、罗汉果、柑橘等丰富的农业资源，同时具有秦城遗址、灵渠航道、通航机场等文化旅游资源。
梧州市苍梧县六堡镇	六堡茶	六堡茶的发源地，是中国历史名茶之乡，生产六堡茶历史长达1500多年，该镇产的六堡茶是中国五大黑茶之一。
遂宁市安居区拦江镇	棉花	棉花生产，已成为当地一大支柱产业。拦江镇已被四川省政府列为棉花生产基地，在全省享有盛名。
资阳市安岳县龙台镇	柠檬	以打造"中国第一柠檬小镇"为总体目标，加强农业、工业和相关服务业联动，形成了集生产、加工、销售、物流、研发为一体的柠檬集散中心。
贵阳市开阳县龙岗镇	富硒农产品	拥有全省最大的富硒种养殖示范基地及富硒农产品加工示范园，现有省级现代高效农业示范园区2个，已引进台湾产业园，建成全省最大的富硒茶叶生产示范基地。
遵义市湄潭县永兴镇	茶产业	以加快茶产业发展为核心，将发展茶产业作为第一要务，茶产业特色优势日益凸显。
临沧市双江县勐库镇	茶叶种植	
赤峰市敖汉旗下洼镇	大果榛子	依托下洼地形地貌和种植条件，在陈家洼子林场建造2万亩沙棘种植基地，修建了一座生态建设展览馆。
通辽市开鲁县东风镇	红干椒	
赤峰市林西县新城子镇	野果	林西县南部政治、经济、文化中心地，也是周边地区商贸中心和农副产品集散地。
定西市陇西县首阳镇	药材种植	陇西首阳地产药材交易市场是西北地区最大的中药材原产地交易市场。
银川市永宁县闽宁镇	葡萄	以发展葡萄产业、商贸服务业为主，具有本土文化和闽南文化双重特色。
石嘴山市惠农区红果子镇	蔬菜种植	将发展脱水蔬菜标准化生产放在重要位置，打造宁夏最大的脱水蔬菜集散地。
吴忠市同心县韦州镇	养殖	
博州精河县托里镇	枸杞	现种植枸杞17万亩，年产干果2.5万吨，形成了"繁育—种植—采摘—加工—销售"为一体的产业链和园区加工产业集群。

续表

名称	主要产业（或产品）	特色
巴州焉耆县七个星镇	经济作物	经济作物有色素辣椒、小茴香、工业番茄、棉花、色素菊花、地黄。
阿拉尔市沙河镇	棉花、园艺业	园艺业是该镇仅次于棉花的支柱产业。
铁门关市博古其镇	香梨	
邯郸市肥乡区天台山镇	种植、养殖、休闲养生	
铜陵市义安区钟鸣镇	农业、休闲养生	

（资料来源：对各建制镇的资料整理）

2. 制造业型特色小镇

在第二批特色小镇中，制造业（包括加工工业）有38个，全部有明确的产业。其中，有24个特色小镇具有特色产品，11个特色小镇拥有独特的单一产品。

表3.3　制造业型特色小镇主要内容

名称	主要产业（或产品）	特色
天津市武清区大王古庄镇	智能装备制造	高分子高性能材料和能源装备为主导产业。
衡水市枣强县大营镇	皮毛加工	
保定市曲阳县羊平镇	雕刻	雕刻之乡，雕刻发源地。
邢台市清河县王官庄镇	汽车摩托车钢索	武松文化、张氏文化、燕赵文化、齐鲁文化在此融为一体，有全国知名的汽车摩托车钢索及密封条生产基地。
无锡市江阴市新桥镇	毛纺	全球最大的毛纺产业基地。
扬州市广陵区杭集镇	牙刷	以牙刷产业为主导，以日化产业为延伸，以新型包装材料产业为支持。
苏州市昆山市陆家镇	儿童用品	以"好孩子"为龙头，多家儿童用品企业集聚的"童趣小镇"，主要产品包括童车、童床、玩具。

续表

名称	主要产业（或产品）	特色
镇江市扬中市新坝镇	材料	已形成了电力电器、硅材料、钎焊材料、乳胶系列、磨具磨料、职业装等六大全国特色产业基地。
苏州市常熟市海虞镇	红木	以红木为主题打造2.3万平方米，集文创、书画、美食、休闲为一体的苏作红木文化旅游休闲街区，促进文商旅融合发展。
泰州市兴化市戴南镇	不锈钢	
泰州市泰兴市黄桥镇	小提琴	
宁波市宁海县西店镇	家电、模具	家用电器、金属制品、文教用品、汽车部件、模具制造等五大主导产业。
嘉定区安亭镇	汽车产业	
泉州市石狮市蚶江镇	西裤	蚶江西裤业完成了产业培育并迅速发展为蚶江经济的支柱产业。
泉州市晋江市金井镇	皮革、纺织	
济南市商河县玉皇庙镇	玻璃	
文昌市会文镇	佛珠加工	以佛珠为特色串起的产业小镇，结合"互联网＋"推动了会文镇佛珠产业快速发展。
阜新市阜蒙县十家子镇	玛瑙	
鞍山市海城市西柳镇	服装	形成"化纤生产—纺织加工—面料染整—成衣制做—批发销售"为一体的服装产业链条。
长春市绿园区合心镇	汽车零部件	以轨道客车技术研发、整车制造、零部件生产、检修服务为主的产业生态链。
黑河市北安市赵光镇	机械加工	农副深加工、机械制造、新型建材、化工。
阜阳市界首市光武镇	雨靴、塑料	
邓州市穰东镇	服装	服装产业是邓州市的主导产业，更是穰东镇的特色产业。
襄阳市老河口市仙人渡镇	再生资源加工	
娄底市冷水江市禾青镇	工业集群、物流	目前全镇共有工业企业73家，规模以上工业企业15家，可吸纳就业人员1.5万余人。
岳阳市华容县东山镇	制造业、物流	临港先进制造基地、能源产业和现代物流中心。
贵港市桂平市木乐镇	手工服饰	
钦州市灵山县陆屋镇	机电产业	
永川区朱沱镇	临港产业	重点发展临港产业。

续表

名称	主要产业（或产品）	特色
大足区龙水镇	五金	
遵义市播州区鸭溪镇	能源工业、农产品加工	煤电、汽车制造、酿酒和包装产业基地，更是闻名全省的"黔北四大名镇"之一。
拉萨市当雄县羊八井镇	地热产业	藏北草原现代生态小镇——中国地热城。
山南市贡嘎县杰德秀镇	手工业	
乌兰察布市凉城县岱海镇	鸿茅药酒	
乌兰察布市察哈尔右翼后旗土牧尔台镇	毛绒肉加工	土牧尔台镇现已成立皮毛绒肉加工园区，园区内基本可以实现皮、毛、绒、肉的初级加工"一条龙"服务。
宝鸡市凤翔县柳林镇	西凤酒	
延安市黄陵县店头镇	能源工业	延安市最大的行政建制镇和黄陵县的经济中心。
吴忠市利通区金银滩镇	汽车产业	

（资料来源：对各建制镇的资料整理）

五、跨界融合成为趋势

兼业型是指旅游与农业、制造业、商贸物流业，以及其他行业之间能够兼容的特色小镇。除了其他行业之间的兼容特色小镇的综合特征、特色不够突出（这部分的比例很少）外，旅游与其他各行业的兼容说明，特色小镇以特色产业为核心，通过产品外延和居住环境的改善，正在向生产与生活、生产与生态的"三生"融合方向发展。

第二批特色小镇中，兼业型共80个，占全部特色小镇的19.85%，相当于产业型小镇的76.2%。第一批兼业型29个，占比仅为全部特色小镇的7.2%。可见第二批兼业型比例远超第一批，说明跨界融合正在成为特色小镇的发展趋势。（见表3.4）

表3.4　兼业型特色小镇内容

名称	农业+旅游	制造业+旅游	商贸物流+旅游	其他	主要产业
北京市大兴区魏善庄镇	√				农业（花卉）、旅游
徐州市邳州市铁富镇	√				银杏生产
无锡市惠山区阳山镇	√				现代农业
常州市新北区孟河镇	√				现代农业、中医药产业、旅游
湖州市安吉县孝丰镇	√				竹工业、人文旅游
宁德市福鼎市点头镇	√				农业（茶叶、水产）、人文旅游
宁德市福安市穆阳镇	√				种植业、旅游
德州市庆云县尚堂镇	√				农业（铁皮石斛）、康养旅游
梅州市丰顺县留隍镇	√				人文旅游、农业
澄迈县福山镇	√				休闲旅游、农业
大连市庄河市王家镇	√				休闲旅游、养殖
盘锦市盘山县胡家镇	√				现代农业、农业旅游
白山市抚松县松江河镇	√				现代农业、自然景观旅游
吉林市龙潭区乌拉街满族镇	√				人文旅游、现代农业
晋中市灵石县静升镇	√				人文旅游、现代农业
朔州市右玉县右卫镇	√				人文旅游、现代农业
吕梁市汾阳市贾家庄镇	√				人文旅游、现代农业
吕梁市离石区信义镇	√				自然景观旅游、人文旅游、现代农业
合肥市肥西县三河镇	√				自然景观旅游、现代农业
赣州市宁都县小布镇	√				红色旅游、现代农业
宜春市樟树市阁山镇	√				中医药产业、休闲旅游
周口市商水县邓城镇	√				人文旅游、现代农业
长垣县恼里镇	√				生态旅游、现代农业
宜昌市兴山县昭君镇	√				人文旅游、绿色产业

续表

名称	农业+旅游	制造业+旅游	商贸物流+旅游	其他	主要产业
潜江市熊口镇	√				人文旅游、龙虾产业
天门市岳口镇	√				休闲旅游、生态农业、现代工业
常德市临澧县新安镇	√				旅游、农业
永州市宁远县湾井镇	√				人文旅游、农业
南宁市横县校椅镇	√				花卉旅游、茉莉花产业集群
北海市银海区侨港镇	√				海洋产业、旅游
崇左市江州区新和镇	√				旅游、农业（蔗糖）
贺州市昭平县黄姚镇	√				人文旅游、生态农业、商贸物流
南川区大观镇	√				人文旅游、现代农业
垫江县高安镇	√				生态旅游、农产品加工
雅安市雨城区多营镇	√				藏茶产业、文化旅游
贵安新区高峰镇	√				休闲旅游、农产品加工业、文化产业
保山市隆阳区潞江镇	√				自然景观旅游、文化旅游、现代农业
昭通市彝良县小草坝镇	√				文化旅游、天麻产业
鄂尔多斯市鄂托克前旗城川镇	√				红色教育、红色旅游、农畜产业
安康市平利县长安镇	√				人文旅游、农业（茶业）
兰州市永登县苦水镇	√				文化旅游、玫瑰种植
伊犁州新源县那拉提镇	√				农业、自然景观旅游
绍兴市越城区东浦镇		√			黄酒产业、旅游
杭州市桐庐县富春江镇		√			智能机械制造、休闲生态旅游
金华市浦江县郑宅镇		√			人文旅游、工业
杭州市建德市寿昌镇		√			通航产业、人文旅游
泰安市岱岳区满庄镇		√			生态旅游、玻纤新材料产业
青岛市平度市南村镇		√			制造业（白色家电）、旅游

续表

名称	农业+旅游	制造业+旅游	商贸物流+旅游	其他	主要产业
江门市蓬江区棠下镇		√			人文旅游、工业
中山市大涌镇		√			人文旅游、制造业（红木）
营口市鲅鱼圈区熊岳镇		√			制造业、自然景观旅游
辽阳市灯塔市佟二堡镇		√			工业旅游
黑河市五大连池市五大连池镇		√			康养旅游、制造业（绿色食品、矿泉产品）
运城市稷山县翟店镇		√			制造加工业（纸包装）、休闲旅游
芜湖市繁昌县孙村镇		√			红色旅游、轻纺服装产业
吉安市吉安县永和镇		√			陶瓷产业、生态旅游
景德镇市浮梁县瑶里镇		√			休闲旅游、瓷茶产业
南阳市镇平县石佛寺镇		√			商贸（玉雕产业）、人文旅游
咸宁市嘉鱼县官桥镇		√			生态旅游、新材料产业
贵港市港南区桥圩镇		√			羽绒产业、休闲旅游
自贡市自流井区仲权镇		√			彩灯文化
铜仁市万山区万山镇		√			朱砂产业、自然景观旅游
鄂尔多斯市东胜区罕台镇		√			绒纺产业、休闲旅游
兴安盟阿尔山市白狼镇		√			休闲旅游、矿泉水产业
克拉玛依市乌尔禾区乌尔禾镇		√			金丝玉产业、自然景观旅游
潮州市湘桥区意溪镇			√		人文旅游、商贸
通化市集安市清河镇			√		商贸物流、休闲旅游
绥芬河市阜宁镇			√		商贸、文化旅游
哈尔滨市尚志市一面坡镇			√		现代工业、人文旅游
鹤岗市萝北县名山镇			√		人文旅游、商贸服务
湘潭市湘潭县花石镇			√		人文旅游、物资贸易
昆明市嵩明县杨林镇			√		休闲旅游、商贸

续表

名称	农业+旅游	制造业+旅游	商贸物流+旅游	其他	主要产业
咸阳市长武县亭口镇			√		商贸服务、休闲旅游
海东市民和县官亭镇			√		文化旅游、商贸
阿克苏地区沙雅县古勒巴格镇			√		商贸物流、观光旅游
浦东新区新场镇				√	文创、旅游
烟台市招远市玲珑镇				√	新兴产业、旅游
琼海市博鳌镇				√	医疗旅游
六安市金安区毛坦厂镇				√	红色旅游、教育
西宁市湟源县日月乡				√	阳光产业、休闲旅游

（资料来源：对各建制镇的资料整理）

旅游与制造业兼容，主要是指以某种具有地方文化的产品为核心，赋予了该产品很多文化与历史内涵。由于这种加工型产品数量不多，因此这种兼业型小镇数量也不多，仅能从一些传统匠人和传统工艺中继续挖掘，其发展潜力比农业小得多。

旅游与农业兼容型小镇，第二批中有 42 个，占所有兼业型小镇的 52.5%，接近于农业型特色小镇的数量。这类小镇主要以某种特色农产品的生产为主，并向加工销售以及服务业延伸。由于其产品的规模和独特性，在生产和服务等方面形成了品牌和文化，既提高了产品的知名度和附加值，也整合了意向旅游资源，体现了农业之外的价值。如创意农业、都市农业、农业科普、农业教育，以及园艺艺术等，体现了农业发展的巨大空间和潜力。

在农业与旅游兼容型小镇中，农业花卉＋旅游、农村环境＋休闲旅游、农业＋养生旅游、特色种植＋旅游、园艺＋旅游、特色养殖＋旅游、田园综合体＋旅游、农业景观旅游、农业体验旅游等多种形式层出不穷，正在成为旅游的热点，也成为农业向其他行业延伸的通道，更成为振兴乡村的窗口，迅速改变着农业生产和农村面貌。

专家观点 ▶

◎张天任（全国人大代表）

特色小镇建设应确保"一镇一风格"，有四条具体建议：

一是始终坚持产业为基。建议各地在加快培育特色小镇的过程中，统筹布局，加强指导，支持特色小镇紧扣产业升级趋势，锁定产业主攻方向，立足自身特色资源优势发展最有基础、最有优势、最有潜力的特色产业，进行差异定位、细分领域、错位发展，力求产业"特而强"。

二是积极推进功能融合。建议在加快培育特色小镇的过程中，除做强做特色产业功能外，要注重发掘文化功能，汇聚人文资源，形成文化标识；嵌入旅游功能，挖掘旅游题材，丰富旅游元素，力求把小镇打造成高级别景区；夯实社区功能，树立"小镇客厅"理念，完善医疗、教育和休闲设施，推进数字化管理全覆盖，确保"公共服务不出小镇"，从而推进融合发展。

三是充分彰显风格魅力。高起点、高标准地做好特色小镇的整体规划和形象设计，多维展示地貌特色、建筑特色和生态特色，打造"精而美"的"高颜值"小镇，确保"一镇一风格"。具体体现在：面积不贪大，空间集中连片；建筑不追高，强化建筑风格的个性设计，让传统与现代、历史与时尚、自然与人文完美结合；速度不图快，坚守生态良好底线，保留原汁原味的自然风貌基础，使绿色、舒适、惬意成为小镇常态。

四是高度重视改革创新。特色小镇要实现高质量、内涵式建设，根本动力在于改革创新。建议进一步突出企业主体作用，充分给予小镇独立运作的空间，引入有实力的投资建设主体，让专业的人干专业的事。进一步强化制度供给，可推广实施"创建制"，重谋划、轻申报，重实效、轻牌子，宽进严定、动态管理，不搞区域平衡、产业平衡，形成"落后者出、优胜者进"的竞争机制；实施"期权激励制"，政策扶持从"事先给予"改为"事后结算"，对于验收合格的给予财政返还奖励；实施"追惩制"，对未在规定时间内达到规划目标任务的，实行土地指标倒扣，确保小镇建设质量。

六、空间分布呈分化趋势

特色小镇只有具备产业特色、产品特色、服务特色以及品牌影响力，才能形成竞争力。这种独特性可以分布在众多行业中，农业、制造业、旅游业、创意产业、服务业、商贸物流业，以及新兴的很多产业，行业门类众多。只要占据某产业的一个环节，就能形成特色产业或产品。因此，从其形成途径来看，可以在农业地区，借农产品的地理特征或历史传统而形成；对制造业或加工业而言，可以是通过某个行业的一个产业链甚至是某种零部件或产品，以产业集群的方式，形成特色小镇；对于旅游业而言，主要是基于旅游资源，在旅游服务业和相关衍生行业的基础上形成特色小镇；商贸物流型的特色小镇则往往由于其集散地对某些产品的几种销售具有竞争力。

鉴于上述的这些产业在空间分布和运行规律方面都有各自的规律，从而决定了特色小镇的空间分布规律。一般来说，农业型特色小镇主要分布在农业条件较好的地区，以农村地区为多；制造业型特色小镇则集中在制造业发达地区；商贸物流型特色小镇依赖交通枢纽和商品集散地；旅游型特色小镇则以旅游资源而呈分散状态；兼业型特色小镇则体现了特色小镇的融合路径，是特色小镇较为成熟的标志，一般在经济较为发达和小镇建设开始较早的地区。综合第一和第二批特色小镇，它们在空间分布上呈现出以下特点。

1. 农村仍是特色小镇建设的主要地区

将特色小镇所在的城市按照直辖市、副省级城市、地级省会城市、普通地级市、县级市，所属的为省直管县级行政单元为农村地区的标准，将所有的403个特色小镇分为六类分布区。其中，属于直辖市的共有32个，占所有小镇的7.9%；属于副省级城市的有8个，占比约为2.0%；属于地级省会城市的与副省级城市是相同的；属于普通地级市的有80个，占比为19.85%；属于县级市的有 96 个，占比为 23.82%；属于农村地区的有 179 个，占所有小镇的比例为 44.42%。而且，六类地区中，第二批比第一批占比的副省级城市地区、县级市 和农村地区提升比例最高（见表 3.5 和图 3.4）。因此，农村地区仍是特色小镇 建设的主要地区。

表 3.5 不同行政属性特色小镇分布

批次	数量及占比	直辖市	副省级城市	省会城市	普通地级市	县级市	农村地区
第一批	数量（个）	12	2	3	28	28	54
	占比（%）	9.5%	1.6%	2.4%	22.0%	22.0%	42.5%
第二批	数量（个）	20	6	5	52	68	125
	占比（%）	7.3%	2.2%	1.8%	18.8%	24.6%	45.3%
合计	数量（个）	32	8	8	80	96	179
	占比（%）	7.9%	2.0%	2.0%	19.9%	23.8%	44.4%

（注：省会城市没有包括副省级城市）

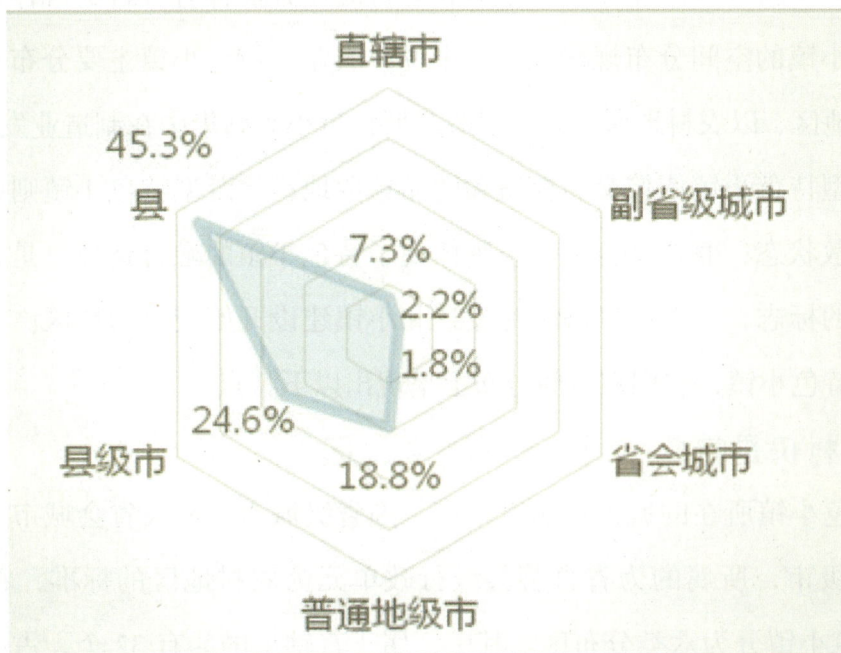

图 3.3 不同行政属性特色小镇占比（第二批）

农村地区的特色小镇在全国呈比较均衡的分布（见图3.4），说明农村地区正在成为特色小镇的主要阵地。这是因为，特色产业或特色产品的范围独特性主要体现在某个产业或产品的某个环节，在城市化快速聚集的阶段，这些有特色的产品更多地表现为末端环节和加工程度较低的与地域特色联系较为紧密的某些产品，这些生产地往往都距离大城市较远，按照产业的空间分布规律，处于末端环节的产业和产品主要在中小城市和农村地区。因此，我国目前的特色产业和特色产品的主要生产地依然在中小城镇和农村地区，特色小镇建设突出特色产业，也主要在农村地区。随着乡村振兴计划的实施，农村地区将以其地域的独特性，以及产业在大空间尺度上的分散和小空间尺度上的集中，在特色小镇的产业发展方面具有更大优势。

专家观点 ▶

◎宋彦成（方塘智库区域战略研究中心研究员）

特色小镇不是新型城镇化的全部。城镇化道路的选择，不能再像过去那样走高消耗、高排放、城乡分割、缺乏特色的城镇化老路，应树立可持续发展理念，推行紧凑型、集约型、生态型城镇发展模式，努力提高资源、能源、土地等利用效率，形成资源节约、环境友好、低碳发展、经济高效的城镇化发展新格局。

特色小镇不是新型城镇化的全部，甚至也不是新型城镇化的核心。不是所有地方都适宜去建设特色小镇，其选址应在中心城市周边以及至少300万以上人口的城市周边或具备特殊资源的小（城）镇。而这样的考虑是出于对中心城市的市场与资源的利用，整体作为都市圈的组成部分。特色小镇这种聚居状态是完整的市镇体系必不可少的一部分，其"宜居、宜游、宜业"的属性将与大城市空间区别开来。特色小城镇的发展也应尊重市场驱动的理念。

特色小镇对公共属性的坚持是重要任务，其次是在市场机制之下的投资属性。对于特色小镇来说最重要的生产资料就是土地，而现在需要防止的是仅仅带来经济收益，或是为了经济收益去挤压公共利益。

特色小镇的综合价值：其一，特色小镇是推动城乡统筹的有效载体。而特色小镇作为一个优质的人居空间，通过在其所在地疏解一部分市民来此常住，并汇聚村落中人，农转非，就地实现人的城镇化，带动城乡统筹发展，并促进生产要素有效流动和配置；其二，推动县域经济转型升级的资源配置平台。在城市群的建设过程中，县域经济和中小城镇的发展至关重要，运用市场化的机制打造特色小镇，推动产业和人口集聚。特色小镇从一开始就是开放式的与国际化的，尤其是嵌入到产业链当中，至少在产业链环节上是作为对县域经济发展提供资源导入和产品输出的配置平台之一；其三，作为旅游目的地与集散地的特色小镇。特色小镇的文旅功能已成为标配，因此通过挖掘所在地文化资源，带动全域旅游或塑造周边文化旅游产业生态，以此激活或联动分布在其周边的主打旅游业态的乡村或其他景区景点；其四，特色小镇也是推动地方社会治理创新的有益探索。

◎相伟（国家发展改革委发展规划司城镇化规划处处长）

虽然特色小镇是新型城镇化的热点，但并不是所有地方都适合做特色小镇，也不是所有企业都能做好特色小镇，更不是短时间就可以打造出成功的特色小镇。

特色小镇更像是一个"奢侈品"，从城镇化的角度来看，有两种地区适合建设特色小镇：一是人口达到300万以上的中心城市或大都市周边；二是特色资源所在地，而且这种资源是不可移动的，比如景德镇、茅台镇。

这一轮特色小镇的政策是以规范引导为主，而不是以支持性政策为主，大部分省里政策的核心是创建制，即不再是基层有个想法就谈支持政策，而是以事后奖补为主，这是一个很大的创造。

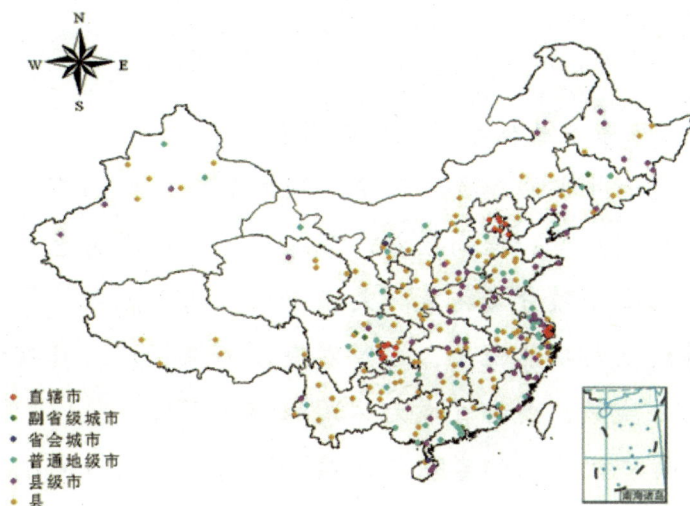

图 3.4　行政属性特色小镇分布

2. 大城市周边地区产业特色不够鲜明

在县级市和农村地区特色小镇比例上升的同时，直辖市、省会地级城市和地级城市的特色小镇的占比，第二批都较第一批有所下降，特色小镇有进一步远离大城市的趋势。

这说明，在大城市周边还不适于特色小镇的培育。尤其是针对产业特色和产品独特性的特色小镇，一方面，大城市周边地区的产业和产品的地域特色不突出；另一方面，大城市的产业向外扩散的能力不足，或者扩散尚处于起步阶段，还没有在周边特定地区聚集，形成与大城市产业相配套的产业集群或产业基地。我国目前的大城市周边地区还不具备"微中心"的形成条件。尽管大城市地区具有经济实力，客源市场大，交通便捷，基础设施和公共服务业较好。但是，这些条件仅适宜发展休闲型旅游小镇；而对于特色产业和特色产品，如果是制造业，则强调与大城市主导产业相配套的特色产业集群；如果是农业产业，需要地域特征的农产品种植等地理条件；如果是商贸物流，则需要辐射范围广的集散地。目前的大城市周边除了作为休闲旅游地外，这些条件尚未成熟。

专家观点 ▶

◎陈亚军（国家发展改革委规划司司长）

我们一直倡导小城镇要"有重点地发展"。所谓有重点地发展，总要求是"控制数量、提高质量，节约用地、体现特色"，还要求针对不同类型的小城镇分类施策。大城市周边的重点镇，要加强与城市发展的统筹规划与功能配套，逐步发展成为卫星城。具有特色资源、区位优势的小城镇，要培育成为休闲旅游、商贸物流、智能制造、科技教育、民俗文化传承的专业特色镇。远离中心城市的小城镇，要完善基础设施和公共服务，发展成为服务农村、带动周边的综合性小城镇。同时，还要兼顾特色小镇和人口 5 万以上的特大镇两种新形态，这两种新形态反映的是集聚效应和规模效应。

3. 中西部和边缘地区特色经济助推特色小镇

一般来说，经济较为落后的地区，传统文化、历史底蕴和自然环境都保存或维持得比较好，因而也容易具有特色。我国经济的地区差距开始缩小，在空间上表现为正在由东部发达地区向中西部转移，中西部地区的特色也正在被挖掘，特色经济正在起步，这为特色小镇建设提供了良好的机遇。与此同时，中西部尤其是西部地区的自然环境和民族特色文化将孕育特色经济，通过特色产业和特色产品吸引东部资金和技术，实现空间转移。

从两批次的特色小镇的空间分布来看，第二批所增加的数量和产业特征进一步体现了中西部的地域特征和产业转移趋势。第二批 276 个小镇是第一批数量的 2.17 倍，以此作为平均值，每个省第二批比第一批增加的比例超过全国平均值，则说明该省的特色小镇呈实际增加趋势（见表 3.6）。

表3.6　两批次特色小镇数量增加情况

地区	第一批（个）	第二批（个）	第二批/第一批（倍数）	实际增加√
北京市	3	4	1.33	
天津市	2	3	1.50	
河北省	4	8	2.00	
山西省	3	9	3.00	√
内蒙古自治区	3	9	3.00	√
辽宁省	4	9	2.25	√
吉林省	3	6	2.00	
黑龙江省	3	8	2.67	√
上海市	3	6	2.00	
江苏省	7	15	2.14	
浙江省	8	15	1.88	
安徽省	5	10	2.00	
福建省	5	9	1.80	
江西省	4	8	2.00	
山东省	7	15	2.14	
河南省	4	11	2.75	√
湖北省	5	11	2.20	√
湖南省	5	11	2.20	√
广东省	6	14	2.33	√
广西省	4	10	2.50	√
海南省	2	5	2.50	√
重庆市	4	9	2.25	√
四川省	7	13	1.86	
贵州省	5	10	2.00	
云南省	3	10	3.33	√
西藏自治区	2	5	2.50	√
陕西省	5	9	1.80	
甘肃省	3	5	1.67	
青海省	2	4	2.00	
宁夏回族自治区	2	5	2.50	√
新疆维吾尔自治区及建设兵团	4	10	2.50	√

　　表3.6显示，实际增加省份共有16个，分别是山西、内蒙古、辽宁、黑龙江、河南、湖北、湖南、广东、广西、海南、重庆、云南、西藏、青海、宁夏和新疆，主要集中在东北、西南、西北、中部和华南地区，表现出了明显的向边缘省份和中部崛起地区倾斜的趋势。

　　在这些增加的省份中，产业型占比大多为一半，其中农业型为主的特色小镇有22个；制造业型的有16个；旅游型的有40个，主要分布在河南、广东、重庆和云南；兼业型的有47个，且分布较为均衡，说明特色经济正在与特色小镇进入融合的发展轨道。

专家观点 ▶

◎ **杨保军（中国城市规划设计研究院院长）**

　　在生态文明时代我们对于城市的开发，可以采取紧凑、集约、精明、低冲击的方式，以最小的干扰，来实现我们生活的更加人性化。海绵城市、韧性城市都是值得我们关注的方向。

　　城市的基本功能是流传文化和教育人民，让人们在城市当中接受熏陶，让他们懂得怎么样生活，以及怎么样更好地生活。城市设计中要把城市风貌的整体性、文脉、文化遗产保护好、传承好、发扬好。在塑造城市特色的过程中要顺应山水格局，尊重自然环境；保护历史文脉，发掘本土文化特色，提炼当地历史文化精神与精髓；结合时代发展与实际生活需要，融入智慧城市等创新元素，创造属于这个时代的新建筑。

◎ **徐钧健（全国政协委员、民建中央委员）**

　　特色小镇要有特色，要因地制宜，要实事求是，要经得起历史的检验，千万不能盲目跟风。特色小镇一定要有自己坚持的产业特色。

第四章 存在的问题

　　特色小镇是中国经济从高速增长进入新常态的新热点，是中国新型城镇化的发展方向，是城乡融合发展的突破口和城乡一体化的前沿领地，也是乡村振兴战略的具体实践。因此，特色小镇建设汇集了中国社会经济发展转型的很多希望。但是由于过多的领域和要素集中在这个新的契机和发展机遇之中，往往会由于关注过热而出现问题。

　　自 2016 年特色小镇在全国全面铺开，众多领域的资金、人员、政策等要素都向这个领域聚集，成为近两年来最大的热点之一，2017 年更是表现出了方兴未艾之势。但是过热也导致了一系列问题。

一、普遍存在的问题

1. 产业定位不清晰，部分小镇"地产化"严重

　　特色小镇尽管是新提法，但其实是在地区长期发展基础上形成的产业特色鲜明且具有竞争优势的小镇。但从特色小镇成为全国上下关注的话题以来，各级政府和投资者的申报和投资热情很高，很多没有产业基础的小镇也积极申报。有的小镇已经申报了，但特色产业还是空白，有的甚至规划做完了，特色产业却还没找到。

　　第一，刻意模仿、追求时尚。随着国家相关部委对特色小镇建设的逐渐重视，各地方急于跟进，出现了部分地区不顾本地的产业基础、资源禀赋、区位、历史文脉等条件，简单模仿国外和浙江特色小镇建设和运营模式的现象。典型

的例子，一是小镇脱离自身实际，模仿美国格林威治打造基金小镇；二是浙江云栖小镇提出打造互联网产业小镇后，许多地方纷纷出现冠以互联网高端产业的特色小镇，甚至在西北山区也出现了互联网特色小镇。由于这些地区产业尚没有基础，最终导致打着特色小镇的旗号，依托旅游资源，搞房地产开发。

第二，生产与生活分离，产业与社区功能融合不够。很多地区以特色小镇建设为由，把当地居民搬迁出去，以高端园区打造模式，重新建设景点和服务设施。原住地居民除了从事由于游客增加带来的餐饮和小规模零售行业外，生产和生活没有明显改善，从而使当地居民与小镇建设毫无关系，小镇失去了历史传承性和地区发展的延续，与"三生"融合背道而驰。

第三，产业与文化脱节。特色小镇在产业和经济发展基础上，需要通过挖掘文化精髓，将文化内涵进行延伸或融入经济发展和生活中。但是，由于急功近利，很多地方仅是对原有市场进行简单的改造升级，或将商贸综合体重新包装，建设成为"高大上"的综合体，并冠以各种中心的美名。尽管外形形象得到了改善，但破坏了当地的传统建筑与文化传承，并隔断了发展与文化的关系，失去了文化传统的小镇难以持续性地保持特色。

第四，"房地产化"倾向依然明显。尽管开局之年的教训之一就是防止特色小镇房地产化，甚至有不少专家提出"不能谈房色变"。但是，特色小镇的房地产化倾向依然难以避免。这是因为，特色小镇是一个长期发展的过程且有继承性和延续性，而各级政府又急于在短期内取得政绩，除了房地产外，其余各方面（包括文化、历史积淀、特色产业培育，以及"三生"融合）都绝非一朝一夕之功；同时，要从粗放开发转向精致发展需要长期投资，如果没有找到一个非常好的发展模式，很难在短期内解决资金缺口问题。因此，无论是否有意而为，房地产开发都是一个能够尽快解决资金问题的起点。同时，从前期开发到后期建设和产业运营，房地产开发作为前期环节，势必最先行动，缺乏良好的后续运营模式也导致特色小镇建设总是表现为房地产开发。

另一方面，国内房地产发展在各类城市都遇到严峻的挑战。由于特大城市控制人口，控制土地出让，导致房价过高，在大中城市中，房屋空置率越来越高，过去那种房地产过度扩张的形式已开始出现严重危机，房地产要升级必须寻求新的发展空间。而特色小镇的拿地成本远远低于大中城市，于是，特色小镇成为房地产新的发展机遇。自国家三部委公布特色小镇名单和发布相关政策后，到目前为止，最积极的投资者多为房地产企业。

专家观点 ▶

◎沈迟（国家发展改革委城市和小城镇改革发展中心副主任）

特色小镇强调的是产业基础，如果某个地方具备了这样的条件，有企业愿意去，就应该得到支持。政府预留好资源，做好服务，下放一些行政或是管理权，让特色小镇能够更加自主地参与到市场经营中。特色小镇是一个产城融合的概念，强调产业基础，而不是房地产项目。当然房地产商作为社会资本，并不能反对他们进入，但要做实业、产业，要特别警惕特色小镇"房地产化"。

◎陈南江（广东省社科院旅游研究所研究员）

在市场当中自发形成的产业小镇，才是真正的具有生命力的特色小镇，例如开平水口的卫浴产业集群、广东中山古镇的灯具城、佛山高新区的科技创新小镇群等。

特色小镇首先是一个产业集聚区，还是要实实在在把产业做起来，小镇才有活力，才有人愿意在小镇居住生活。

2. 城镇聚集功能不强，基础设施配套发展滞后

在国家三部委公布的 403 个特色小镇中，兼业型的特色小镇比例不到三分之一，小镇产业、文化、旅游和社区四大功能有效融合的十分稀少。多数小镇仍按照开发区模式相对独立地设立产业集聚区、文化创意区和城市生活区；有

些小镇核心区块不清晰，甚至范围不清楚，"拉郎配"痕迹明显，城镇功能"散而弱"。如，有些依托自然风景区建设的特色小镇，产业功能和旅游功能"两张皮"，融合程度不高；有些小镇特色产业较为发达，但社区承载功能不足。中国首批 127 个特色小镇当中只有少部分形成集创新创业、社区服务、人才集聚于一体的生态社区，大部分小镇尚停留在居住功能层面，居民对于小镇的身份认同度、心灵归属感普遍不高。

由于小镇的申报、评选和认定甚至很多组织工作都是以镇的行政单位展开，因此，无论是申报过程中的各项组织工作，还是所体现的指标以及能够使用的资源都基于镇的行政单元。这就导致小镇所考虑的范围是全镇的行政界域。难免使小镇建设涉及所有镇域，只要总量指标合格，不考虑聚集程度。事实上，许多小镇在建设过程中，基础设施滞后，没有一个明显的人口、产业和服务业的聚集中心，有的小镇连一家像样的能接待游客住宿的宾馆都没有，更谈不上旅游服务标准、旅游品质。

专家观点 ▶

◎齐骥（住房和城乡建设部原副部长）

中国有建制的小城镇 2 万个，发展特色小镇能够极大地促进整个国家城市化进程，城镇化的发生必然引发一系列的需求和供给。小城镇同样是吸引城镇人口的主力军。小城镇基础设施建设，很大程度上能够消耗我国产能过剩的产业，如钢铁、水泥等。小城镇是中国城市化进程中的短板，现实发展具有可行性。

◎沈迟（国家发展改革委城市和小城镇改革发展中心副主任）

政府应该在基础设施加大投入，更好地把小微企业、民营企业的积极性调动起来。特色小镇要注重"营造"和"培育"，关键是要有耐心。在这个过程中，政府主要是引导和制订相配合的政策，投资的事交给市场。特色小镇关键是要有真正的产业基础，让市场去选择，同时建立起一套事后的考核机制，比如得到特色镇的挂牌，几年后税收要达到多少，如果拿了补贴，什么成果都没有，就要追究责任。

◎**王旭东**（住房和城乡建设部村镇司副司长）

小城镇建设是促进城乡协调发展最直接最有效的途径，也是促进人口就近就地城镇化的重要载体。小城镇建设可以补齐全面建设小康社会中农村发展的短板。

◎**王晓东**（清华同衡规划院副院长）

特色小镇的规划应以原住民和在小镇里面长期居住、生活的新住民优先，而不是以外来的游客和短期的看客为优先，无论是我们的基础设施，还是公共服务设施，以及整个人居环境的打造应该为长期在小镇居住、生活、就业的这些人优先来配置。其次，特色小镇的打造应该坚持社会效益重于经济效益，在小镇里面一方面要让它带来经济的活力，要给它带来直接的经济效益，同时也要注重社会文明、文化传承和风俗传统的有序的传承和发展，还要坚持可持续的活力营造，重于短期空间效果的打造。我们要更重视功能的植入、产业的注入、教育和人才的支撑，以及公共服务的打造。

◎**陈剑平**（浙江省农业科学院院长）

小镇是生活在这里的人的地域的、精神的共同体，应该符合几大条件：首先，从产业角度来说应通过一二三产业融合、文化创意、绿色产业链，达到农民生活富裕的目的；其次，从生态学角度出发，理顺当地人和自然的关系；最后，从社会学角度考虑，当地应具备和谐的人文氛围。在此过程中一定要坚持以农民为本，科学地把握生物多样性、文化多元性和市场的多样性。在此过程中还必须处理好人与自然的关系、人与人的关系，要建设可持续发展的模式，尽可能避免生态环境的破坏以及重复建设。小镇类型有多种，开发时务必秉承着因地制宜的思路。小镇与小镇之间的关系是融合和互补。

◎王瑶（武汉纺织大学马克思主义教育学院院长）

人口的城镇化能较好地解决由于人口缺乏而影响古镇发展的系列问题，为古镇的保护与开发相关产业链提供充足的劳动力，为古镇的经济发展提供有力保障，从而加快古镇公共基础设施、社会服务等事业的共同发展。

社会生活的城镇化，首先要加强政府公共服务设施建设，包括加强保护性基础设施建设，发展各项公共事业，为社会公众参与各项社会活动提供保障等。另外，要改善住宅环境，提供较为良好的居住条件，注重建筑物的外观视觉效果，强调与历史风貌的相互协调与统一。

空间城镇化要求在进行古镇建设时，着力提高综合交通密度，缩短古镇与城市之间的空间距离，降低人口向大城市集聚的必要性，促进古镇与外部区域的联系，加快资源、技术、信息和产品等方面的交流。再者，古镇应充分利用中心城市作用，将自身的历史保护与发展、自身优势与特色项目对接中心城市，加快城镇化进程。

◎王小章（浙江大学人文学院教授）

特色小镇的关键因素是"人"。其发展的最终意义在于实现人类生活的幸福和现代文明的进步。首先，特色小镇的建设不能罔顾既有环境的、社会的、历史文化的基础和传统而硬造，应因山顺水利用巧取特定的山川风貌、水文气候、地理植被，将其发展为"特色"。其次，特色小镇建设必须围绕让居民生活得更好这个基本目标而展开，必须坚持"以人为本"。

3. 缺乏小镇发展的规划思路

特色小镇规划不但要满足城镇规划的各项功能要求，还要通过创意实现审美和欣赏需要，是一种比大城市更注重特性的高端规划。但是，中国目前小城镇地区的规划水平普遍要求偏低，规划的眼光、发展思路、人才资源、协调组织能力，与上位规划及更高层级的规划有很大的差距，很多地区小城镇原有的规划体系并不完善。自特色小镇建设成为热潮以来，很多地区在短时间内就完成了诸多的特色小镇规划。这种短期内完成的规划，很难充分考虑小城镇的自然环境、文化、历史、生产生活方式等特色，很难找准每个小城镇的功能定位。很多小城镇的规划将定位做得过高、将投资规模做得过大，结果就成了一次小城镇建设的"大跃进"。

专家观点 ▶

◎乔润令（国家发展改革委小城镇研究中心副主任）

发展特色小镇从策划规划开始，重谋篇布局，精施工建设。特色小镇聚人气，培育市场，形成独特的文化、归属感，是一个过程，需要时间，需要耐心。要有历史的耐心，避免急功近利。特色小镇不是建工厂、生产流水线产品，要避免运动式开发、一次性解决、毕其功于一役的思维。要以工匠精神打造百年小镇。

◎李迅（中国城市规划设计研究院副院长）

特色小镇规划的最重要一个原则就是因地制宜。一方面，特色小镇的建设一定要跟疏解大城市中心城区的功能相结合，要解决大城市问题，要大中小、小城镇协调发展。第二，一定要和产业结构的升级相结合。第三，一定要和农业问题的解决相结合。

◎佟绍伟（国土资源部）

小城镇布局规划一旦确定，国家各项产业政策就应该相应地予以调整，以引导各类资本流入小城镇。一是有关基础设施建设的国家投资要有计划地向小城镇倾斜，以不断改善小城镇的投资环境和生活环境，增加对各类资本的吸引力，以资本的流入带动人才和人口的流入。二是要严格限制资本流入中心城市。从当前的情况看，资本仍在汹涌地涌入中心城市。

首先应制定并落实好全国的城市布局规划，确保小城镇的应有地位，充分考虑各地经济发展水平及发展潜力、人口、土地资源、交通等综合因素，科学确定全国各类小城镇的数量及人口、占地规模，扎扎实实做好小城镇规划，减少小城镇发展的盲目性。其次，要做好每个小城镇的长远规划，防止一哄而起、大干快上。根据每个小城镇的自身特点，充分考虑城市发展的各种因素，安排好城镇各项事业的发展。

◎刘士林（上海交通大学城市科学研究院院长）

特色小镇只能在城市群的框架下，依托大城市、中心城市的辐射和拉动，同时尽可能地发挥自身的特色，包括自然环境、生产生活方式、文化等特色，做好自己的功能定位和长远发展规划。在做长远规划时，最重要的是要判断一下小城镇有多大规模，有多长的黄金发展期，同时，特色还应和规划结合起来。

4. 小镇规模层次不齐、数量泛滥

在国家住房和城乡建设部公布的 403 个特色小镇中，小镇建成区面积极不平衡，东部沿海地区小镇建成区规模普遍较大（如天津市滨海新区中塘镇，建成区面积达 56 平方千米），内陆地区建成区规模普遍偏小，平均建成区规模 6.68 平方千米，人均建设用地 243.75 平方米，是城镇规划人均建设用地最高标准 120 平方米的 2 倍多，土地利用十分粗放。

目前全国各省计划建设特色小镇共有五六千个，有些部门提出要建 200 个特色小镇、2000 个少数民族特色村寨。有些机构甚至提出要建 1000 个旅游小镇、五六百个文化小镇。现在一下子要建五六千个特色小镇，城镇选址缺乏合理性和科学性。以量化的指标和大跃进的速度发展特色小镇，会造成无法弥补的损失和后遗症。

专家观点 ▶

◎仇保兴（国务院参事、住房和城乡建设部原副部长、中国城市科学研究会理事长）

特色小镇有五个方面是可以规划的：一、必然与过去的经济体或者周边的经济体存在着差异。二、具有新奇感。三、它是绿色的，它必须是节能减排或者它是很低排。四、与原来城市功能是互补。五、它是可以体验的。

◎黄其森（全国政协委员、泰禾集团董事长）

特色小镇应避免"千镇一面"。针对目前出现火热之势的特色小镇建设，小镇建设也不能是纯房地产开发，特色小镇重在"特色"，避免"千镇一面"。特色小镇建设要规划在先，保留文化风貌，更不贪大求洋；其次要注重产业导入、人口导入、技术导入等，要具备提供优质配套服务的能力，加强后期管理、维护和运营，保障特色小镇可持续健康发展。

◎孙君（北京绿十字生态文化传播中心创始人）

城市文化强加于小镇很难有生命力，是伪文化，或是没有生命之源的特色小镇。特色小镇的规划与建设，要紧紧地围绕着当地人的生活、生产，这才是最好的产业结构。而且，小镇的资源是本地人的生活保障，不能一下消耗完，要伴随着当地百姓可持续地生活下去，这才是资源的价值，自立自强，安居乐业才是真正的特色小镇。

小镇需要发展，更需要与现代生活对接。但关键是在进行小镇开发时一定要了解小镇的作用，要清晰小镇是沟通城市与乡村最重要的渠道，是城市人的生命与生活通道。所以不能镇镇做产业，镇镇做特色，都做特色了就没有特色了。适度为美，失度为害。

特色小镇是从本地长出来的，是从历史与人民生活中磨炼出来的。不同的地域产生不同的文化，有着五千年悠久历史的中国遍地都是文化，到处都有特色。

5. 城镇空间重"形"轻"魂"

一是特色小镇文化定位不清晰、主题特色不鲜明、造成千镇一面。很多历史文化型特色小镇由旅游小镇转化而来，导致其存在着与古镇旅游类似的问题，即千篇一律的小吃街、购物步行街，如出一辙的仿古建筑，以及全国相似的旅游纪念品展示和销售，等等。无论是城镇空间形态，还是产业空间，都有不同程度的同质化问题。

二是小镇大拆大建，建设重"形"轻"魂"。尽管中国目前尚保存有很多完好的传统小镇。但到目前为止，在商业上运行成功的都是重新建设或深度改造过的小镇。这些保存完好的小镇由于距离大城市和人口密集区较远，或者商业运行成本较高。一是地处高档住宅社区和城市周边的小镇，传统文化建筑正在面临被拆迁的命运；二是边缘地区的小镇没有能力进行商业运营，这种局面导致特色小镇重新建设的模式。因此，大拆大建难以避免，导致小镇建设过程中原有肌理被破坏，过分注重物质空间而缺乏对文化的表达。

三是城镇形态没有创新和美感。在创建特色小镇过程中，很多小镇按建设大城市的思路来规划，导致小镇形态不优美，缺乏原汁原味、引人入胜的独特卖点。有些小镇的建筑物、街道、开放空间、绿化景观可辨识度不高，特色没有被充分彰显。有些小镇对本地历史文化挖掘不够，甚至生硬嫁接外来文化，与自身地域文化、民族文化格格不入。有些小镇没有注重新旧城风貌的衔接，导致现代化高楼与历史古建筑并立，建筑风格非常不协调，给人突兀的感觉。

专家观点 ▶

◎翁建荣（浙江省发展和改革委副主任）

特色小镇建设首先坚持品质为先，坚持高起点规划、高标准建设。其次坚持特色为王，突出特色亮点、强化高端引领。这个"特"体现在产业特色、生态特色、人文特色、功能特色等多个方面。每个特色小镇都要汇聚人文资源，形成人文标识，特别是要把文化基因植入产业发展、生态建设全过程，结合自身实际着力培育创新文化、延续历史文化根脉、保护非物质文化遗产、打造独特的山水文化，形成区域特色文化。还有要坚持创新为魂，建设创意小镇、打造人才小镇。强化技术创新，做强特色产业；加强创意发展，加快培育新业态；强调合作创新，加速集聚高端要素。特色小镇力求"一镇一业"，每个小镇只主攻最有基础、最有优势的特色产业，不求"大而全"。

◎**王士兰**（教授）

土地是小城镇规划建设的重要空间要素，小城镇应从集约节约用地上挖掘潜力。首先既要着眼于从增量规划到存量优化的调整，改善旧镇用地活力，要与旧城改造相结合，进行内涵调整、功能置换、盘活存量用地，也要通过耕地开发整理复垦，确保耕地的"占补平衡"，确保新增耕地的质量。二是要进一步深化土地制度改革，提高小城镇用地的市场配置率，坚持公有制性质不变，耕地红线不突破，农民利益不受损三条底线，在试点基础上有序推进，更加突出在城乡统筹背景下的土地市场建设，开展农村集体建设用地流转工作。三是政府出台土地要素保障的政策。对确需新增建设用地的，由各地先办理农用地转用及供地手续，能如期完成年度规划目标任务的按实际使用指标予以奖励。

6. 体制机制缺乏活力，企业主体作用不明显

一是政府大包大揽、大拆大建，特色小镇演变为形象工程。各地的特色小镇建设实践表明，在特色小镇建设中，政府与企业在特色小镇建设实践中需要厘清二者的边界，各司其职，各尽其责。多数地方政府在规划建设特色小镇时，按照自己的主观思维方式去创造市场，导致运营主体错位，违背市场规律。有些政府或部门，尽管意识到"政府投资、招商引资"等传统做法不适用特色小镇，但"政府招商"的主体地位并没有大的改观，表现为招商企业领域分散、项目

细碎化现象严重、核心产业不突出等现象，造成实质上的运营主体缺失。一些小镇还在组建开发公司，而另一些小镇尽管有名义上的市场化主体，但管理运营受政府影响仍然比较大。

二是配套制度不衔接。目前很多小镇表现出的特色小镇建设的配套政策不具体、不衔接、可操作性差等问题在各个层面都有体现。就土地要素而言，小镇建设用地指标主要通过城乡建设用地的增减挂钩来解决，但这种方式获取土地指标的速度慢、效率低、要求高，延缓了土地的供给速度。再如，一些小镇出台的优惠政策与现行法律或行政法规脱节，缺乏法律法规依据，甚至与法律法规存在冲突。主要表现在：①缺乏系统规划与有效集成。特色小镇建设和绿色发展是一项长期的复杂系统工程，需要加强顶层设计与科学指导。目前包括很多被命名的特色小镇在内普遍缺乏整体上的规划及与之相关的技术方法体系的确立。②各业融合的制度体系尚未完全建立。特色小镇的目标是产业融合、"三生"融合，但是，目前各级政府的管理仍然是同一级别的各职能部门划分过细。部门之间缺少联系，成为融合发展的主要障碍之一。

专家观点 ▶

◎李强（上海市委书记）

实行"企业主体"，更新运营机制，必须坚持企业为主体、市场化运作。政府做好编制规划、保护生态、优化服务，更新制度供给，坚持质量导向，把实绩作为唯一标准，重点考量城乡规划符合度、环境功能符合度、产业定位清晰度、文化功能挖掘度等内涵建设情况。实施"创建制"，形成"落后者出、优胜者进"的竞争机制。实施"期权激励制"，转变政策扶持方式，从"事先给予"改为"事后结算"，对于验收合格的特色小镇给予财政返还奖励。实施"追惩制"，对未在规定时间内达到规划目标任务的，实行土地指标倒扣，确保小镇建设质量。特色小镇的制度供给必须突出"个性"。

◎李兵弟（住房和城乡建设部原司长）

社会组织参与特色小镇建设，首先抓有实体业态的特色培育；其次抓有项目引领的规划设计；再者抓有典型示范案例的独立调研；另外抓有改革实效的城乡两端发展；最后抓有获得感的社会公众参与。关于市民化问题，特色小镇应肩负起农民工市民化的责任，做到转移就业有力、户籍转化有序、成本分担有层、公共服务有策、政府管理有责。

◎李铁（国家发展改革委城市和小城镇中心原主任）

特色小镇的发展需要有容忍度，要下放权限，尊重规律，重新进行空间的规划，给予中小城市和小城镇回归基本发展的权利，这是重要的前提条件。我们应重新反思城市发展政策，在改革大旗下，给更多中小城市和小城镇放权，进行一系列的改革。地方政府首先应该把服务做好，市场会自动地把一些要素带过去。其次，要有一定的宽容度，允许实践和探索。总的来说，就是上级政府要放权，基层政府要服务。政府下放权力，让地方政府根据当地形势，服务性地支持创业者，而不该提出硬性要求。政府的责任在于加强基础设计，在有条件的地方通过市场形式，把能够联通小镇的交通、网路搞好；政府在规划上不要做过多要求。

要因势利导地校正特色小镇发展导向，处理好政府和市场的关系，政府引导，市场主导，这个关系永远不能打破；要激活企业家的活力，要给予企业家充分的选择；营造软环境，最大限度地降低成本，重点要看市场的选择，政府做好交通等各种设施配套，制定改革措施，特别是土地制度的改革。

◎翁建荣（浙江省发展和改革委副主任）

要坚持市场为主，做到市场主体不缺位、政府引导不越位。建设不能由政府大包大揽，而必须在政府的引导下，充分发挥企业的主体作用，坚持市场化运作。文化特色是软实力，也是产业发展最终的生命力。

◎王小章（浙江大学人文学院教授）

关于政府企业居民三者关系，首先特色小镇建设要重视政府责任，充分发挥其在制定规划，建设基础设施，提供公共服务等方面的作用。其次企业作为"经济发展之主体"，应为作为生活共同体的小镇带来和输送财富的枢纽，而不是从小镇汲取资源的水泵。最后特色小镇建设要强调尊重社群意愿，强调居民参与，特别是有组织地参与，这也是特色小镇建设取得居民认同从而得以顺利展开的重要前提。

◎王立生（绿地集团）

在特色小镇的运营过程中，要创新发展理念，创新发展模式，创新规划建设管理，创新社会服务管理。推动传统产业改造升级，培育壮大新兴产业，打造创业创新新平台，发展新经济。要尊重市场规律，充分发挥市场主体作用，政府重在搭建平台、提供服务，防止大包大揽，以产业发展为重点，依据产业发展确定建设规模，防止盲目造镇。

◎石楠（中国城市规划学会秘书长）

目前制约我国小城镇建设的体制机制因素在于，缺少一个综合系统的国家城市政策的指引，代替一系列来自部门的管理政策与相关规定。由于部门化管理的视角有所不同，强调和追求的价值理念客观上存在差异，一些政策相互矛盾，甚至相互掣肘。我国小城镇能否在城镇化进程中发挥更大的作用，还取决于各类政策的协调与整合是否能形成政策合力，改善小城镇发展的制度环境。

7. 缺乏生态激励

绿色发展理念已成共识、生态建设也正在推进。特色小镇对生态的重视程度应远高于通常的城镇建设。但目前尚未有特色小镇在生态文明建设、绿色发展等制度层面进行系统设计规划；在国土、环保、文化、旅游、金融、卫生、水利、林业等领域政策支持力度不足；在规划建设标准、土地利用等方面缺乏法律制度保障和技术支撑。例如，特色小镇建设涉及农村土地使用权、农村宅基地、农村集体资产等使用或处分，而这些都没有充足的法律依据。此外，生态保护的考核监督与奖惩机制不健全，缺少配套机制。现有管理制度缺乏对森林湿地生态保护的奖励、森林生态补偿、责任监督等制度的明确规定。对于生态环境改善带来的收益没有明确的利益分享机制，生态建设仍然停留在表面层次上，缺乏生态建设内在动力。

专家观点 ▶

◎王文彪（全国政协委员）

　　生态旅游小镇助力扶贫，既要绿起来，还要富起来。生态产业扶贫是我们一些资源条件恶劣地区脱贫的一个重要途径。在生态脆弱的地区进行精准扶贫，应该解决三重问题：既要解决绿起来的问题，还要解决富起来的问题；既要解决他们的生存问题，也要解决他们的生态问题；既要解决他们的产业问题，同时还要解决他们的脱贫问题。只有这样，我们这几年的扶贫攻坚才能站得稳、立得住、不返贫、可持续。

◎王士兰（教授）

　　特色小镇建设必须坚持生态优先，坚守生态良好底线，根据地形地貌和生态条件做好整体规划、形象设计，硬件设施和软件建设都应当"一镇一风格"，充分体现"小镇味道"。特别要重视生产和生态融合发展，做到特色小镇生态特色与产业特色、当地自然风貌相协调。

8. 缺少制度性约束

　　由于目前特色小镇建设中主要是政府采用行政力量在推动，建设过程中过于强调政策性鼓励，而忽视制度性约束；在申报和建设以及后续的发展过程中的所有决策，没有制度框架；仅对建设成绩有政绩考核，对失败没有责任追踪。地方政府积极申报、争取建设，就能争取到资金和发展机会；而对于失败带来的环境破坏、资源浪费的损失，并不承担责任。这些导致特色小镇建设泛滥，连带问题较多。因此，如何通过负面清单约束特色小镇泛滥，成为解决问题的根本所在。

二、不同地区存在的问题

中国地区发展差距巨大、地区多样性强。东部地区建制镇在地理空间上布点密集度、城镇在国内生产总值、镇区人口规模、城乡规划管理、宜居环境建设水平等方面，都要高于中、西部地区水平。中部地区以制造业和农业为主，正在崛起，具有规模经济优势。西部地区面积辽阔、对资源依赖性较强，民族特色突出，但是基础设施和公共服务水平较为落后；东北地区作为老工业基地，目前面临后续产业发展置换、经济衰退和人口流失严重等问题。特色小镇建设作为城镇化和经济转型趋势，不同地区具体问题不尽相同。

专家观点 ▶

◎ **方明（中国城市科学规划设计研究院院长）**

科学创建特色小镇：一是东部地区重点要控制规模，提升存量，防止大拆大建；中部地区则重在找准产业方向，明确市场定位，找准发展动力；西部地区要注重发展特色乡镇，宜农则农、宜商则商、宜游则游。二是精心策划、找准定位。三是在现状产业基础上提升和发展。四是严控建设规模。五是打造地域特色的宜居环境。六是传承重塑小镇文化。七是聚集人气和活力。八是打造宜游宜产的旅游环境。九是提升和共享服务水平。十是构建信息通达的智慧体系。

1. 东部地区急需融合聚集创新模式

（1）项目布局分散。

东部地区整体发展水平高，与全国其他地方比，具备建设小镇条件的地方较多，导致在规划建设上，项目布局分散，建设项目遍布所在乡镇全域。项目的过度分散首先造成特色小镇没有相对独立的核心区，各类产业项目与周边的乡村区域关系不明，降低资本投资效率；一些特色小镇前期规划存在问题，如有将旅游景区、产业园区进行简单叠加或升级，或简单结合资源条件设计项目等"拼凑组合"，导致特色小镇项目类型多而散，缺乏集聚能力，不能形成产业协作效能和功能发展合力，难以呈现出建设成效。

（2）创新转化面临人才和技术困境。

东部地区的产业型特色小镇较多，这些产业型特色小镇多数是在产业集群基础上形成的。多数小镇还没来得及前瞻产业的科技含量和高成长性，还不能占据产业制高点，行业影响力还不能满足特色小镇的知名度要求，商业模式和业态创新有待深化。一方面，一些基于产业集聚区、工业园区转型发展的时尚小镇，囿于多年以来企业小、低、散的问题制约，转型面临人才、技术等困境。尽管建立了研究院、孵化器、科创中心、众创空间等创新创业平台，但与原有企业结合不够紧密，大部分地区仍然没有摆脱旧有生产经营模式的窠臼。另一方面，以80后、90后年轻创业者，大企业高管及连续创业者，科技人员创业者，留学归国创业者等为主的"创业新四军"普遍对创业创新环境要求较高。而基于乡镇的行政级别，可支配资源非常有限，在吸引人才和技术方面难以满足高端要素的需求。尤其是在一些产业基础薄弱、区位优势不明显、配套设施不完善的乡镇，对行业领军人才或核心团队吸引能力严重不足。

（3）融合创新需要建立政府管理新模式。

融合创新是特色小镇发展的成熟标志。东部地区尽管小城镇发展基础好、特色小镇也具备一定基础和经验，但在实践中，特色小镇在产业与旅游、产业与文化、产业与社区，以及"三生"融合都严重不足。主要是因为，融合需要政府部门的统一协调，目前的职能部门细分与融合相向而行，导致一些特色小镇出现建设和运营主体不清，招商企业领域分散、项目细碎化现象严重、核心产业不突出等现象，造成实质上的运营主体缺失，管理运营受行政化倾向仍然比较大，背离了特色小镇建设初衷。

2. 中部地区崛起过程中小城镇建设相对滞后

中部六省是我国的农业省区，农村人口占大多数，发展能力相对不足。中部地区的特色小镇建设，对吸收农村富余劳动力、提升县域经济实力、中部地区承接沿海劳动密集型产业转移意义重大，但在特色小镇的建设中，还存在建设资金不足、相关配套不完善、城镇规模偏小等问题。

（1）特色小城镇规模总体偏小，基础设施尚不完善。

首先，人口达到万人以上，城镇的基础设施和公用设施才能形成一定规模，才能发挥辐射功能，带动区域经济社会的发展。中部地区的小城镇中，多数建制镇仅有一条主要的商业街道，与大中城市的设施水平有相当大的差距。城镇规模小实力弱，使得集聚带动能力发挥受限。以湖南省为例，其小城镇平均规模不大，凝聚力和辐射力小，建制镇平均人口92260人，平均用地面积182公顷。其次，除部分实力较强、接近中心城市的中心镇、示范镇外，其余小城镇普遍缺乏具有本地特色、竞争力较强的主导产业。

（2）城镇发展资金缺口较大。

特色小镇是高端型产业聚集地，也是城镇化的高级阶段，需要大量资金投入。中部地区经济实力不如东部，在当前的财政体制和经济发展水平下，很多镇政府在城镇建设上的投入力度还受一定的制约，资金缺口较大，公共服务设施方面建设相对滞后。城镇建设投资主体单一，融资渠道少，资金短缺成为制约小城镇发展的主要因素。另外，中部地区的很多特色小镇是农业型特色小镇，地区经济实力较弱，如湘西、怀化等欠发达地区的小城镇财政状况大多是依靠财政投入。由于小城镇自身经济集聚能力弱、人气不旺，导致存在经济效益不高、资金投放回收慢的问题。小城镇自我发展能力很弱，产业基础薄弱，缺乏内生动力。

3. 西部地区特色经济任重道远

西部地区经济发展水平较为落后，缺乏特色小镇建设需要的资金、项目、技术和人才。从发展阶段来看还不能全面进行特色小镇建设。只能选择在一些具有特色资源和特殊发展条件的地方，依托特色经济，尝试性进行特色小镇建设。经过两年的探索，盲目过量发展使西部地区特色小镇的问题更多。

（1）概念应用泛化、盲目追求数量目标。

由于西部地区的城镇化程度和发展程度都较低，一些地方对特色小镇还存在认识不清、概念模糊的问题，对"特色小镇是什么，如何建设特色小镇"尚存疑问。由于理解不清，有些地区将特色小镇概念泛化，甚至很多教育项目、安置项目等都贴上特色小镇标签；有些地区借建设特色小镇的机遇向上要政策和资金支持，希望通过上级的大力支持带动本地发展；也有一些地区急于搞特色小镇，包装一些脱离实际的概念性项目。

陕西省提出3—5年打造100个特色小镇的目标；甘肃省提出第一批培育18个省级特色小镇；青海省到2025年计划建成30个高原体育小镇。这些数量已经远远超过了很多东部省份。而各市县政府在省级政府确定数量后，部分存在盲目跟风、追求数量、层层加码的现象。例如，某个地方提出到2020年全市要创建国家重点特色小镇3个以上，省级特色小镇10个以上，市级特色小镇20个以上，各县区至少要建成2个市级以上特色小镇。在数量导向下，地方建设特色小镇盲目追求政绩目标，导致泛滥。

（2）地区经济实力与特色小镇目标不匹配。

西部地区小城镇基础设施、公共设施建设欠账多、差距大，大量小城镇供水普及率、燃气普及率、广电覆盖率等指标低于城市水平，污水垃圾处理设施建设仍然滞后，医疗教育等公共服务资源短缺，不能满足农业转移人口就近就地城镇化的需要。具体来说，一是小镇规模小，很多镇域人口都在5万以下，镇区人口普遍在1—2万人。二是基础设施和公共服务滞后，多数镇区污水处理率不足50%，很多还没有污水处理设施。一些以旅游为主题的小镇，甚至只有一条两车道的县乡道路；一些发展民俗旅游的小镇，还没有完善的上下水系统及垃圾处理设施。三是产业竞争力弱，不足以支撑小镇经济。

　　但是，地方政府对本地特色资源的期待过高，规划和投入目标往往超过了本地经济承载力。虽然有些资源在当地有一定特色，但在全国和地区范围内缺少竞争力。过高的投入目标导致投资企业望而却步。之前进行的古镇开发就有过类似教训。例如，甘肃省榆中县青城古镇自2012年以来，先后投入近9000万元，全部为从上级部门争取的资金；兰州市河口古镇规划了超过5亿元的投资项目，却没有投资主体参与。市场能力与政府目标不匹配可能导致特色小镇建设半途而废。

　　（3）小镇建设与地方经济脱节，难以形成体系。

　　西部地区产业的空间布局普遍零散混乱，特色农业、商贸物流、民俗生态旅游和新兴工业等自成体系，无法通过地区分工凸显小镇特色。例如西南地区各省特色农业资源丰富，资源型经济特征凸显，但产业布局零散混乱，造成了空间布局的"马赛克化"。特色效益农业、商贸物流、民俗生态旅游和新兴工业各自单兵作战、自成体系，使脱贫致富见效缓慢。同时，相邻区域所处环境相似，农产品趋同。对相同环境的依赖，导致生态产业发展趋于同质化，没有形成特色产业链，缺乏空间协作。与此同时，随着旅游特色小镇的热度增加，西部地区多以旅游资源为依托。在同一种自然环境下，旅游产品趋同；同样的初级发展阶段，使运作模式雷同。西部地区特色小镇的同质化比其他地区更为严重。例如陕西的特色小镇普遍都是"旅游＋民俗"的通俗模式，遍地都是陕西小吃扎堆的农家乐一日游。很多镇在产业、甚至是空间组织形式上也都相差不大。

　　（4）开发建设与环境保护矛盾突出。

　　西部地区经济落后，生态环境脆弱，急需改变传统的粗放发展模式。虽然特色小镇强调生态环境建设，但是需要在经济发展基础上，通过融合发展方式实现"三生"融合，它代表的是更高级的发展理念和更高端的发展目标。西部地区还处于工业化中期阶段，还不具备产业升级的条件，大规模建设特色小镇势必带来更严重的环境破坏和资源浪费。因此，西部地区的特色小镇与环境保护矛盾更突出。

专家观点 ▶

◎刘云中（国务院发展研究中心研究员）

我国小城镇建设主要面临三个方面的问题。一是经济活力不强，难以提供充足的、体面的就业岗位。很多小城镇尤其是中西部的小城镇缺乏有竞争力的产业，就业的稳定性较差，劳动报酬偏低。二是小城镇的基础设施和公共服务较为欠缺。垃圾处理、污水处理等设施还非常欠缺。而且，小城镇的学校、医疗卫生、文化、体育等公共设施水平较低，尤其是医疗卫生和文化设施很欠缺，不能满足大量人口本地城镇化的需求。三是县以下的镇（乡）财政实力弱，缺乏稳定的财政收入来源。镇（乡）级财政的税收收入划分并没有统一的标准，各地的差异很大，由于大部分小城镇缺乏有实力的企业，本级财政集聚财力的能力较弱，很多情况下都要依赖转移支付，严重影响了小城镇的基础设施建设和提供公共服务的能力。

4. 东北地区市场环境欠佳、地方财力有限

东北地区作为中国的老工业基地，自然资源丰富、工业基础好，虽然近年来经济衰退明显，但仍具有一定的经济实力。特色小镇作为新型城镇化的标志，不但需要产业竞争力、经济实力，更需要宽松的市场环境和活跃的人口。政府过于干预经济和人口老化不但是东北经济的问题，更是特色小镇建设的难题。除此以外，由于目前存在的发展条件较为不利，东北的特色小镇建设具体还表现为以下几个方面。

一是基础建设资金投入不够。由于经济不景气，多数小城镇基础设施建设

相对滞后，且基础设施建设资金投入不足。吉林、黑龙江两省县城以外建制镇的人均道路面积、用水普及率、燃气普及率、排水管道暗渠密度，均低于全国平均水平。多数小城镇自来水还是简易直供，供水设备陈旧老化等问题比较严重。污水垃圾处理设施建设滞后，环境污染隐患大。学校、医院等公共服务设施配置明显不足，教育、文化、医疗、卫生、体育等社会事业发展较慢。两省投融资渠道单一，主要依靠政府财政投入，部分地方过度依赖土地出让收入和土地抵押融资，加剧了土地粗放利用。在这种情况下，由于恐惧承担更多的公共职能，社会资本不敢介入。

二是镇级政府融资能力不足。镇级政府土地一级整理和公共设施建设需求资金量大，大部分要靠融资或引进战略投资者来解决。一方面，很多投资企业往往提出锁定土地价格、一二级联动开发等要求，这些要求与现行政策相违背。很多地方政府在 BT 融资、发行企业债、基金、信托投资等方面条件不具备，使得融资受限。

三是经济管理权限与社会管理权限不匹配。部分特色小城镇在经济管理权限上已经享受省级开发区权限，但作为镇一级的地方政府，缺少城镇建设管理权，对公共服务、市场监管、环境保护、社会治理等一些社会事务难以有效协调。部分地方政府对特色小镇与特色小城镇两种形态的内涵和区别把握不够准确，对生产、生活、生态"三生融合"理解不到位，只片面注重产业规划，忽视生活方面的谋划设计。

专家观点 ▶

◎ 董恒宇（全国政协委员）

在特色小城镇选报和资金安排方面，应优先考虑贫困地区中贫困情况特别突出的村。特色小城镇建设中，应重点实施"四大"工程："道路畅通工程"，以构建起上连城市、下达农村的路网格局；"市政设施改造工程"，以全面改善小城镇供水、供气、管网、通信、垃圾和污水处理等基础设施；"环境美化工程"，着力提高小城镇绿化和清洁卫生水平；"公共服务完善工程"，解决上学难、看病难、养老难、购物难等问题。

三、不同类型小镇存在的问题

多样性决定了特色小镇的独特性。小镇由于其发展背景不同、发展路径各异，面临的问题也就千差万别。从小镇的不同类型来看，制造业型、农业型、旅游型面临完全不同的问题。

1. 制造业型小镇定位模糊、模式陈旧

多数制造业型小镇在选择产业定位时仍难以摆脱资源禀赋原则，往往根据当地资源优势进行主导产业的选择。而很多地区的资源往往有多种，结果使一个特色小镇选择了多个产业，忽略了当地与其他地区优势的比较，尤其是忽略了当地产业的独特竞争力。很多小镇的产业门类既多又杂，为了更快吸引企业入驻，尽量放低企业进入门槛，快速填满小镇空间，导致小镇无法形成聚集效应，更难以形成独特产业的竞争优势。

制造业型特色小镇一般是在地区已有的产业基础上，逐步向特色小镇要求的方向发展。而这些产业之前往往是以园区管理模式居多。因而很多产业园区改名为特色小镇之后，仍按照过去产业园区的模式管理，甚至将大城市中的产业园区模式复制到小镇中；有的甚至利用特色小镇建设机会，进行产业转移，对转移目的地大力开展招商引资，忽视了特色小镇要求的创新平台功能和"三生"融合目标。

过度依赖政府。在政府热情高而实体经济不景气的情况下，很多小镇的产业完全依赖政策扶持，一旦优惠停止，产业就会很快失去竞争优势。对于大多

数特色小镇来说，小城镇的人口吸纳能力有限、产业发展还未发展到一定规模、消费水平较低，小镇的兴建完全依仗于相关政策及优惠条件的扶持，而一旦这些利好消失，将面临产业发展停滞、产业人口流失的局面，之前引进的房地产项目很容易沦落为下一个大拆大建的典型。

2. 农业型小镇经济基础较弱

（1）规模优势不突出。

随着我国特色小镇概念的提出，玉米小镇、水稻之乡、茶叶小镇、葡萄小镇、蓝莓小镇、薰衣草小镇等依托优势农产品打造的特色农业小镇应运而生。多数小镇是传统特色农业乡镇的转型升级，很大程度上仍然延续着小规模、低水平、传统粗放式生产方式，产业化进程缓慢。土地小规模经营和小产业生产方式，造成无法形成标准化、专业化生产，无法满足规模化特色农产品加工业对规范化种植和养殖基地的需求，导致规模化生产方式不能高效推进，农业机械化进程发展缓慢，无法突出特色农业的产业优势。

（2）缺少科学的规划与产业布局。

目前，我国大部分乡村农业项目缺乏科学的规划。拥有先进理念并持续健康发展的特色农业项目相对较少。项目规划缺乏与当地农业产业现状的有机结合，尤其在产业布局方面，只考虑投入产出，没有将当地人文、环境、配套产业等因素综合考虑，无法产生集聚效应，大大降低了特色农业带来的增值效益。农村规划和建设对传统村落和文化的保护十分薄弱，发展和保护之间的矛盾一直未得到有效解决，导致很多传统村落在发展中被盲目开发、过度开发，民宿民居在开发中遭到严重破坏。

（3）融资难度大、融资渠道有限。

如同农业融资难一样，农业型特色小镇通过融资发展特色农业也面临与农业发展类似的问题。由于农业投资的回报周期时间相对较长，且具有一定的不确定性，即便是具有一些优势的特色农业，在发展过程中仍然面临着融资难的问题。投资者对农业的投资非常谨慎，招商效果不尽如人意。融资难的另一个原因是融资渠道狭窄，多数农业企业的主要融资渠道为银行贷款，但银行贷款程序复杂，农业生产企业申请困难，企业所获得的贷款规模小、可使用周期短、成本较高，难以保障资金循环和促进自身的经济发展。资金问题通常是制约当地特色农业发展的最主要因素，不稳定的现金流会给农业项目企业带来沉重的压力。

（4）基础配套设施相对滞后。

尽管通过美丽乡村等建设行动，对农村的基础设施建设力度不断加大，逐步解决了农村交通、通信、供电、饮水等方面的问题。但道路、水利、生活配套、互联网等基础设施不完善仍然是大部分农村贫困地区面临的主要问题，突出表现在两方面：首先，村级道路路面窄而糙，一些农村街道路面质量较差，甚至没有排水设施，每逢雨季，常常导致车辆、行人无法正常通行，大大制约了特色农业产品与市场之间的有效对接；其次，我国农村互联网近几年虽然快速发展，但经济欠发达的农村地区对互联网的整体认识水平仍然有待提高，并不能很好地利用电商平台优势，严重影响了特色农业产品效益的放大和附加值的提升。

表 4.1　全国城市地区、县城、建制镇和乡的基础设施普及率

类别	用水普及率（%）	燃气普及率（%）	人均城市道路面积（平方米）	人均公园绿地面积（平方米）	污水处理率（%）
城市地区	97.64	94.57	15.34	13.08	90.18
县城	88.89	73.24	15.39	9.91	82.12
建制镇	82.77	47.77	12.63	2.39	—
乡	69.26	20.32	12.63	1.07	—

（资料来源：《中国城乡建设统计年鉴 2015》）

> **专家观点 ▶**
>
> ◎徐钧健（全国政协委员、民建中央委员）
>
> 建立特色小镇建设综合服务体系，如政府规划指导体系、基础设施建设服务体系、产业分工配套协调体系、环境保护和公共服务体系等。各地历史文化不同，特色小镇产业定位也不同，建设综合服务体系也需因地制宜。
>
> 在产业选择上，特色小镇产业基础要扎实，且必须实现可持续发展。特色小镇建设要坚持差异化发展，对地域相近、产业相同、定位相似的小镇择优选择，避免同质竞争，要在细分领域占领制高点。以"补短板"思维，优化产业生态圈，打造特色产业的创新创业生态系统。

（5）缺乏年轻劳动力和专业技能人才。

农业型特色小镇需要足够的劳动力，尤其需要有创新能力的年轻人。但是随着城镇化进程的加快，尤其是大城市发展战略，导致人口向大中城市聚集，小城镇尤其是农村人口呈明显减少趋势，缺乏年轻劳动力已经成为制约农村和农业发展的主要因素。

在很多地方的小城镇和农村地区，作为劳动力的人口结构（老龄化、年轻人比重等）呈现出的老龄化特征，更加不利于地方发展。根据江西省吉安市陶唐乡 2010 年人口普查数据，全乡 1—14 岁人口 2720 人，占总人口比重 17.09%，15—64 岁 11440 人，占总人口比重 70.15%；65 岁以上 2080 人，占比 12.76%，老少比为 74.56%。老年系数和老少比均高于国际上老龄社会标准（7% 和 30% 以上），也高于全国 6.69% 和 30.4% 的平均水平。还有一些村子，1—16 岁占比 16%，17—40 岁占比 25%，41—60 岁占 27%，61 岁以上占总人口的 32%。这并不是个例，而是全国普遍现象。很多研究表明，前三十年城镇化除了农民工的城镇化以外，城市化没有促进农业现代化，相反的形成了空心村。

因此，小城镇地区要从农村吸引劳动力已经没有太多空间。

留守农民一般仅进行维持生活的简单农业生产，土地利用率极低；同时，部分依托特色农业由农转商的农民，由于经验不足，服务理念落后，小农思想严重，不具备发展特色农业过程中所要求的决策、营销、创新、创意等能力，无法满足现代特色农业发展的需要。

专家观点 ▶

◎温铁军（中国人民大学农业与农村发展学院教授）

在新时代背景下，只有实现一二三产融合，二三产的增值收益主要留在农民手里，才能弥补弱势小农在农业生产领域的收益不足，保护农民利益。另外，乡村建设要以农村为着眼点统筹城乡发展。乡村建设的目的，是重塑和谐的社会关系，构造健康可持续的社会发展路径。政府应该重视乡贤的力量，使乡贤成为农民利益的代言人，让他们发挥自下而上的作用，通过群众路线把村民组织起来，建立农会，形成综合性的农民合作社，使农民高度组织化，从而形成村社制度内部的群体理性，提高对外的统一的谈判地位，做好相关社会文化建设工作，为村庄可持续建设与国家宏观政策的长效对接打好基础。

此外，还应立足中国国情，新型城镇化应该是农村根据自身地理位置和市场环境自然选择的内生型城镇化，在以乡土文明为基础的生态文明建设中，走出一条城乡融合的道路。既要引导农民在城镇创业，有余钱的市民到农村创业，又要引导农业进城。

3. 旅游型特色小镇内容缺少深度

在各种类型小镇中，依托旅游业向特色小镇发展的旅游型特色小镇与目前的特色小镇目标和要求最为接近，也最为成熟。但是，旅游业存在的问题仍然在很大程度上影响了旅游型特色小镇的进一步深化。

（1）仍难摆脱门票经济。

中国旅游业一直徘徊不前的主要因素是景点与地区发展之间的脱节，使景点开发者以建设景点和收取门票为内容，不考虑景点与周边地区的和谐关系；地方政府更关心的是能够从旅游企业中获得的税收，或者是某个文物古迹或自然景点能够带来多少游客，创造多少收入。小镇核心区按照景区建设，非核心区采取房地产开发建设，不考虑旅游经营的合理性，使旅游业与地区经济、与地区整体文化和环境氛围脱节。旅游难以向体验旅游和体验文化方向深入，当地经济产业也难以通过旅游得到提升。

（2）景观雷同仍较普遍。

小镇功能与普通城市相似度较高，小镇之间也难以摆脱千镇一面的问题，缺乏彰显文化和地区特质产业的生活细节与体验环节。部分旅游小镇在规划建设过程中，大拆大改大建仍然盛行，在破坏性建设的同时，又相互模仿，导致另一种形式的千篇一律。

（3）小镇内容单一。

旅游业以及旅游小镇仍以单一内容为主，缺乏与当地生产生活紧密联系的深度体验。许多温泉小镇的开发方式仅是将观光与泡温泉简单地结合在一起，而没有对温泉旅游资源进行诸如养生食品、特色餐饮等门类的深度开发，导致温泉旅游产品附加值低。另一方面，很多旅游小镇的旅游产品开发难以与当地文化相结合，难以有效利用当地独特的人文环境和生态环境，而是为了追求短期效益，开发一些缺乏文化内涵的产品，使小镇缺乏持续吸引力。

（4）法规标准不完善。

虽然我国目前已经有小城镇规划建设的相关法规，但并未针对旅游小镇制定实施细则。由于旅游小镇在诸多方面的特殊性，目前已有的城乡规划标准难以指导旅游小镇的规划建设，突出表现为以下几方面：一是用地指标，小城镇用地指标是以常住人口进行统计的，而游客属于流动人口范畴，没有相应的用地指标,导致无地可用;二是用地分类,旅游小镇需要规划大量的旅游建设用地,依据小城镇规划相关规范,难以进行细分,也难以进行分类控制;三是建设标准问题,小城镇基础设施和配套设施的建设是基于城市标准的适当降低,而对于一个高品质的旅游小镇来说,旅游服务设施往往要比一般性城市设施的建设标准更高。

（5）配套功能失调。

许多旅游小镇规划建设时,对小镇当地的资源状况、基础设施、商业发展潜力等发展情况了解不够深入,盲目对景点进行开发,导致地方基础设施和公共服务不能满足客流需求。例如,旅游小镇会展开发对小镇的对外交通、酒店、建筑质量及商业系统有较高的要求。由于会展为小镇带来大量客流,要求小镇内有完善的内部交通系统,使游客"进得去,出得来"。然而一些地方对这些功能和设施提供能力估计不足,项目仓促上马,造成小镇内功能业态布局失调。

专家观点 ▶

◎吴锦（*湖北省天门市委书记*）

城镇的开发不能忽略历史。所以文化对一个城镇带打造也是一个精神追求和灵魂要素。做到文化先行,至少要做到以下几个方面:一是在挖掘当中提炼,把文化变成城市建设的风格,这样我们城镇带才有特色,才有个性,我们城镇的发展就会有灵魂;二是文化要在保护中传承和弘扬,传承和弘扬的前提就是改变以前的大拆大建,更多是对原来文化生态的保护;三是建设中融合的问题,怎么把文化进行物化,把我们文化很多元素用物质的方式进行表达;四是怎么样在发展中进行繁荣。文化的繁荣建立在文化本身功能的完善,各种文化设施的齐全和配套,更重要的是文化对产业的促进,文化要促进其他产业的发展,包括文化和旅游的结合。

◎**王小松**（浙江大学艺术学院教授）

打造经营符合游客消费需求的特色小镇需要IP化，特色小镇都需要深挖各自的文化，凝练出独属于自身的IP内涵，呈现自己独特的IP，并且将IP产业化，通过美景、美食、美宿等各个维度将其融入旅游产品乃至整个旅游体系中，并在游客脑海里留下深深的烙印，引起大家的情感共鸣。

另外，针对旅游业发展已经成熟的特色小镇来说，也需要通过各种尝试经营自身IP。以乌镇为例，乌镇本身就是一个强IP，而2013年打造的乌镇戏剧节成为又一个自带流量的IP，每年全国各地无数戏剧爱好者前赴后继奔赴乌镇，这就是IP的魅力。总体来讲，文化是放大IP的有效途径，只有不断深入挖掘自身文化内容，不断更新IP的呈现方式，才能更好地经营IP。因此，在旅游小镇的经营上，应保持小镇"特色"的鲜明性，保持文化IP的原生性、鲜活性，不断地延展IP和创新IP，让其能真正符合游客的消费需求。

第五章　发展趋势

尽管特色小镇问题较多，但随着发展的逐步成熟，其独特性和在新型城镇化中的作用也逐渐显现。目前中国正处在全面建成小康社会的关键时期，社会经济的转折将为特色小镇建设提供诸多机遇。通过2017年特色小镇的产业发展趋势，可以看出，特色小镇建设将始终坚持产业为主，而产业的发展前景和特色性直接决定了未来小镇的活力，产业以小规模、紧凑型、集约化方式为主，小镇以产业之间的跨界、融合和共享为主要运行方式。

与此同时，20世纪末到21世纪初实施的大城市发展战略，产生了诸如交通拥堵、环境污染等大城市病。大城市逐步向周边地区扩散和转移其产业与人口，也使得城镇化将进入与大中小城市并重的时代，尤其是乡村经济振兴和郊区化的发展，为小城镇发展提供了前所未有的机遇。

一、消费性服务为特色小镇服务业提供巨大潜力

随着中国逐步迈向小康社会，对服务业的需要日益增加，旅游、健康、养生等以人为本的消费性服务业将迎来巨大的发展前景。

1. 旅游产业特色更加鲜明

随着我国人民生活水平的提升,旅游消费在居民消费汇总中比例迅速提高,旅游已经成为我国居民生活的必要组成部分。2015年和2016年国内接待旅游人数分别增长10.5%和11.0%，旅游业收入在两年分别增长13.1%和14.0%，远高于GDP增长速度。同时，出境游和境外游客也呈急剧增长趋势。2017年全

年国内旅游人数为 50.01 亿人次，同比增长 12.8%；国内旅游收入达 4.57 万亿元，同比增长 12.5%。入境旅游人数 1.4 亿人次，同比增长 3.5%；国际旅游收入 1260 亿美元，同比增长 5%。出境旅游人数 1.23 亿人次，同比增长 4%。国家旅游局预计，到 2020 年中国旅游市场总规模达到 67 亿人次。

我国旅游业已进入全民旅游、个人旅游、自驾游等多样化新时代。同时，游客对旅游目标的选择也从过去对自然风景和历史古迹的游览，转为对异域风情、文化、风俗民情等多种生活方式的深度体验。未来旅游将呈现出观光型、度假型、体验型、休闲型、购物型和科普型等多种类型或者多种类型的融合型。因而我国旅游产品设计应考虑从封闭的景点观看需求，转变为整体的生活需求；从分散的景点建设需求，转变为区域的整体开发需求；从单纯的出行需求，转变为深度的体验需求。这些旅游产业最适宜布局在特色小镇中。更重要的是，在深度旅游、体验旅游、创意旅游、知识旅游等基础上衍生出的各种相关服务业，在合适的地段聚集，也将成为未来旅游业产业集群发展的重要特征。这样的产业集群能够快速成长为小镇的特色产业。

全域旅游是指在一定区域内，以旅游业为龙头，带动区域内相关产业的发展，并以旅游为标准合理开发资源，完善基础设施和公共服务，进一步促进体制机制、政策法规、文明素质等方面全方位、系统化的优化提升。将一个区域整体作为功能完整的旅游目的地来建设、运作，实现景点景区内外一体化，做到人人是旅游形象，处处是旅游环境。全域旅游最适宜的地区是空间范围不大的镇域地区，其建设目标与特色小镇的环境建设殊途同归。因此，全域旅游地区将成为旅游产业集群和特色旅游产品发展的优先选择之地。

2. 大健康时代是康养小镇发展的黄金期

随着"健康中国"战略的实施以及康养旅游的推进，自然、文化、康疗等大健康资源也成为度假旅游要素中不可或缺的一环。中共中央、国务院在 2016 年发布的《"健康中国 2030"规划纲要》中指出："积极促进健康与养老、旅游、互联网、健身休闲、食品融合，催生健康新产业、新业态、新模式。发展基于互联网的健康服务，鼓励发展健康体检、咨询等健康服务，促进个性化健康管理服务发展，培育一批有特色的健康管理服务产业，探索推进可穿戴设备、智能健康电子产品和健康医疗移动应用服务等发展。"

健康的需求指治、疗、养。"治"是以医疗为目的，治疗某种疾病，多为慢性病；"疗"以康疗、理疗为目的；"养"以养生、美容美颜、养心、养老等为目的，追求健康生活的方式。2012 年到 2016 年中国健康产业年均增幅达 20%（见图 5.1），预计到 2020 年产值将达 8 万亿元。

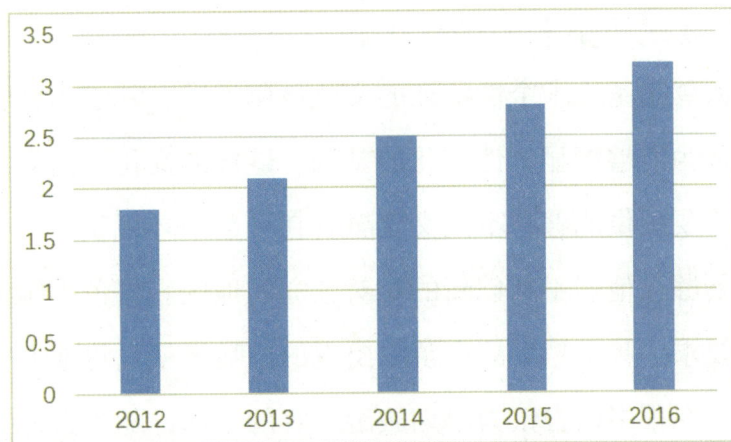

图 5.1　中国健康产业变化趋势（单位：万亿元）
（资料来源：根据相关产业统计整理）

截至 2016 年末，我国 65 岁以上人口数量已达 1.5 亿，占总人口的比例高达 10.8%，预计未来 20 年平均每年新增 1000 万老年人。截至 2016 年年末，我国各类养老服务机构 2.8 万个，养老服务床位 680 万张，每千名老人养老床位数 33.8 张，较发达国家每千名老人养老床位数 50—70 张的平均标准，缺口达 50%。

以优美的自然风光、良好的生态环境、富有人文气息的小镇文化，以及完善的基础设施和公共服务，作为特色小镇的发展目标，完全与健康养生的理念相吻合。通过完善城镇配套，构建产业园区、养生度假区、消费产业聚集区，特色小镇正在成为现代服务业的新领域。2017 年在国家第二批特色小镇中，出现了数十个健康养老型特色小镇，目前正在建设的单体健康养老型小镇数以百千计算，很多是从房地产和旅游转型产业过来的。

随着健康养老的普及化和旅游服务业的深度化，健康养老与旅游相结合，健康小镇可以旅游产业为龙头，通过旅游的搬运功能，根据旅游者、居民的消费需求，将健康疗养、医疗美容、生态旅游、文化体验、休闲度假、体育运动、健康产品等业态聚合起来，实现与健康相关的大量消费的聚集。

3. 古镇将被赋予更多的现代内容

随着年轻人越来越追求个性特征的文化休闲活动，基于多样性的地域文化和融合文化将成为能够彰显个性文化的基础。这样的文化不但需要不同地域的个性特点，还需要提供能够将不同文化融合在一起的环境氛围。这就需要特定的环境，以及能够让他们不断创新的相对独立的地区。特色小镇无疑可以满足这种文化娱乐要求。越来越多的古镇中出现的酒吧街就是将地方文化与西方文化融合的产物。在很多以古镇为早期旅游内容的小镇，随着人们对居住地文化的更深体验，更多人愿意花更长的时间居住在小镇，需要为他们（尤其是年轻人）寻求更多的娱乐方式和更富有时代气息的娱乐方式。

云南丽江的开发最早是源于那里保存完好的纳西族文化古镇，随着游客的增加，那里变成了以酒吧街闻名的，集纳西文化与多种文化为一体的特色小镇。并且随着其不断向更深层次演化，新的娱乐方式也在不断出现。云南的大理古镇中心街区，一改往日以出售当地旅游产品为主的形式，出现了以小时代风格和西方文化为特点的咖啡、饮食和时尚服饰等店铺，呈现出多种文化的有机融合。在云南腾冲的和顺古镇，由于年轻游客的增加，在中心区域和沿河岸边也出现了酒吧街。

专家观点 ▶

◎林家彬（国务院发展研究中心社会发展研究部巡视员研究员）

特色文化小镇的打造应该是一个"文火慢炖"的过程，需要充分挖掘当地人文、历史和资源的传统，找到闪光点，潜移默化地进行改造，整个过程需要耐心、细致的动员，与当地居民共同学习和成长。

二、小（城）镇品牌初露端倪

1. 产业专业化空间聚集推动小镇类型丰富多彩

当前全球的传统制造业已经饱和，新兴产业不断涌现。随着产业分工不断深化，从传统的大规模生产正在向小批量、定制时代转型。与此同时，这些小批量的特殊生产作为产业链的重要环节，并没有与全球产业链脱节，而是通过在特定空间聚集，与全球产业链联系得更加紧密。这些特定的空间不但需要环境优美、交通可达性好，还需要有产业基础和创新平台，以及高技能的人力资源和完善的基础设施与公共服务；尤其需要地区的制造业基础和产业配套以及创新服务。浙江省在"块状"基础上形成的很多专业化小镇，如模具小镇、制笔小镇、五金小镇、化妆品小镇等，在发达地区出现的人工智能小镇、机器人小镇、玩具小镇、航空小镇，等等，正是代表了这种产业分工与小镇融合的发展趋势。因此，以各种主要产品、服务或活动为代表的小规模、专业化强的生产区都有可能发展为特色小镇。随着新产业的不断涌现，以这种方式命名的特色小镇也会层出不穷。

到目前为止，中国已有数十个类型、数百个不同名称的特色类型小镇。由于这类小镇更突出了其单一产品或活动内容，更容易形成自身品牌和知识产权，在通过特殊的名称强化品牌的同时，也更容易聚集相关要素和行业，围绕该品牌，形成特色产业集群。与此同时，通过某个特殊的产品和活动，也比较容易实现行业间的横向联合，有利于跨界融合。以这种形式出现的特色小镇，将打破以往的行业划分，出现众多的兼业型小镇，并向更加融合的方向发展。

2. 独特品牌促使小镇命名多样化

为了更加明确地突出小镇的特色，各地的特色小镇纷纷将小镇的特色内容融入小镇的名称中，从而更增加了小镇类型的多样化。

历史文化型小镇为了重点突出文化内涵，很多以某项文化活动命名。如古堰画乡小镇、黄酒小镇、青瓷小镇、丝绸小镇、围棋小镇、湖笔小镇、禅意小镇、布龙小镇、和合小镇、古北水镇、平遥古城、茅台酿酒小镇、馆陶粮画小镇、古民居小镇、边城小镇、赛马小镇、太极小镇等。

休闲小镇更突出的是与休闲相关的内容，如天使小镇、长寿小镇、健康蜜月小镇、颐养小镇、生命健康小镇、美食小镇、温泉小镇、农耕文明小镇、健康小镇、生态小镇、甜蜜小镇、宠物小镇、氧吧小镇、月光小镇、红叶小镇、乡情小镇、桃花小镇、徒步小镇、玫瑰小镇、碧野小镇、田园小镇、水乡小镇、花田小镇，等等。

资源禀赋作为特色小镇的一种特色，往往根据资源特点而命名。如石雕小镇、远洋渔业小镇、根缘小镇、龙坞茶小镇、妙笔小镇、药镇、香菇小镇、杨梅小镇、桑蚕小镇、茯茶小镇、梅花鹿小镇、橄榄小镇、板栗小镇、飞牛小镇、麻竹小镇、莲藕小镇等。

产业型小镇的命名更加直接，如云制造小镇、电商小镇、e游小镇、地理信息小镇、传感小镇、智慧物流小镇、互联网农业小镇、毛衫时尚小镇、家居小镇、椅业小镇、泵业智造小镇、石龙小镇、笔都工贸小镇、水果小镇、自行车小镇、珠宝小镇等。

随着品牌意识在特色小镇建设中的作用日益受到重视，会出现更多丰富多彩的命名；同时，随着小镇的内容更加充实，类型也更加多样化。

专家观点 ▶

◎刘建辉（中山市古镇镇党委书记）

古镇镇在建设灯饰特色小镇过程中的几点经验：一是，古镇灯饰的产业是"特而强"；二是，城市形态要"精而美"，突出岭南风格和灯饰夜景；三是，古镇坚持"聚而合"的经营理念；四是，古镇注重文化建设，叫"精而新"的地域文化；五是，古镇重视社会建设，突出"实而活"。在产业上来讲，灯饰要从原来仅仅是制造向创新、创造和智造方向去跨越，要增加布局产业的设计、创新和品牌营销。

三、基于互联网发展模式的小镇占据优势

特色小镇是否有发展基础和市场，在一定程度上受空间距离影响。尤其是很多受到地理局限性的特色产品，由于对储存和运输条件有严格要求而使其知名度和销售范围都受到了影响。但是，在互联网时代，信息的传递和扩散更加便捷，信息的生产成本更为低廉，信息的利用渠道和方式也越来越多元化，从而更有可能实现信息的共享。例如，淘宝村通过互联网，能够迅速实现信息的互动和共享，农民可以很快实现对外界信息的获取，并通过网络实现便捷支付，使具有地域特点的特色产品得以向外界销售。尤其是对一些边远地区，只有在特色产品不断扩大知名度后，才能有经济收入，有了经济收入后，才能使产品向附加值高的方向延伸，也才能带动相关产业，形成聚集和规模效应。因此，互联网的使用，一是使得农村由于地处偏远及交通运输被限制住的一些土特产品可以销售出去；二是在"互联网+"时代，电子商务正在极大地改变农村的商业生态；三是大批回乡的外出打工者、青年学生到农村之后创造了许多的新业态，有助于特色小镇新产业链的生成。

1. 淘宝村将为特色小镇提供产业基础

淘宝村就是利用互联网将农村生产的产品销售给全国甚至世界各地，从而使地方社会经济得到了发展，并帮助农民致富。当这些具有当地特点的特色产品具有一定的销售规模后，自然就会形成产业聚集区，特色产品和产业的聚集非常有助于特色小镇的形成。从 2009 年开始对淘宝村进行统计，2009 年仅有 3 个淘宝村形成。随着互联网的蓬勃发展和快速普及，淘宝村数量也呈现爆发式增长，截止到 2017 年年底，中国淘宝村的数量达到 2118 个，遍布 245 个省市，2013—2016 年淘宝村数量分别为 20 个、212 个、780 个和 1311 个。

淘宝村平均新增 1 个活跃网店，可创造约 2.8 个直接就业机会，按此估算，2016 年，全国淘宝村活跃网店直接创造的就业机会超过 84 万个。除此之外，淘宝村还带动了物流仓储、包装设计、平面模特、广告设计、技术培训、管理咨询等大量相应专职岗位的出现。随着这些新兴行业在农村出现，吸引了大批年轻人返乡就业。他们能够娴熟地使用计算机并且熟悉互联网，具备适应互联网发展的思维方式，重视品牌、产品附加值和消费者体验，在经营中大胆创新，快速更新自身知识。这些都是特色小镇需要的。从淘宝村开始，这些吸引回来的年轻人可以在淘宝村发展的基础上，将自己的经验用于特色小镇建设。

很多小城镇有自己特色的产业和产品，而且品质很好，但是量不大，借助互联网，可以促进农业、加工、销售、贸易、售后等相关产业的融合发展，促进小城镇做得更专、更精、更强。

2. 互联网将为创意和休闲农业提供平台

以创意农业和休闲农业为内容的特色小镇将成为农业型特色小镇的主要产业。这种农业需要互联网将农村产地与城市市场连接起来。一是通过互联网对农业品牌进行推广，通过主题网站建设、搜索引擎排行、手机 APP 开发、微信公众号推广开辟快速、高效的推广平台。二是将产业链纳入大数据模式。随着大数据时代的到来，可利用大数据对市场进行分析，提高对市场走向的把握，降低企业风险和成本。同时通过大数据的精准分析，能够更加有效地分析当前消费者的需求，创造出真正符合消费者口味的产品，也有利于品牌化的推广。而且通过微信、微博平台的交互式沟通，不仅生产者可获得大量的数据，消费者也可了解各种消费品信息。三是建立以互联网金融为基础的电商化模式。以互联网金融为基础，通过大力发展电子商务实现销售渠道扁平化。该模式可使产品直接由生产者到消费者，省去了大量的中间环节，如大型电子商务网站上的采摘、农家乐等休闲农业店铺，即为这一模式在实践中的运用，其使消费者足不出户就能发现优质休闲农业旅游资源，并做到实时下单和即时享受优惠，目前线上线下的交易规模正在不断扩大。

专家观点 ▶

◎乔润令（国家发展改革委小城镇研究中心副主任）

特色小镇要助推传统产业转型升级。特色小镇要做到以人为本、产城融合：（1）培育新经济，积聚新动能是特色小镇的一个重要功能。一定要高度关注特色经济领域：旅游、文化、体育、健康、养老。（2）新产业：如机器人。（3）特色小镇是创新、创业的新平台。（4）特色小镇也是探索新的发展模式、新的产业形态、新的体制机制、新的融资模式、新的建设模式的新载体。

中 篇

特色小（城）镇发展分报告

第六章 小（城）镇品牌建设与发展

小镇品牌是体现小镇特色的重要途径。随着小（城）镇品牌在其特色发展中的地位和价值日益显现，越来越多的小镇通过知识产权等途径对小镇特色进行保护，从而形成了基于知识产权（IP）的小镇品牌，即小镇的IP。很多小镇在形成独特产业、产品或活动的同时，为了更加突出其特点和倾向以及品牌，在小镇的命名上突破以往的行业限制和其他限制，聚焦在能够体现其特殊产品和有影响力的人或事件上，以增加小镇的独特性、知名度和吸引力。通过具有品牌特性的名称来引导小镇向深度扩展，正在成为特色小镇新的发展趋势。

一、小镇 IP 的概况

2017年，特色小镇的发展方向逐渐多样化，各地充分挖掘自身的优势资源，延伸出多种类型的特色小（城）镇。许多小镇建立了"主题产业园＋孵化基地＋核心平台＋产业基金＋服务中心＋龙头及重点企业"的产业体系和模式，既有产业平台，又有孵化功能，还有金融支持以及服务配套，形成了完整的系统链条。产业类型的增多以及产业链条的全业态发展将成为未来特色小镇的重要发展模式。

1. 主要类型

体现IP的主要途径是名称，通过名称凸显特色。随着新兴行业或产业的不断涌现，以及跨界融合商业模式的出现，创造了许多特色产业、产品和服务以及文化创意活动，围绕这些有特点的品牌产生了众多具有IP特点的小镇。同时在农业、制造业和旅游业领域里，也出现了很多特殊类型的小镇。为了彰显独特性，几乎所有目前已有的小镇都有自己特殊的名称。归纳起来，这些特殊小镇可以大致有以下功能。

表6.1　各种功能领域里的小镇IP名称

功能类型		小镇名称
传统功能领域	农业	西湖龙坞茶镇、松阳茶香小镇、思茅普洱茶小镇、景迈普洱茶小镇、临翔区昔归普洱茶小镇、勐库冰岛茶小镇、昌宁红茶小镇、政和石圳白茶小镇、竹溪县贡茶小镇、赤壁市砖茶小镇、芒市咖啡小镇、宁河区潘庄齐心亲子蘑法小镇、庆元香菇小镇、南华野生菌小镇、临沧翁丁葫芦小镇、陇西首阳中药材小镇、连城培田草药小镇、屏南药膳小镇、腾冲银杏小镇、彝良小草坝天麻小镇、庆云县尚堂石斛小镇、文山古木三七小镇、罗田县茯苓小镇、钟祥市花卉小镇、昆明斗南花卉小镇、平油菜花小镇、利津县陈庄荻花小镇、临朐县九山薰衣草小镇、金川双湾香草小镇、平阴县玫瑰小镇、枣强县玫瑰小镇、漳平永福花香小镇、麻城市菊花小镇、柏乡县牡丹小镇、锦洞村桃花小镇、华坪芒果小镇、江夏区果乐小镇、宜都市柑橘小镇、华宁盘溪橘乡小镇、平度市大泽山葡萄旅游古镇、建始县葡萄小镇、滨海新区茶淀葡香小镇、当阳市蓝莓小镇、金乡县鱼山蒜都小镇、鸡泽县辣椒小镇、蕉城三都澳大黄鱼小镇、潜江市熊口虾小镇、淮安盱眙龙虾小镇、广水市多肉艺术小镇、蔡甸区园艺小镇、大冶市花木小镇、哈尔滨枫叶小镇、察北区乳业小镇、清河县羊绒小镇、蠡县绒毛小镇、肃宁县华斯裘皮小镇、陆良蚕桑小镇
	制造业	建水西庄紫陶小镇、高淳国瓷小镇、龙泉青瓷小镇、浠水县陶瓷小镇、德化三班瓷都茶具小镇、石湾陶谷小镇、南庄建陶小镇、路北区陶瓷文化小镇、苏州苏绣小镇、湖州丝绸小镇、善琏湖笔小镇、古堰画乡小镇、通渭平襄书画小镇、馆陶县寿东粮画小镇、洮阳马家窑洮砚小镇、黄桥琴韵小镇、长泰古琴小镇、龙泉宝剑小镇、安次区第什里风筝小镇、藁城区宫灯小镇、京山县对节白蜡小镇、常山赏石小镇、龙游红木小镇、石碁红木小镇、开化根缘小镇、东阳木雕小镇、剑川木雕艺术小镇、建瓯徐墩根艺小镇、阳信县水落坡古典家具小镇、涞水县京作古典家具艺术小镇、青县中古红木文化小镇、正定县木都小镇、鹤庆新华银器艺术小镇、秀屿上塘银饰小镇、大冶市青铜小镇、肃州酒泉玉文化小镇、周村区王村焦宝石小镇、昌乐县方山蓝宝石小镇、连云港东海水晶小镇、秀全珠宝小镇、汉川市马口窑文化小镇、易县易文化小镇、枣强县吉祥文化小镇、

续表

功能类型		小镇名称
传统功能领域	制造业	凤庆鲁史茶马古文化小镇、巴东县白酒小镇、夷陵区白酒小镇、高原冰酒小镇、越城黄酒小镇、凉州清源葡萄酒小镇、兰陵县兰陵美酒小镇、昌黎县干红小镇、富阳药谷小镇、磐安江南药镇、安国市药苑小镇、明溪药谷小镇、扬州头桥医械小镇、诸暨袜艺小镇、皮革时尚小镇、毛衫时尚小镇、丹阳眼镜风尚小镇、新桥时裳小镇、城厢华林鞋艺小镇、仙桃市服装小镇、磁县磁州童装小镇、时尚智造小镇、路桥沃尔沃小镇、盐城汽车小镇、集美汽车小镇、城阳区棘洪滩动车小镇、宁晋县农机小镇、金华新能源汽车小镇、曲周县世界童车小镇、广宗县自行车风情小镇、滨海新区中塘汽车橡塑小镇、莱西市店埠航空文化小镇、东港区后村航空小镇、人和航空小镇、石家庄市栾城区航空小镇、建德航空小镇、常州石墨烯小镇、永安石墨小镇、王场镇光纤制造小镇、微山县欢城光伏小镇、张北县光伏小镇、秀洲光伏小镇、海盐核电小镇、栖霞市桃村新能源小镇、巧克力甜蜜小镇、魏县糖果小镇、平邑县地方罐头小镇、乐陵市杨安调味品小镇、阳谷县石佛宜居铜谷小镇、宁晋县小河庄电缆小镇、吴兴美妆小镇、淄川区双杨建筑陶瓷小镇、滦南县中国钢锹小镇、桐庐智慧安防小镇、阳新县滨江工业小镇、胶州市胶莱高端制造业小镇、招远市辛庄高端装备制造小镇、个旧大屯特色制造小镇、温岭泵业制造小镇、苍南台商小镇、谷城县千企小镇、余姚模客小镇、江北动力小镇、缙云机床小镇、新泰市羊流智能起重小镇、新洲区机器人小镇、香河县机器人小镇、萧山机器人小镇、宁海智能汽车小镇、长兴新能源小镇、江山光谷小镇、新昌智能装备小镇、南浔智能电梯小镇、中北汽车小镇、窦店高端制造小镇
	旅游	柯桥酷玩小镇、平阳宠物小镇、天台山和合小镇、西塘童话小镇、安吉天使小镇、武义温泉小镇、甘泉民俗风情小镇、崆峒养生休闲小镇、榆中青城历史文化小镇、仙居神仙氧吧小镇、朱家尖禅意小镇、轿子雪山小镇、麒麟爱情小镇、澄江寒武纪小镇、高黎贡山摄影小镇、鸡足山禅修小镇、皋兰什川梨园小镇、华池南梁红色旅游小镇、长清区马山慢城小镇、牟平区龙泉养生小镇、南靖山城兰谷小镇、湄洲妈祖文化小镇、青山区青山绿水小镇、随县禅养小镇、兴山县昭君古镇、远安县嫘祖镇、梯面生态旅游小镇、围场县皇家猎苑小镇、迁西县露营小镇、涞水县四季圣诞小镇、东平县老湖水浒影视小镇

续表

功能类型		小镇名称
新兴功能领域	文化创意小镇	余杭艺尚小镇、殷港艺创小镇、外桐坞江南艺术小镇、白马湖文化创意小镇、昌化国石艺术小镇、丁桥创意生活小镇、百丈文创小镇、闻堰文化演艺产业小镇、富春山居文创院、黄公望创意小镇、浙江外桐坞艺术村、上海泰晤士小镇、山东坊茨小镇、深圳布吉小镇、北京西店记忆文创小镇
	互联网小镇	富阳硅谷小镇、武汉市硅谷小镇、滨江物联网小镇、无锡鸿山物联网小镇、萧山信息港小镇、余杭梦栖小镇、上虞e游小镇、地理信息小镇、桐乡乌镇互联网小镇、南京未来网络小镇、昆山智谷小镇、曹县大集E裳小镇、莲麻互联网生态小镇、承德县德鸣大数据小镇
	体育小镇	昆明嘉丽泽高原体育运动小镇、昭通大山包极限运动小镇、保山永子围棋小镇、腾冲启迪冰雪双创小镇、和政松鸣冰雪运动小镇、海门足球小镇、平湖九龙山航空运动小镇、东山海洋运动小镇、晋江深沪体育小镇、黄陂区赛车小镇、松滋市运动度假小镇、东宝区爱飞客小镇、联溪村徒步休闲小镇、崇礼县冰雪文化小镇、丰宁县中国马镇、霸州市足球运动小镇
	金融小镇	北京基金小镇、浙江宁波梅山海洋金融小镇、浙江宁波鄞州四明金融小镇、浙江慈城基金小镇、浙江富阳硅谷小镇、浙江义乌丝路金融小镇、浙江湖湘金融小镇、浙江玉皇山南基金小镇、浙江西溪谷互联网金融小镇、浙江拱墅运河财富小镇、浙江白沙泉金融小镇、浙江杭州玉皇山南基金小镇、浙江余杭梦想小镇、浙江温州万国财富金融小镇、浙江黄公望金融小镇、浙江南湖基金小镇、浙江乌镇互联网小镇、浙江金柯桥基金小镇、广东前海深港基金小镇、广东番禺万博基金小镇、广东海珠创投小镇、广东温泉财富小镇、广东花东绿色金融小镇、广东新塘基金小镇、广东南海千灯湖小镇、广东松山湖基金小镇、广东深圳前海基金小镇、江苏苏州金融小镇、江苏凤凰湾基金小镇、四川天府国际基金小镇、湖北贺胜金融小镇、上海金融小镇、海南亚太金融小镇、陕西中西部陆港金融小镇、陕西灞柳基金小镇、内蒙古塞北金融小镇、安徽合肥滨湖基金小镇、山东青岛莱西基金小镇、河南中原金融小镇
	水路渔业小镇	拱墅运河财富小镇、定海远洋渔业小镇、普陀沈家门渔港小镇、南通吕四仙渔小镇、镇江大路通航小镇、荣成市人和靖海渔港小镇、沾化区冯家渔民文化小镇、诏安四都渔乡休闲小镇、霞浦三沙光影小镇、西青区中北运河商务小镇、广州海丝文化特色小镇
	人才小镇	晋江人才梦想小镇、广州知识小镇、殷村职教小镇、滨城区三河湖教育小镇、朱村科教小镇
	双创小镇	"云上云"双创小镇、泰州医药双创小镇、武汉市海创小镇、华容区双创小镇、香河县运河文化创客小镇

续表

功能类型		小镇名称
新兴功能领域	电商物流	下城跨贸小镇、姐告跨境电商小镇、即墨市蓝村跨境电商小镇、徐州沙集电商小镇、宿迁电商筑梦小镇、济阳县崔寨智慧物流小镇、峄城区古邵港航物流小镇、武清区崔黄口电商小镇、枣阳市物流商贸小镇、鄂城区商贸物流小镇、白沟特色商贸小镇、赞皇县天山电商主题小镇、高邑县物流小镇、太和电商小镇、临清市烟店轴承商贸小镇
	教育小镇	庆云幸福教育小镇、温州剑桥式大学小镇、马安教育小镇、温州市洞头区教育小镇
	康养小镇	武当山太极湖、浙南健康小镇、灰汤温泉小镇、大泗镇中药养生小镇、平水养生小镇、绿城乌镇雅园、温州瓯海生命健康小镇、岭南国医小镇
	知识产权小镇	法智金集团正在与南京、西安、杭州等 6 个城市签署协议、在各地建设知识产权特色小镇
	航空小镇	建德航空小镇、平湖九龙山航空运动小镇、萧山空港小镇、德清通航智造小镇、安吉通航小镇、台州无人机航空小镇、新昌万丰航空小镇、横店航空小镇、宁波滨海航空小镇、绍兴滨海航空小镇、南昌高新区、景德镇高新区、吉安桐坪、庐山西海、共青城、高安大城
	循环经济小镇	罗庄区褚墩静脉小镇、费县上冶循环产业小镇、老河口市循环小镇、天子岭静脉小镇、衢州循环经济小镇、曲周县循环农业示范小镇

（注：本表根据各地报道整理得来。为了突出电商的 IP 特征，特将电商从物流类型里单独列出）

另外，随着新兴门类和功能不断出现，还有工匠小镇、博物馆小镇、迪士尼小镇、高铁小镇、花卉小镇、电竞小镇、军民融合小镇、企业总部小镇、杂粮（或粮画）小镇，等等。

2. 发展方向

随着城镇化建设的不断深入，对于大部分特色小镇而言，融入网络化、智能化、信息化等新一代科技的智慧化改造，将是一种可预见的趋势。而在当前新型城镇化建设加速的情况下，特色小镇的智慧化建设也被认为是对智慧城市建设的探索。新型智慧小镇是新型智慧城市理念的延伸和拓展，也是未来特色小镇建设的重要发展形式。

可以从两个方面实现小镇的"智慧化"建设。

一是产业链的智慧化。智慧化特色小镇建设要深化云计算、大数据、物联网、移动互联网、人工智能等新一代信息技术与特色小镇管理、产业、旅游、社区、文化等功能融合和迭代升级，提供智慧化的基础设施服务，推动实现特色小镇全域管理系统化、精细化，产业发展生态化、高端化，应用服务普惠化、便捷化，打造软硬件兼具、全方位、全产业链的智慧产业小镇。

二是功能上的智慧化。特色小镇"智慧化"的另一条路径，是在已经具备某种特色的基础上，疏通特色小镇数据汇聚与流动渠道，通过全面采集数据、深度融合数据、专业挖掘数据、广泛应用数据，拓展特色小镇治理方式，拓展产业发展格局，形成特色小镇新兴发展动能。做好顶层设计才能做到特色小镇产业智慧化、社区服务智慧化、文化服务智慧化，将小镇的某些功能进行智慧化的升级。功能上的智慧化将进一步加大特色小镇的整体发展推力。

二、文化创意型 IP 小镇

1. 概念

文化创意小镇是以文化元素挖掘、文化价值构建为基础，利用现代化的手法进行创意设计，并与商业结合打造的一种独特的商业体验空间，是融特色文化、特色景观、创意产业、市场运营管理于一体的综合创新发展平台。

文化创意小镇根植于乡土文化的就地城镇化模式，以文化创意作为可持续发展的核心资源，赋予小镇更多的文化创意特色和城镇价值体系。就文化创意小镇的发展而言，吸引和留住人才是前提，文化、产业、社区的融合是促进力，"文创 +"跨界融合是推动力，形成创意产业集聚和区域发展是目的。由于创意内容的多样化，文化创意特色类型的小镇层出不穷。

2. 发展方向

文化创意类特色小镇是当前我国特色小镇建设的重要组成部分，对传承优秀中华文化和促进产业转型升级具有十分重要的作用。文化创意产业和多种产业的融合性及我国文化资源的丰富性决定了文化创意特色小镇产业主体的多元性和发展形态的多样性。文化创意类特色小镇的支撑产业既可以对接战略性新兴产业，也可以对接多种转型升级产业，还可以对接各类历史经典产业和文化旅游业。

数字创意产业是国家战略性新兴产业，符合特色小镇新兴产业方向。数字创意产业是现代信息技术与文化创意产业融合而生的一种新业态，如VR、游戏、网络影视、动漫和在线教育等，被纳入国家《战略性新兴产业重点产品和服务指导目录》，成为与新兴技术、生物、高端制造和绿色低碳产业并列的五大新兴支柱之一。战略性新兴产业是国家特色小镇建设重点支持的产业方向，因此，打造数字文化创意类产业小镇符合国家特色小镇建设的基本要求。

3. 案例

（1）余杭艺尚小镇。

区位条件：艺尚小镇位于临平新城核心区，沪杭高铁和杭州地铁一号线在此交汇。

产业定位：聚集时尚服装、配饰及文化创意相关产业，着力培育设计研发、销售展示、旅游休闲以及教育与培训等时尚产业生态。

发展目标：以全球视野进行时尚产业资源的合理配置，打造成为具有国际时尚产业影响力的时尚大本营，实现"中国的米兰"这个大梦想。

运作思路：从受众最广的生活必需品供给链改革入手，重新发现生活之美，重启中国时尚产业复兴之旅，打造形态上"小而美"、产业上"专而强"、机制上"新而活"的艺尚小镇。

规划布局：小镇创新性地将空间格局划分为"一中心三街区"，其中一中心是指时尚文化艺术中心，三街区分别是时尚文化街区、时尚艺术街区和时尚历史街区。通过"时尚文化艺术中心"形成小镇文化与艺术的融合空间，为产业可持续发展提供内生动力；"时尚文化街区"是小镇重要的自建部分，将汇聚国际时尚产业研发精英，以中国时尚产业链为实战平台，引导时尚精英走向国际舞台；"时尚艺术街区"引进中国艺尚中心项目为核心引擎，发展世界级时尚产业总部集群；"时尚历史街区"则是以杭州丝绸制造文明为基因，从"互联网+"的全产业链角度解决时尚企业运营的痛点，再现杭州丝绸文脉的辉煌。

（2）殷港艺创小镇。

殷港艺创小镇位于芜湖县六郎镇，规划总面积 2.85 平方千米，毗邻芜湖市区，交通十分便捷，综合配套设施完善，旅游文化资源丰富，产业基础良好，是典型的"人文、宜居、产业"三位一体的优势区域。该特色小镇产业定位为"以艺术教育为基础的现代文化创意产业"，致力打造国际艺术人才聚集地、文创产业基地和艺术文化旅游胜地。

发展思路：自 2015 年以来，殷港艺创小镇采用"政府 + 企业"的发展模式，依托镇内的顶峰教育集团打造的艺术教育产业及培养汇聚的 2 万余名艺术人才优势，着重发展艺术教育、艺术设计、艺尚制造、艺术旅游四大产业内容，即以人才支撑设计、以设计引领智造、以智造带动传统产业转型升级。小镇采用"1+1+n"的发展模式，即"政府 + 主体企业（顶峰）+ 若干个配套企业"，完善基础设施，做好功能配套服务，坚持有特色的产业引导，最终要建成一个宜居宜业的特色小镇。该小镇成功入选安徽省第一批省级特色小镇。

小镇的现代农业、电子商务借助艺创设计，特色突出。当地特色农产品通过艺创设计包装，借助电商平台，成为热销产品，产品附加值得到大幅提升，农民增收效果明显。

（3）越剧小镇。

越剧小镇以女子越剧诞生地甘霖镇施家岙村为核心，是浙江省重点建设的三个文化小镇之一。小镇规划面积 3.68 平方千米，范围涉及甘霖镇施家岙村、丽湖村、苍岩村，计划总投资近 40 亿元。小镇以"中国戏曲朝圣地，华东文旅新地标"的定位，按照 5A 级景区的建设目标，通过 3—5 年的建设和运营，把越剧小镇打造成为全国戏曲戏剧艺术交流体验的新乐园、文化产业创业创新的新平台、文化旅游农业融合发展的新样本，成为中国戏曲第一镇。

越剧小镇规划了五大艺术板块，包括剧场、工坊、艺术大学、工匠艺术村、影视娱乐五个部分内容。其中最重要的剧场部分，目前就规划设计了三大风格各异的剧场，包括晚宴剧场、经典剧场和音乐剧主题剧场。

风情各异的近十个小型戏剧工坊也是戏剧小镇的核心所在。小镇未来将邀请海内外戏剧、音乐、舞蹈、民间艺术等领域的大师，来此免费实验、教学、研究、演出，尽可能地呈现实验戏剧的可能性。

三、教育 IP 小镇

1. 概念

教育小镇是指多种教育机构在空间上集聚、整合，通过教学资源的共享、合理配置，有效推动城镇化发展的开放式教育园区。

教育小镇的发展往往是作为城市的文化功能区，依托高校、科研机构形成一个集人口、信息的空间系统，推动服务、生活配套完善和城市扩展。在特色小（城）镇的大背景下，规划和发展教育小镇时，应最大限度地考虑与产业园区的对接，依托教育小镇形成集教学、科研、实践于一体的综合型城市功能区。

2. 发展方向

由于教育对文化、科技和生态环境的要求，未来这三方面条件好的地区如建成教育小镇将更有发展潜力。

生态：教育小镇作为特色小镇的一种，具备旅游的性质，因此要有良好的自然环境基础。依据地形地貌，开发建设户外运动体验区、户外实践教学基地、植物园等与自然相结合的场地。一方面与未来教育的理念相吻合，让学生走出教室去学习，在实践中、操作中去探索、研究，得到学习的真正意义与方法；另一方面可以为游客提供短暂休憩的场所，以及休闲娱乐的地方，特色景观还能作为旅游景点，让教育与旅游有机融合、协调发展。

文化：文化是教育行业珍贵的瑰宝，是提升学生内在人格、气质的有力媒介。教育小镇的文化建设应注意对传统文化的传承、对特色文化的突出和创新，并充分调动当地居民的积极性与参与性，为学生文化底蕴的培养提供良好的环境基础。通过文化长廊、亭阁楼榭等形式将文化展现出来，作为休闲、娱乐、学习、陶冶情操的功能空间，也能吸引游客，弘扬地域传统文化。

科技：科技在任何时代都是第一生产力。现代教育以及未来教育都应该依靠科技，实现现代化教学，利用多种科学技术，在教学方式、工具、场景等方面实现教学进步。"未来教育"关注青少年的潜能激发，其空间载体能满足使用者的学习、休憩、游玩、互动等多种功能。"未来教育小镇"致力于为人们提供正式化和非正式化兼具的学习环境，并导入现代科技元素，积极创造一个功能丰富的交互式体验空间。从技术手段来说，小镇引入了如 VR 体验、大数据展示、云教育平台等高端的科学技术，不仅为"未来教育"提供了技术基础，还对教育产业和旅游产业的融合、延伸发展产生了推动的作用。科技化是未来教育至关重要的一步，它促使教育产业从传统走向现代、从模仿走向创造、从单一走向整合，是教育理念和方式的一次从内而外的变革。

3. 案例

（1）马安教育小镇。

马安镇位于秦岭南麓余脉郧西中部，距县城 35 千米。其中的马安中学推出"自主教育"品牌、"小组合作＋教学案"的全新教学模式，引导学生通过"独学""对学""群学"达到自主学习的目的；创新班级管理，变教师管理为学生自主管理，培养学生良好的行为习惯、增强学生的团队意识、责任意识等。同时，马安中学还组建了篮球、文学等社团组织，打造书香校园，把校园变成乐园。

马安中学依托"自主教育"金字招牌，发挥品牌效益，做大做强教育产业。利用提前预留的100亩土地，建立马安自主教育实训基地，为外地学校的教师前来考察学习搞好服务，如培训、交流等；利用假期，开设中小学生体验课堂，通过优秀学生代表交流发言、个性化教育对接、户外拓展训练、亲子教育培训、农耕文化体验等形式，吸引更多城里的孩子到马安体验"自主教育"的魅力；"走出去、请进来"，支持本校优秀教师走出去，潜心学习国内其他名校教学改革的成功经验，同时定期、不定期地邀请国内知名教育专家前来马安中学讲课，让名师走进深山；创办高中部，实现"一条龙"式教学，放大"自主教育"模式效应。

（2）温州剑桥式大学小镇。

温州剑桥式大学小镇坚持"校在城中、城在园中，教育融入城镇功能，生态植入城市空间"的发展理念，通过旧城改造、农村土地综合整治，以职教产业为动力引擎，积极引进中外联合办学的联邦制大学，以教育培训、文化艺术、商贸商务产业为核心链条，将职教产业、城市功能、社会建设结合，创造了一个教育小镇的发展蓝本。

大学没有"围墙"，各个以职教、艺术为主的大学院校、中外联合办学的联邦制大学及其诸多教学、生活设施，都将错落有致地分布在小镇之中，小镇居民与大学生共享图书馆、体育场馆、艺术剧场等，甚至同吃同住，一起联欢……这不再是普通意义上的大学城，而是一座充满现代田园风情和教育创新理念的大学小镇。

目前该片区已有四川艺术职业学院、四川商务职业学院、温江区职教中心、"艺苑"教育艺术产业项目等院校和机构相继落户。小镇已拥有师生近2万人，他们会不定期地举办一些艺术活动，或者与社区居民一起联欢。社区居民可以自由地出入各院校的图书馆、体育场等地。一座职教产业与城市功能共融发展的新城已初具雏形。

除此之外，该片区已规划公寓、商业、酒店等为一体的商业广场、杨柳河畔不同主题的小型花园、低密度的田园风格居住区。同时以职教产业为动力引擎，积极引进中外联合办学的联邦制大学，并以商业、旅游休闲业等现代服务业为主导，将建成四川唯一以国际教育产业和新型城市化双轮驱动的城市综合体，成为成都西部最重要的功能组团。

四、康养 IP 小镇

康养小镇是指以"健康"为小镇开发的出发点和归宿点，以健康产业为核心，将健康、养生、养老、休闲、旅游等多元化功能融为一体形成的生态环境较好的特色小镇。

1. 发展现状

大健康主题，包括现代医疗医药、生物工程、养生、养护、养老等，是东部、中部和西部地区市场需求未得到满足的领域。当前，养老成为热门话题。一方面我国人口老龄化问题日趋严峻，银发产业前景广阔、潜力巨大；另一方面随着社会发展和生活水平的提高，人们的健康意识逐渐增强。《"健康中国2030"规划纲要》更把健康的重要性推向一个新的高度。

中共中央、国务院在 2016 年发布的《"健康中国 2030"规划纲要》中指出，应积极促进健康与养老、旅游、互联网、健身休闲、食品融合，催生健康新产业、新业态、新模式。

在此背景下，健康产业的发展迎来了前所未有的机遇，也为各地康养特色小镇的开发建设指明了方向。截止到 2017 年 5 月，全国有 17 个省（市、区）出台了培育康养特色小镇的各类政策文件，也开始了不同形式的探索。

例如，2017 年广西壮族自治区推出的首批健康产业重点招商项目共有 130 个，其中康养小镇、特色小镇项目 23 个，总投资 496.926 亿元，包括了南宁市马山县红浪康养城项目、梧州市苍海新区城市综合体项目、贺州市大桂山水森林颐养小镇项目、北海市新营候鸟休闲小镇项目等。

各地名目繁多的小镇如雨后春笋般出现。各种类型的小镇，如宗教文化养生型、长寿文化养生型、生态养生型、温泉养生型、医养结合型、养老小镇型等，每种都有自己的主题和特色，目的是为拥有一定经济实力的老年群体打造集养老居住、医疗护理、休闲度假为主要功能的养老小镇。

据统计，山东省内的济南、青岛、烟台、潍坊、日照、德州等地均有提出或正在打造康养小镇。同时，也有不少地方有大批的康养小镇项目集中落地，包括广西、浙江、四川等省份。据《经济参考报》报道，碧桂园、华侨城、万科、万达、恒大、华夏幸福、招商局、绿城、时代地产等多家房企也将眼光投向了康养型特色小镇。

2. 建设标准

年均 PM2.5 值小于或等于 50 微克 / 立方米；

区域的负氧离子标准浓度大于或等于 5000 个 / 立方厘米（根据世界卫生组织规定，清新空气的负氧离子标准浓度不低于 1000—1500 个 / 立方厘米）；

村镇环境优美，干净整洁；

附近 100 千米之内有高铁、机场、高速公路，交通方便；

活动范围在 3 平方千米以上；

有发展医疗产业的环境基础。

3. 建设类型

（1）文化养生型：深度挖掘项目地独有的宗教、民俗、历史文化，结合市场需求及现代生活方式，运用创意化的手段，打造利于养心的精神层面的旅游产品，使游客在获得文化体验的同时，能够修身养性、回归本心、陶冶情操。

如依托宗教资源，打造文化度假区；依托中国传统文化，打造国学体验基地等。

（2）长寿资源养生型：依托长寿文化，大力发展长寿经济，形成以食疗养生、山林养生、气候养生等为核心，以养生产品为辅助的，具备健康餐饮、休闲娱乐、养生度假等功能的健康养生养老体系。

（3）中医药膳型：药食同源，是东方食养的一大特色。因此美食养生可以说是健康旅游中至关重要的一项内容。健康食品的开发，可以与休闲农业相结合，通过发展绿色种植业、生态养殖业，开发适宜于特定人群、具有特定保健功能的生态健康食品，同时结合生态观光、农事体验、食品加工体验、餐饮制作体验等活动，推动健康食品产业链的综合发展。

（4）生态养生型：以原生态的生态环境为基础，以健康养生、休闲旅游为发展核心，重点建设养生养老、休闲旅游、生态种植等健康产业，一般分布在生态休闲旅游景区或者自然生态环境较好的区域。即依托项目地良好的气候及生态环境，构建生态体验、度假养生、温泉水疗养生、森林养生、高山避暑养生、海岛避寒养生、湖泊养生、矿物质养生、田园养生等养生业态，打造休闲农庄、养生度假区、养生谷、温泉度假区、生态酒店、民宿等产品，形成生态养生健康小镇产业体系。

（5）养老型：有一定的环境资源，同时拥有有一定经济实力的老年人群体，将医疗、气候、生态、康复、休闲等多种元素融入养老产业，发展康复疗养、旅居养老、休闲度假型"候鸟"养老、老年体育、老年教育、老年文化活动等业态，打造集养老居住、养老配套、养老服务为一体的养老度假基地等综合开发项目，为老年人打造集养老居住、医疗护理、休闲度假为主要功能的养老小镇，带动护理、餐饮、医药、老年用品、金融、旅游、教育等多产业的共同发展。

（6）度假型：居住养生是以健康养生为理念，以度假地产开发为主导而形成的一种健康养生方式。这种养生居住社区向人们提供的不仅仅是居住空间，更重要的是一种健康生活方式。除建筑生态、环境良好、食品健康等特点外，它还提供全方位的康疗和养生设施及服务，并为人们提供冥想静思的空间与环境，达到在恬静的气氛中修身养性的目的。

（7）体育文化型：依托山地、峡谷、水体等地形地貌及资源，发展山地运动、水上运动、户外拓展、户外露营、定向运动、养生运动、极限运动、传统体育运动、徒步旅行、探险等户外康体养生产品，推动体育、旅游、度假、健身、赛事等业态的深度融合发展。

（8）医学治疗型：主要是以中医、西医、营养学、心理学等理论知识为指导，结合人体生理行为特征，以药物康复、药物治疗为主要手段，配合一定的休闲活动的康复养生旅游产品，包括康体检查类产品。它是医疗旅游开发中的重要内容之一。

4. 案例

（1）温州瓯海生命健康小镇。

小镇位于瓯海区南白象街道、茶山街道，东临三垟湿地，南依甬台温高速，西靠温瑞大道，北至高教园区北入口道路。规划面积 3.5 平方千米，其中建设面积约 1300 亩，绿地面积约 1450 亩，水域面积约 620 亩。据介绍，生命健康小镇按照"学城联动、产城融合"的理念，将以温州医科大学附属第一医院为"核芯"，凸出康复医疗、医学旅游等主导功能，同时结合医疗科教、健康养老等综合服务，拓展生态旅游、文化休闲等体验活动，打造集聚生命健康产业、展现江南水乡风情、蕴含瓯越文化内涵的特色小镇。

（2）平水养生小镇。

小镇位于浙江平水镇，境内青山叠翠，千岩竞秀，生态环境迷人，文化底蕴深厚，以建设"养生特色小镇"为发展目标，积极培育和引导养生养老产业项目，吸引了国际度假村项目、中药养生会所项目、仙人谷养生养老项目等先后落户，为小镇发展健康养生养老、休闲旅游提供了条件。

平水镇把以生命健康产业为核心的养老养生业和旅游服务业作为平水新的

经济增长点来扶持，把生命健康产业作为经济社会转型升级新的突破口。

一是绿色先行为发展路径。为切实提升镇村（居）文明绿化水平，有效改善人居环境，加快养生特色小镇建设，平水镇在全镇范围内开展了"绿满平水"专项行动，大力开展村庄道路、河道、庭院、宅旁绿化和公共绿地建设，推进村庄绿化美化，改善村（居）生产生活环境。将绿化与各村的地形地貌、民风民俗、人文景观相协调，针对各自的情况，采用多样化的绿地布局，力求各有特色；对路旁、宅旁、水旁等采取灵活多样的绿化形式，形成"一村一貌"，充分展示乡村风光。二是文体活动充实小镇内容。为了更好地营造"养生小镇"的氛围，平水镇已举办多项大型文化体育活动，未来还将继续开展一系列活动，进一步提升"养生特色小镇"的"软实力"。

（3）大泗镇中药养生小镇。

小镇位于江苏大泗镇的中药科技园，占地 1240 亩，总投资 4 亿元。该园是以中药材种植为中心，"产、学、研"相结合的示范性中药科技园。小镇以中药科技园为核心，打造"1+3+X"的发展体系，其中，1 为中药科技园，3 指休闲娱乐、中药养生、医疗器械三大健康产业，X 为舞台文化、养老、生态农业等多个配套产业，打造中药文化、养生文化、旅游文化的平台。

小镇以原生态环境和高质量老年客户为基础，建设颐乐学院和雅达国际康复医院为核心配套，形成"居医养"的特色养老体系，按照"医药养游"融合发展的定位，以市场为导向，以创新为支撑，注重提高竞争力，注重科技创新，注重可持续发展，深入挖掘整合区域资源禀赋，加速大健康相关产业集聚，全力打造彰显地方中医药文化、养生文化、旅游文化、餐饮文化的新空间、新平台。

（4）浙南健康小镇。

小镇位于龙泉市兰巨乡，背靠国家级自然保护区龙泉山，是"长寿龙泉"第一乡，是好山好水好空气的齐聚地，同时食药材资源极其丰富，是健康食养、药养绝佳福地，是利用其得天独厚的生态条件和长寿特色，发展农业观光、健康餐饮、休闲娱乐、养生度假等多功能的健康长寿小镇。小镇充分挖掘长寿文化，从食养、药养、水养、文养、气养五方面发展长寿经济。

（5）岭南国医小镇。

岭南国医小镇背靠马骝山，面临流溪河，山清水秀，人杰地灵。国医小镇规划总面积约1万亩，总投资40亿元，是以继承与弘扬中华民族中医药历史传统文化为主题，以振兴祖国中医药建设事业为使命，融合中医药文化与旅游、生产与加工、产品与技术、商业与流通、教育与科研于一体的综合性项目。小镇建设有博览园，具备浓郁中医药文化氛围和岭南文化特色，是建设中医药事业全产业链的大型项目。

小镇以博览园区的自然山地为依托，以中草药种植为基础，以中草药研发为突破，以博览园观光为载体，以博物馆展示为媒体，最终形成一个集生产研发、教育保护、观光养生于一体的综合性的中医药文化小镇。

五、航空IP小镇

航空小镇是围绕通航的核心业务和基础设施，具备生产、居住、商务、休闲、旅游、会展等多种功能指向的城镇化聚集区。

随着我国通航产业发展和低空改革开放的不断推进，各地规划建设的航空小镇不断涌现。其中大多数航空小镇是围绕已经建成的通用机场进行规划和建设的，还有一部分则是以原有的航空制造产业为基础，建设航空产业综合体，并围绕综合体配套相关基础设施。目前，只有少部分航空小镇初具规模，大部分还处于规划和建设中。

1. 航空小镇分类

根据全球航空小镇发展的不同特点，航空小镇大致可以分为三大类：产业型、环境型和活动型。产业型航空小镇是以通航相关产业聚集人，包括商务总部型和生产制造型；环境型航空小镇是以优美舒适的环境吸引人，包括旅游度假型和宜居体验型；活动型航空小镇则是以丰富多彩的活动汇聚人，包括赛事娱乐型和会展活动型。

表 6.2　航空小镇类型

类型		概述	核心业务
产业型	商务总部型	围绕公务机机场建设商务办公楼和商业服务设施，众多小企业形成商务区。	公务飞行、私人飞行、维修托管。
	生产制造型	依托飞机发展航空制造及关联产业，建设配套完备的工业基础设施和服务设施。	航空制造、航空维修、改装调试、交付试飞等。
环境型	旅游度假型	风景名胜区周边或自然景观优美区域，围绕通勤机场周边布置观光休闲、度假旅游服务设，施并配套商业服务设施。	航空旅游、通勤观光、私人飞行。
	宜居体验型	依托较好的飞行空域条件和生态环境优美的地区资源，建设通航机场并配套一定量的商业服务设施。	航空体验、飞行培训、飞行观光。
活动型	赛事娱乐型	城市经济相对发达，围绕通航机场周边布置会展赛事、体验休闲设施并配套相关服务设施。	航空赛事、航空运动、飞行表演、航空文化展示。
	会展活动型	依托大型会议展览活动聚集人气，有专门的会展区域和设施。	航空展览、航空体验、航空器及航材贸易、航空文化展示、航空商务展。

2. 案例

杭州建德航空小镇位于千岛湖畔的寿昌。空域包括寿昌以及千岛湖上空4500平方千米、1200米以下的空间。距离建德市区15千米，与周边萧山机场、黄山机场、庐山机场、井冈山机场、武夷山机场、温州机场和普陀山机场的空中距离都在300千米以内。空域广阔、地理位置好。

根据规划，这里将把原横山铁合金厂闲置的体育馆、电影院、横山医院升级改造为篮球馆、羽毛球馆、室内攀岩、影剧院、康体理疗中心等；利用原横铁厂区闲置铁路资源，建设火车小站、轨道自行车；把旧绿色车厢改造成火车旅馆、咖啡吧；将铁路沿线闲置土地建设成火车露营基地等，建成一个新奇、独特的铁路风情公园；利用分散在项目区域内的闲置厂房、仓库，设立工业和民俗博物馆。

六、体育 IP 小镇

体育小镇是集运动休闲、文化、健康、旅游、养老、教育培训等多种功能于一体的空间区域、全民健身发展平台和体育产业基地，核心是引入了特色运动休闲项目，与体育产业相融合，打造具有地域特点的体育文化中心。

1. 发展概况

2015 年我国体育旅游实际完成投资 791 亿元，同比增长 71.9%。山地户外、冰雪运动、水上运动呈现井喷式发展，涌现一批健身休闲产业，"体育 + 休闲"小镇成为热门趋势。可以预见，未来徒步、滑雪、潜水、滑翔、运动自行车、马拉松等新兴运动项目将注入小镇，成为体育特色小镇建设的首要选择。2016年国内进入建设阶段的体育小镇已经超过 100 个，2017 年这个热度持续升温。在这些小镇的规划蓝图中，自行车、马拉松、钓鱼、登山、冰雪等户外项目成为热门主题。

国家体育总局发布的《关于推动运动休闲特色小镇建设工作的通知》中提到：到 2020 年，在全国扶持建设一批体育特征鲜明、文化气息浓厚、产业集聚融合、生态环境良好、惠及人民健康的运动休闲特色小镇；带动小镇所在区域体育、健康及相关产业发展，打造各具特色的运动休闲产业集聚区，形成与当地经济社会相适应、良性互动的运动休闲产业和全民健身发展格局。

2. 主要项目类型

（1）体育休闲类：依托钓鱼、登山、滑板、骑马、保龄球、网球、羽毛球、游泳、溜冰、潜水、放风筝、划船、冲浪等休闲运动项目；

（2）体育度假类：注重度假休闲体验感，主要依托高尔夫、房车露营、滑雪等度假旅游项目；

（3）体育探险类：户外探险、海底探险、沙漠探险、攀岩、滑翔、跳伞等极限或探险项目；

（4）体育养生类：太极拳、瑜伽等养生项目。

3. 发展路径

以单项体育活动或赛事为核心，结合地理区位特征或地方体育产业特色，打造单项体育活动项目的产业集群和产业生态链的体育类特色小镇。如新西兰皇后镇聚焦户外运动、法国沙木尼体育旅游小镇发展滑雪特色运动等。

体育产业融合新城区建设。创新一批体育类项目和设施带动小镇建设。特色小镇兼具除体育产业以外的文化、旅游、养生等其他功能，实现生态、环保、养生、宜人的属性。如北京丰台足球小镇、浙江银湖智慧体育产业基地等。

引入体育类企业建设运营。参与特色小镇建设企业根据既有资源优势，谋划体育类主题创新，定位体育和旅游等产业融合，集聚资源，组合项目，创新驱动，实现企业成长和体育小镇经济的可持续发展。如河南嵩皇体育小镇、浙江德清莫干山"裸心"体育小镇等。

4. 案例

（1）安宁温泉国际网球小镇。

安宁温泉国际网球小镇距离昆明市区 35 千米，交通路网发达，拥有我国少有的可饮可浴的碳酸钙镁泉和亚洲规模最大的红土网球场地集群。网球运动作为安宁温泉镇体育产业的重点特色项目，目前已形成集品牌赛事培育及运营、体育场馆经营、体育训练基地、体育人才培养、体育旅游、体育健身等为一体的"全产业链结构"。未来安宁温泉国际网球小镇会形成"体育＋温泉＋旅游"的发展模式，并将承载面向全国乃至南亚、东南亚体育旅游集散中心功能。

安宁作为滇西户外运动集散地以及滇中大昆明地区后花园，拥有丰富的户外运动资源和运动氛围。安宁温泉除了有浓郁的网球运动休闲氛围外，依托优质的生态山脉、河流户外运动资源，民间自发的户外运动也是丰富多样，体育文化氛围浓郁，形成了以龙山、凤山和笔架山为主的滑翔伞、登山、徒步、山地越野等山地户外运动氛围，以螳螂川河流沿岸优美的油菜花、樱花等景观为主的跑步、徒步、骑行、垂钓等轻户外运动氛围。

6 年来小镇累计举办超过 1000 场国际、国内网球赛事，直接影响超过 5000 名业余网球爱好者，观赛人数累计超过 15 万人次，累计辐射超过 60 个国家和地区的近千名网球运动员。近几年，网球运动通过高吸引力的影响及驱动，为安宁温泉旅游业导入了大量高品质旅游客源，促进了安宁温泉传统旅游业的发展。2016 年安宁温泉接待游客人数 110 万人次，实现旅游综合收入 2.137 亿元，从业人员达到 6580 人，目前酒店住宿及餐饮企业有 150 家。

（2）江苏海门足球小镇。

小镇位于江苏省海门经济技术开发区謇公湖科教城内，规划占地面积 3.9 平方千米左右，是以体育教育产业为轴心、体育赛事产业为延伸、体育休闲产业为特色的世界一流青少年足球培养中心和训练基地、长三角地区足球中心、国际足球人才培养中心及一流的世界足球文化综合体。

小镇依托朗姿珂缔缘俱乐部足球训练基地，以"分享足球快乐，缔造足球梦想"为理念，打造以体育教育、体育赛事、体育休闲产业为特色的国际一流青少年足球人才培养基地。海门足球小镇建成后将形成涵盖与足球教育培训相结合的教育产业园区、足球产品的研发和生产基地。2017 年 5 月，海门足球小镇正式列入江苏省首批省级特色小镇创建名单。

（3）德清莫干山"裸心"体育小镇。

小镇位于浙江德清莫干山，有体育产业企业 70 多家，均以体育健身休闲、场馆服务及体育用品的销售和制造为主，实现体育产业销售收入过百亿元，体育产业集群效应明显。2016 年上半年，德清乡村旅游接待游客 176 万人次。

莫干山以打造"裸心"体育为主题，规划"一心一带两翼多区"，全力打造体育特色小镇，将体育、健康、文化、旅游等有机结合，以探索运动、户外休闲、骑行文化等为特色，带动生产、生活、生态融合发展。

小镇将长期打造辐射长三角地区的户外休闲运动品牌，将体育产业、文化、旅游三元素有机结合，打造具有山水特色的"户外运动赛事集散地、山地训练理想地、体育文化展示地、体育用品研发地、旅游休闲必经地和富裕民众宜居地"。

七、电商 IP 小镇

1. 政府积极推进建设电商小镇

电子商务是利用计算机技术、网络技术和远程通信技术，将整个商务过程实现电子化、数字化和网络化的现代化交易模式。随着电子商务的突飞猛进，各地都在采取措施积极推进电商小镇的建设。

安徽省积极鼓励各地在探索农村电商发展路径上先行先试，建设一批省级电商强县、电商特色小镇和电商示范村，鼓励有条件的地区规范发展电子商务产业园、互联网众创空间等电子商务集聚区。安徽省委省政府在《关于推进"电商安徽"建设的指导意见》中明确指出，要培育发展一批电子商务特色小镇和"电商村"。

山东省商务厅发布了《关于印发〈2017 年电子商务工作要点〉的通知》，通知中明确了山东省 2017 年电子商务工作的目标：力争全年完成电子商务交易额 3.5 万亿元，网络零售额 4000 亿元，增长 30% 以上；继续开展示范创建，新认定 10 个省级电子商务示范县，打造 20 个电商特色小镇，培育 50 个电商品牌示范企业、10 个区域品牌和 10 大电商服务品牌。

2. 案例

浙江上塘电商小镇总规划面积 280 公顷，计划总投资 100 亿元。小镇内共有注册电商企业 667 家，包括规模以上企业 6 家。其中，2017 年上半年，引进电商类企业 79 家，其中注册资金 1000 万元以上重大项目 46 家。小镇范围内已投用楼宇企业入驻率达到 90% 以上。

一城四园多点打造电商产业链集群。以杭州（中国）网商城电商产业园为中心，加快发展 198 创意园、A8 艺术公社、SOHO 创意部落、二轻信联创意园等 4 个重点园区，覆盖天瑞国际大厦、拱宸商业综合用房、善贤商业金融用房、海外海通信 O2O 海创园，3 号线及 5 号线地铁上盖商办楼等多处，形成"一城、四园、多点"的发展格局，打造电商产业链集群。

在扶持政策上，小镇编制了《拱墅区上塘电商小镇专项扶持政策》，为入驻企业提供买楼、租楼、跨境出口、人才补助等多样化扶持。产业引导基金方面，为小微企业提供资金支持。小镇专门新成立了产业引导基金——杭州云禾晖股权投资基金管理有限公司。目前，基金已投资跨境电商创业企业 10 家，金额共计 90 万元；跨境电商成长型企业 4 家，金额共计 500 万元。小镇规划一站式平台服务大厅。大厅位于跨境电商产业园五楼，为企业提供创业孵化、资本对接、运营资源、培训沙龙、项目推介、人才招引等一站式服务。

八、军民融合 IP 小镇

1. 概况

将军工技术应用于民用产业或者将民用技术转型渗透到军工产业中，产生了军民融合的特殊产业，这是我国产业转型升级的具体实践。随着军民融合的深度推进和特色小镇建设的持续升温，军民融合特色小镇正受到越来越多的关注，并得到各地方政府的广泛欢迎。一批军民融合特色小镇正在各地积极规划兴建，成为特色小镇建设中的新 IP。江西大余，总投资 50 亿元的军民融合产业小镇项目落户，成为当地有史以来最大的投资项目；陕西西安，我国首个"空天地海"无人系统特色小镇项目启动建设；江苏淮安，军民融合特色小镇发展论坛在洪泽区举行，军民融合特色小镇持续引发热烈讨论。

军民融合小镇在不同区域具有不同的发展特色。如陕西西安、贵州安顺，以航天产业为带动的航空类特色小镇正在崛起；在北京、广东肇庆等地，偏重文化生活，集军事博物、军训拓展、特色运动、旅游休闲、军民产业园等多种业态的军民融合产业小镇正在形成。

2. 案例

西安兵工特色小镇位于西安市经开区的西安兵器工业科技产业基地（以下简称"兵器基地"），是中国兵器工业集团与陕西省、西安市政府共同建设的以高新技术为先导、军民融合的产业聚集区域。截至 2016 年年底，兵器基地共引入产业化项目 28 个，项目设计总投资 142 亿元，聚集了约 294 亿元 / 年的综合产出能力，基地"三区五园"的空间架构和"装备制造、光电信息、新材料新能源"的产业格局初步形成。2015 年，国家工信部批复兵器基地为国家新型工业化军民结合产业示范基地。

特色小镇将以兵器基地总体规划、控制性详细规划及综合保障园修建性详细规划和城市设计为基础，通过建设以产业配套商务区、专家公寓、人才公寓、特色商业中心为主的军民融合产业配套设施，中央公园、文体公园、城市绿地配套景观为主的城市基础配套设施，金融商务区、商业配套、生活配套区为主的综合配套服务设施，构建适合创新创业的企业管理体系，发展军民融合创新创业载体，建立创新创业与产业融合发展通道，不断激发创新创业活力。

九、电竞 IP 小镇

电子竞技游戏已经成为年轻人娱乐休闲的重要组成部分。我国电竞产业在 2015 年已经以 270 亿元规模超越美国，成为全球最大电竞市场。《2016 年中国动漫游戏产业年度报告》显示，2016 年中国电子竞技游戏市场实际销售收入达到 504.6 亿元人民币，占游戏市场销售总额的 30.5%。而《2017 年中国电竞发展报告》显示，2016 年有接近 65% 的用户对电竞赛事感兴趣，潜在用户规模已达到 4.5 亿人。十几年间，电子竞技已经从昔日家长们眼中的"洪水猛兽"逐渐成为新兴的"世界语言"和文化，也成为年青一代增强民族凝聚力、展现中国精神的重要载体。

1. 发展现状

随着体育小镇概念爆红，电竞行业发展势头强盛，以电竞为"特色"的"新"型体育特色小镇、电竞小镇也成为热门话题。2017 年国家体育总局与腾讯电竞达成整体战略合作，未来 5 年将在电竞行业规范建立、电竞职业化规范及平台构建等领域开展深度合作，中国（杭州）电竞数娱小镇也正式启动。

目前公布将建设"电竞小镇"的城市，包括重庆忠县、湖南宁乡市、杭州下城区、河南孟州市、江苏太仓市和安徽芜湖市等，其建设均采用"政企合作"模式。电竞小镇需要持续的客流量做支撑，这也是项目能否持续运营的关键。东部地区有望成为电竞产业最发达的区域。

电竞小镇的建设，均采用的是"政企合作"模式，即政府提供建设用地、负责场馆建设等，专业的电竞企业、赛事运作机构等则负责电竞小镇的实际运营。

2. 案例

河南孟州电竞小镇以电竞产业的一个重大项目启动为开端。项目占地 3000 亩，计划投资 20 亿元，按照"保税 + 电竞"的产业发展思路，采取"四中心，一基地"模式，即电竞体验竞技中心、电竞孵化培训中心、健身休闲中心、配套服务中心和电竞设备进出口加工基地。

项目依托河南自贸区和德众保税物流中心的口岸通关、保税物流、保税加工、保税金融、跨境电商等方面的独特优势，极大提升"一带一路"经济带沿线通关便利化水平，从而提高效率，减少成本，助力入驻企业联结通关内外，贯通全球，在河南孟州市打造一个集电竞及相关设备保税仓储、加工，国际物流配送、检测认证、进出口贸易、展示体验等功能于一体的国际性电竞设备交易中心和示范基地。

按照发展定位，小镇将融入国家"一带一路"战略的重要版块，立足河南自贸区，辐射中西部地区，成为全国乃至国际上知名的电竞运动爱好者向往的乐园、青年创业的天堂和国际电竞体育比赛的重要承接地，力争经过三到五年的培育、发展，将项目打造成具有国际影响力的保税特色电竞小镇。

十、循环经济 IP 小镇

1. 概况

发展特色小镇要树立生态绿色理念，完善绿色政策顶层设计，建设运营全过程要强化生态绿色思维，产业选择须兼顾"特色"与"绿色"。

发展循环经济是实现特色小镇绿色发展的最佳选择。通过大力发展循环经济，努力实现百姓富和生态美的有机统一，真正实现低碳生活、和谐生产，让小镇居民宜居又宜业。我国一些地方也逐渐开始了以循环经济为核心产业的小镇建设，其中以浙江省起步最早。

2. 案例

衢州循环经济小镇地处集聚区高新片区，规划面积约为 2.7 平方千米。小镇以衢州历史文化底蕴为内涵，以巨化静脉产业园、华友—元立、韩国晓星、原高新园区管委会大楼为核心区块，以循环产业为核心引领，突出环保技术、环保装备和环保运维三大主导产业，以巨化、元立、华友等企业为投资主体，按照"产业特色、文化内涵、旅游功能、社区特征"要求，谋划研究确定园区建设内容。小镇同时广泛吸纳科技人才集聚，突出环保技术、环保装备和环保运维三大主导产业发展，打造中国首个具有自主循环型特色的循环经济模式。

衢州循环经济小镇是中国首个自主循环型特色小镇。小镇以节能环保产业为支撑，优化资源利用，提高资源生产率，降低废弃物排放率。小镇建成后，将在生产、流通、消费、回收等各个环节实现循环经济理念，实现产业项目、公共辅助、物流传输、环境保护、管理服务等的一体化建设，实现生产、生活、生态的融合发展。

小镇依托衢州市循环经济优势，进一步提炼精品，结合巨化公司国家级循环经济教育示范基地、元立公司循环经济项目、衢化生活区等，打造钢铁、新材料、化工行业循环经济示范点，形成中国工业循环经济小镇。

十一、森林 IP 小镇

森林特色小镇是指在森林资源丰富、生态环境良好的国有林场和国有林区林业局的场部、局址、工区等适宜地点，重点利用老旧场址工区、场房民居，通过科学规划设计、合理布局，建设接待设施齐全、基础设施完备、服务功能完善，以提供森林观光游览、休闲度假、运动养生等生态产品与生态服务为主要特色的，融合产业、文化、旅游、社区功能的创新发展平台。继"美丽中国"之后，"健康中国"和"创新中国"上升为国家战略定位。森林小镇促进了"美丽中国＋健康中国＋创新中国"建设。我国有大片林场需要进行经济转型，林场良好的生态环境，为特色小镇提供了得天独厚的环境条件。

1. 发展路径

森林小镇采取抱团发展策略，通过"林城产"互动，形成景观带、产业带互融共生的业态模式，创造了宜居宜游宜行的环境，以生境健康保障和促进了"大健康"，为"美丽中国"和"健康中国"找到了一个结合点。

以"基地＋基金＋基础设施"模式推动森林休闲养生产业等"创新林业"发展，扩大了小镇内部增效空间，吸引众多"创客"聚集、汇集，最终形成区域型的小型"创业带"，既为"创新中国"提供了现实样板，也为其发展提供了推动力量。

2. 案例

太子森林小镇原有基础是成立于 1957 年 11 月的太子山林场，是湖北省林业厅唯一直属国有林场，总面积 7930 公顷，有林地面积 6000 公顷，总蓄积 45.5 万立方米。太子森林小镇地处湖北中部，交通便捷快速，区位优势明显。

在经济转型时期，太子山林场在全国率先建设森林小镇，以"读书、运动、休闲"为主要内容，实现"宜居、宜业、宜游"和"可宣、可观、可学"的发展目标。一是将旅游名镇建设的总体规划与职工改善居住条件、拓展就业渠道、增加职工收益相结合；二是将集镇改造建设与景区景点建设和丰富旅游产品相结合；三是将旅游名镇建设的外观改造与内生型产业相结合；四是按照"整体布局、稳步推进、注重实效"的原则，使在建项目与未来发展项目相结合；五是使旅游名镇创建资金筹措多元化，加快推进旅游名镇升级建设步伐，将自身投资建设与招商引资建设相结合。

太子森林小镇弘扬荆楚文化，突出"绿色、文化、运动、养生"主题，在"新、特、精、优、静、净"六字上做文章，保护生态环境、发展生态休闲旅游、展示森林生态文化，全力打造倡导森林探险与越野、回归自然的王莽洞景区，以森林狩猎、运动健身为主题的龙台风景区，以赏花旅游为主的仙女紫薇园等文化旅游项目。

十二、人工智能 IP 小镇

随着"中国制造 2025"的逐步临近，我国的人工智能发展非常迅速。2015 年我国的人工智能市场规模达 12 亿美元，预测在 2020 年将达到 91 亿美元，即每年增长速度都达到 50%。

1. 概况

为了更好地通过空间聚集促进人工智能产业更快发展，各地都在积极推动人工智能项目落地。

2016 年 11 月 29 日上午，河源市人民政府与科大讯飞合作签约，依托科大讯飞在人工智能领域国际领先的技术及成果，共同打造"人工智能小镇"。

东莞大岭山"天安人工智能小镇"项目领导小组对接会于 2017 年 2 月 22 日举行，计划总投资 500 亿元，区域总产值预计可达 1500 亿元。

2017 年 6 月 29 日，国内人工智能产业技术创新战略联盟与天津东丽区签署协议，将在天津建立人工智能小镇。

《2017 年青岛市政府工作报告》中提到，要超前谋划脑科学、人工智能等面向未来的科技创新中心。对此，青岛市政协委员李杨建议，可以在青岛打造一个人工智能小镇，依托已经获批的青岛智能家居科技创新中心，整合业内最优秀的人才、研发和资金等资源，打造一个在全国范围内有影响力的特色小镇。

2. 案例

杭州人工智能小镇位于未来科技城核心区块，与阿里巴巴、浙江大学等比邻而居，与作为浙江特色小镇源起的梦想小镇仅相距 2000 多米，规划东至东西大道，西到城东路，南至城南路，北临余杭塘南路，规划面积 3.43 平方千米。

由于未来科技城一带具有人才储备及梦想小镇的建设经验，产业基础雄厚，有大批大数据、云计算、物联网等相关企业与大量项目储备发展优势，杭州未来科技城管委会出台了《杭州未来科技城（海创园）引进海内外高层次人才、加快人工智能产业发展的若干政策意见》，围绕人工智能产业孵化、加速，产业化不同发展阶段、不同类型以及人才创业创新需求，实施全方位政策扶持。比如，初创型企业，最高可获得 800 万元项目资助，其中，研发补助最高达 600 万元，企业孵化成功后，还可获得产业化资金支持。再比如，人工智能领域的众创空间三年最高可获得 1500 万元的办公用房租金补助；优秀人才最高可获得 300 万元安家费补助，硕士、博士可享受一次性生活补贴，另有引才中介奖励、人才竞购车牌补助等，领军型人才还可获得最高 1 亿元创业资助。因此，人工智能小镇建设步伐迅速。

小镇规划面积 3.43 平方千米，共分三期，先导区一期占地面积 227 亩，共计 70 万平方米，以办公为主，共有 11 幢 9 层楼的办公楼。其目标是在三年内，重点建设 10 家以上高水平专业研究院和企业研发中心，搭建 30 个专业孵化平台，引进领军型人才 50 名，扶持创新创业项目 1000 个，成为国内顶尖、国际一流的人工智能产业集聚高地。

杭州人工智能小镇将以人工智能为特色，覆盖大数据、云计算、物联网等业态，集中力量招引机器人、智能可穿戴设备、无人机、虚拟现实（VR）和增强现实（AR）技术、新一代芯片设计研发等领域，集聚一批人工智能领域高精尖人才，全力打造成为具有全球顶尖特色的人工智能小镇。

小镇的功能定位由 4 个中心组成。一是产业资源的交换中心。要使入住的大公司、小公司和草根创业团队各取所需，降低各主体之间的交易成本。二是产业孵化、研发和支持中心。在这个平台上，将会有更好的资本服务，更多的投资机会，更集中的思想碰撞，更快的知识传播和更广阔的数据。三是产业传媒中心。在这个平台上用户可以获得更快、更前沿的资讯发布。四是产业从业人员的生活中心。

项目于 2017 年 5 月 3 日先行启动的人工智能小镇先导区块规划占地 277 亩，

主要利用钱江科创园 70 万方建成空间建设。截至小镇正式启动，先导区块 30 万方建筑已建成投用，吸引了浙大——阿里前沿技术研究中心、浙江省智能诊疗设备制造业创新中心、百度（杭州）创新中心、北航 VR/AR 创新研究院、中乌人工智能产业中心等 15 个平台及 90 余个创新项目入驻。

小镇的目标是在三年内集聚人工智能领域的创新创业人才超过 5000 名，其中海外高层次人才 500 名，国家级、省级"千人计划"人才 50 名。

在小镇建设过程中，杭州未来科技城将始终把人才作为小镇建设的第一资源、关键一招，不断推进体制创新、管理创新、科技创新，建立"孵化器——加速器——产业化基地"接力式全程创业创新产业链，积极融入全球创新网络、吸纳全球创新资源，重点布局基于大数据、云计算、物联网等的业态，集中力量招引机器人、智能可穿戴设备、无人机、虚拟现实（VR）和增强现实（AR）技术、新一代芯片设计研发等领域的"单打冠军"企业。

十三、金融 IP 小镇

金融小镇是指基于金融产业和金融文化，具有相对完整的产业链，由多个金融业主体集聚组成的金融产业空间组织。

1. 现状

金融业以其创新性和对资本的聚集性，尤其是高收益性，成为地方政府趋之若鹜的领域。鉴于西方国家金融业相对成熟，在城市周边形成了一些既符合特色小镇特点，又聚集财富的小镇，国内很多地方倾向于模仿建设。

金融小镇建设风潮渐起的背后，是政府支持与市场需求双向互动的结果。地方政府也纷纷在优惠政策、配套设施、公共服务等方面给予支持，吸引更多金融机构入驻金融小镇。"北上广深"规定，给予一定规模以上的基金一次性落户奖励，规模以下的则给予一定补贴；投资方面，对投资本市企业或在本市投资企业的基金，按其投资额的比例进行奖励；税收方面，对企业所得税和个人所得税分别给予不同的优惠政策。近年来保持高速增长的初创企业数量，也推动着与之相关的创业投资和股权投资基金在数量和规模上呈快速发展之势，并刺激着金融小镇的投资建设热潮。

2. 发展特点

金融小镇的发展特点，一是小镇经济发展迅速的核心区域，要具备得天独厚的区位优势、人才优势、资源优势、创新优势、政策优势；二是小镇有一定的财富积累，市场广阔，投融资空间巨大；三是科技金融是此类小镇发展的强大动力和重要支撑。

小镇的发展前提是，周边有一个可以依托的金融都市或金融中心，近在咫尺的金融小镇可以成为这一中心资源疏散与对接的重要口岸，为其提供中介服务，投资机构支持等。

3. 案例

杭州玉皇山南基金小镇位于杭州上城区南宋皇城遗址，总占地面积2000亩，规划面积3.2万平方千米。上城区作为杭州市的中心城区，是杭州市传统的金融服务业集聚区域，项目地处杭州市在"十三五"期间重点发展的金融产业集聚区之一。

（1）发展特点。

小镇根据金融人才国际化、精英型的特点，坚持市场化运作、产业链招商、生态圈建设的模式，通过联合政府性行业组织、龙头企业和知名中介，开展海内外招商及合作业务，提供精准服务，快速推动私募金融集聚发展。针对基金小镇的产业特点和人才需求，建成启用了小镇国际医疗中心、出入境服务站、基金经理人之家等服务平台。

小镇通过强化投资、高效管理、战略合作等多途径运作，以格林尼治基金小镇为标杆，运用国际先进理念和运作模式，以打造高端产业为战略核心，重点引进和培育私募证券基金、私募商品（期货）基金、对冲基金、量化投资基金、私募股权基金等五大类私募基金，形成鲜明的核心业态，并围绕核心业态打造出私募（对冲）基金生态圈和产业链。

未来三年，玉皇山南基金小镇将集约化引进和培育100家以上、辐射带动周边1000家以上各类私募（对冲）基金、私募证券期货基金、量化投资基金及相关财富管理中介机构，管理资产规模超过10000亿元人民币。在未来五到十年，推动杭州市私募（对冲）基金机构数和管理资产额在全国省会城市占据榜首，推动浙江省私募基金机构数和管理资产额在全国省域经济居于前列，打造成为与上海协同错位发展、民间资本活跃的财富管理高地。

（2）存在问题。

由于金融小镇属于金融的新型业态和发展模式，各地普遍缺乏建设和运营经验，国内金融小镇在空间布局上大体一致，运营模式、赢利模式雷同，"同质化"成为小镇建设中的痛点，从而形成一种"特色"不"特"的怪圈，极大地影响了金融小镇的发展和相关金融产业链参与的进程。

很多金融小镇虽然有名义上的市场主体，但管理运营受地方政府影响仍然比较大。一些地方把精力用在选址、造房子上面，而对真正重要的如何促进金融机构有效聚集的办法不多。

地方政府为不断扩大金融小镇规模和增强招商力度，热衷于通过利用税收、住房补助等多种组合优惠政策来增强对机构、企业和高端人才的吸引力。地方政府间争相效仿形成补贴性恶性循环竞争，不仅会使各地基金小镇政府优惠政策吸引度丧失殆尽，陷入招商危机，而且会影响当地产业的良性发展，最终将影响地方政府财政税收的增加和地方经济的平稳发展。

除了同质化，我国金融小镇还面临"内功"不足的困惑。比如一些金融小镇产业基础和金融基础相对薄弱，创业生态环境不够完善，缺乏大的金融中心的辐射和溢出效应，缺乏坚实的新兴产业基础和创业生态基础，特色产业相对单薄，难以与国际金融机构有效对接。此外，政府与市场的角色定位不够清晰，运营平台不够规范，也是制约当前金融小镇快速发展的一个重要因素。

十四、其他 IP 小镇

1. 华为特色小镇

随着创新平台的重要性日益显现，很多全球知名公司都将总部打造成环境优美的企业总部小镇，以通过在空间上聚集优势要素，为企业创新提供更好的平台。作为全球知名企业，华为公司为了营造公司绝佳的环境和舒畅的场景，拟通过打造一座低密度的生产和生活融合，人与环境友好型的城区作为华为特色小镇。

小镇以松山湖项目为基地，投资 100 亿元，占地 1900 亩，采用欧洲经典建筑风格，分别模仿 12 个世界的经典建筑和街区，形成 12 个组团，组团之间通过有轨交通方式连接，形成了聚集有度的组团式小镇。各组团具有不同的主要功能，其中牛津区，主要功能是学校与培训机构；温德米尔区，主要功能是水景；弗里堡区，主要功能是绿地；巴黎区和维罗纳区，主要功能是演艺；格拉纳达区，主要功能是金融区；勃艮第区、卢森堡区、布鲁日区、博洛尼亚区、海德尔堡区和克伦诺夫区则分别由不同风格的街区组成。

2. 杂粮小镇

郭辛庄村的杂粮小镇位于该乡驻地西北 1.5 千米处，由田园博物馆和美丽村庄两部分组成。田园博物馆位于村西，永济河畔，占地面积 2000 余亩，种植北方特有的高粱、谷子、大豆、绿豆、红小豆、红薯、花生、芝麻、油葵、荞麦、黍子、稷子等 12 种杂粮作物，种植不同杂粮作物品种有 50 多个，其中不乏国内最新研制的品种。

杂粮小镇有高低差别、颜色差异的云梯式高粱种植园区，有多姿多彩的小杂粮种植园区，有令人神往的高粱迷宫，有记得住乡愁的土场，还有别具一格的高粱田园艺术字，更有红红火火的红高粱。古朴的小镇牌坊，体现劳动人民辛劳智慧的勤广场，凸显五千年农耕文化积淀的神农广场，集中展现依法治国理念的法治文化广场，杂粮绘画艺术墙，集世界杂粮发展史和品种之大成的田园博物馆，散落各处的煎饼铺、香油坊、磨坊、豆腐坊、挂面坊等杂粮作坊，绘就了杂粮小镇独特产业和人文特色，成为游人必看的地方。

第七章　网络知名度评估

特色是小镇立身之本。随着特色小镇的概念越来越清晰、发展越来越成熟，对特色的理解也越来越到位。2017 年的特色小镇中，无论是产业小镇还是旅游小镇，在特色方面都表现出了比较明确的发展方向。

一般来说，资源、产品和服务的特色度是通过各种认定指标反映出来的，但是对于小镇特定空间的特色度则很难采用这些指标来衡量。同时，一个地域的特色度却可以通过知名度在一定程度上体现其影响力。特色小镇品牌和影响力也是通过其知名度来体现。尤其是随着信息技术的普遍应用，网络和新媒体的广泛传播，小镇的知名度将成为打造小镇品牌和影响力的重要途径之一。

一、第一批特色小镇综合度排名变化

"百度"是目前国内使用最多的信息查询网络平台，百度指数也已逐渐被商家认可，成为商业推广的重要参数。本报告以"特色小镇名称"（不含省份名称）为关键词进行百度搜索，记录搜索量。搜索量数值每时每刻都在变化，但某一个相对稳定的时期变动幅度一般不大，本报告采用的是 2017 年 12 月份某一时刻的值。

不同的网络关注的领域有别。综合知名度评估采用百度搜索，采用搜索量；旅游知名度则采用百度旅游、同程、去哪儿网等典型网站进行搜索，采用评分值。

第一批 127 个特色小镇经过一年多的建设后，其综合排名的变化将在一定程度上反映小镇发展的趋势。根据本次在百度的搜索进行的排名见表 7.1。

表 7.1　第一批特色小镇 2017 年排名

所在地	小镇名称	百度搜索量	名次
广东省	中山市古镇镇	16200000	1
浙江省	嘉兴市桐乡市濮院镇	15800000	2
浙江省	温州市乐清市柳市镇	13400000	3
广东省	佛山市顺德区北滘镇	5800000	4
上海市	青浦区朱家角镇	5420000	5
上海市	金山区枫泾镇	5320000	6
江苏省	苏州市吴中区甪直镇	4950000	7
贵州省	遵义市仁怀市茅台镇	4930000	8
北京市	昌平区小汤山镇	4780000	9
江苏省	无锡市宜兴市丁蜀镇	4720000	10
浙江省	金华市东阳市横店镇	4570000	11
上海市	松江区车墩镇	4490000	12
江苏省	苏州市吴江区震泽镇	4330000	13
北京市	密云区古北口镇	4180000	14
广东省	江门市开平市赤坎镇	3570000	15
浙江省	湖州市德清县莫干山镇	3290000	16
浙江省	杭州市桐庐县分水镇	3180000	17
安徽省	黄山市黟县宏村镇	2490000	18
浙江省	绍兴市诸暨市大唐镇	1980000	19
云南省	大理州大理市喜洲镇	1900000	20
江苏省	南京市高淳区桠溪镇	1660000	21
山东省	青岛市胶州市李哥庄镇	1580000	22
天津市	武清区崔黄口镇	1430000	23
四川省	成都市大邑县安仁镇	1150000	24
江西省	南昌市进贤县文港镇	1110000	25
内蒙古自治区	呼伦贝尔市额尔古纳市莫尔道嘎镇	1090000	26
北京市	房山区长沟镇	888000	27
贵州省	贵阳市花溪区青岩镇	858000	28
云南省	德宏州瑞丽市畹町镇	814000	29
四川省	成都市郫县德源镇	796000	30
安徽省	安庆市岳西县温泉镇	781000	31
山东省	临沂市费县探沂镇	771000	32

续表

所在地	小镇名称	百度搜索量	名次
江苏省	盐城市东台市安丰镇	732000	33
湖南省	长沙市浏阳市大瑶镇	699000	34
海南省	海口市云龙镇	652000	35
福建省	龙岩市上杭县古田镇	648000	36
江苏省	泰州市姜堰区溱潼镇	623000	37
山东省	潍坊市寿光市羊口镇	615000	38
河南省	许昌市禹州市神垕镇	612000	39
宁夏回族自治区	银川市西夏区镇北堡镇	611000	40
辽宁省	丹东市东港市孤山镇	600000	41
海南省	琼海市潭门镇	594000	42
山东省	淄博市淄川区昆仑镇	583000	43
浙江省	丽水市莲都区大港头镇	574000	44
江西省	上饶市婺源县江湾镇	572000	45
辽宁省	大连市瓦房店市谢屯镇	563000	46
陕西省	汉中市宁强县青木川镇	552000	47
福建省	泉州市安溪县湖头镇	542000	48
山东省	烟台市蓬莱市刘家沟镇	536000	49
广东省	梅州市梅县区雁洋镇	532000	50
湖北省	宜昌市夷陵区龙泉镇	523000	51
贵州省	黔东南州雷山县西江镇	519000	52
河南省	南阳市西峡县太平镇	511000	53
江苏省	徐州市邳州市碾庄镇	503000	54
天津市	滨海新区中塘镇	495000	55
湖北省	黄冈市红安县七里坪镇	444000	56
重庆市	潼南区双江镇	438000	57
湖南省	娄底市双峰县荷叶镇	436000	58
山东省	泰安市新泰市西张庄镇	434000	59
四川省	攀枝花市盐边县红格镇	429000	60
福建省	厦门市同安区汀溪镇	428000	61
湖南省	邵阳市邵东县廉桥镇	426000	62
陕西省	宝鸡市眉县汤峪镇	423000	63
陕西省	西安市蓝田县汤峪镇	411000	64
河南省	焦作市温县赵堡镇	408000	65
湖北省	襄阳市枣阳市吴店镇	400000	66

续表

所在地	小镇名称	百度搜索量	名次
广西壮族自治区	桂林市恭城瑶族自治县莲花镇	396000	67
广西壮族自治区	贺州市八步区贺街镇	394000	68
福建省	南平市邵武市和平镇	391000	69
安徽省	六安市裕安区独山镇	379000	70
广东省	肇庆市高要区回龙镇	373000	71
江西省	宜春市明月山温泉温汤镇	373000	71
贵州省	安顺市西秀区旧州镇	372000	73
黑龙江省	牡丹江市宁安市渤海镇	371000	74
陕西省	铜川市耀州区照金镇	364000	75
福建省	福州市永泰县嵩口镇	356000	76
安徽省	铜陵市郊区大通镇	353000	77
广西壮族自治区	北海市铁山港区南康镇	337000	78
四川省	达州市宣汉县南坝镇	336000	79
四川省	泸州市纳溪区大渡口镇	333000	80
重庆市	涪陵区蔺市镇	326000	81
重庆市	万州区武陵镇	322000	82
河北省	秦皇岛市卢龙县石门镇	317000	83
山西省	吕梁市汾阳市杏花村镇	317000	83
四川省	宜宾市翠屏区李庄镇	316000	85
青海省	海西蒙古族藏族自治州乌兰县茶卡镇	314000	86
山西省	晋城市阳城县润城镇	311000	87
甘肃省	兰州市榆中县青城镇	307000	88
湖南省	湘西土家族苗族自治州花垣县边城镇	303000	89
湖南省	郴州市汝城县热水镇	302000	90
浙江省	丽水市龙泉市上垟镇	298000	91
广西壮族自治区	柳州市鹿寨县中渡镇	296000	92
新疆生产建设兵团	第八师石河子市北泉镇	281000	93
安徽省	宣城市旌德县白地镇	280000	94
贵州省	六盘水市六枝特区郎岱镇	270000	95
河北省	邢台市隆尧县莲子镇镇	258000	96
重庆市	黔江区濯水镇	254000	97
黑龙江省	齐齐哈尔市甘南县兴十四镇	250000	98
湖北省	荆门市东宝区漳河镇	234000	99
辽宁省	辽阳市弓长岭区汤河镇	233000	100

续表

所在地	小镇名称	百度搜索量	名次
甘肃省	武威市凉州区清源镇	227000	101
陕西省	杨陵区五泉镇	222000	102
河北省	保定市高阳县庞口镇	215000	103
山东省	威海市经济技术开发区崮山镇	215000	103
四川省	南充市西充县多扶镇	207000	105
吉林省	通化市辉南县金川镇	206000	106
山西省	晋中市昔阳县大寨镇	201000	107
辽宁省	盘锦市大洼区赵圈河镇	200000	108
云南省	红河州建水县西庄镇	190000	109
内蒙古自治区	通辽市科尔沁左翼中旗舍伯吐镇	185000	110
内蒙古自治区	赤峰市宁城县八里罕镇	179000	111
河北省	衡水市武强县周窝镇	152000	112
宁夏回族自治区	固原市泾源县泾河源镇	150000	113
吉林省	辽源市东辽县辽河源镇	133000	114
湖北省	随州市随县长岗镇	126000	115
广东省	河源市江东新区古竹镇	113000	116
西藏自治区	拉萨市尼木县吞巴乡	111000	117
吉林省	延边朝鲜族自治州龙井市东盛涌镇	106000	118
青海省	海东市化隆回族自治县群科镇	101000	119
黑龙江省	大兴安岭地区漠河县北极镇	80900	120
新疆维吾尔自治区	喀什地区巴楚县色力布亚镇	77600	121
新疆维吾尔自治区	阿勒泰地区富蕴县可可托海镇	29500	122
江西省	鹰潭市龙虎山风景名胜区上清镇	29000	123
河南省	驻马店市确山县竹沟镇	19200	124
甘肃省	临夏州和政县松鸣镇	9540	125
新疆维吾尔自治区	塔城地区沙湾县乌兰乌苏镇	9280	126
西藏自治区	山南市扎囊县桑耶镇	6010	127

与 2016 年排名相比，第一批特色小（城）镇经过一年的发展，发达地区小镇的名次提升较为明显，西北地区小镇的排名仍然在末尾，中部地区一些省份的小镇名次有所回落，东北地区小镇的名次整体有所提升。

二、第二批特色小镇综合排名

第二批特色小镇共有 276 个，由于名单过长，此处仅取前 50 名和后 50 名作为参考（见表 7.2）。

表 7.2　第二批特色小镇排名部分名单

前 50 名

所在地	小镇名称	百度搜索量	名次
广东省	佛山市顺德区乐从镇	8400000	1
上海市	嘉定区安亭镇	7360000	2
黑龙江省	黑河市五大连池市五大连池镇	5360000	3
广东省	佛山市南海区西樵镇	5130000	4
上海市	闵行区吴泾镇	5030000	5
上海市	奉贤区庄行镇	4520000	6
广东省	中山市大涌镇	4410000	7
云南省	保山市腾冲市和顺镇	4370000	8
浙江省	嘉兴市嘉善县西塘镇	4330000	9
江苏省	苏州市昆山市陆家镇	4170000	10
广东省	珠海市斗门区斗门镇	4000000	11
河北省	衡水市枣强县大营镇	3900000	12
江苏省	泰州市兴化市戴南镇	3700000	13
辽宁省	鞍山市海城市西柳镇	3600000	14
河南省	南阳市镇平县石佛寺镇	3030000	15
广东省	广州市番禺区沙湾镇	2770000	16
四川省	甘孜州稻城县香格里拉镇	2730000	17
广东省	清远市英德市连江口镇	2670000	18
海南省	琼海市博鳌镇	2440000	19
浙江省	金华市义乌市佛堂镇	2390000	20
浙江省	衢州市衢江区莲花镇	2390000	20
四川省	成都市龙泉驿区洛带镇	2310000	22
浙江省	杭州市桐庐县富春江镇	2270000	23
黑龙江省	绥芬河市阜宁镇	2050000	24

续表

所在地	小镇名称	百度搜索量	名次
上海市	浦东新区新场镇	2040000	25
江苏省	苏州市吴江区七都镇	2000000	26
四川省	成都市郫都区三道堰镇	2000000	26
浙江省	宁波市江北区慈城镇	1780000	28
浙江省	宁波市宁海县西店镇	1510000	29
江苏省	无锡市江阴市新桥镇	1380000	30
江苏省	泰州市泰兴市黄桥镇	1370000	31
浙江省	嘉兴市秀洲区王店镇	1320000	32
浙江省	宁波市余姚市梁弄镇	1300000	33
上海市	宝山区罗泾镇	1290000	34
重庆市	大足区龙水镇	1290000	34
江苏省	常州市新北区孟河镇	1250000	36
北京市	大兴区魏善庄镇	1240000	37
湖北省	天门市岳口镇	1190000	38
江苏省	无锡市惠山区阳山镇	1190000	38
江苏省	无锡市锡山区东港镇	1180000	40
四川省	眉山市洪雅县柳江镇	1150000	41
河北省	邯郸市肥乡区天台山镇	1130000	42
浙江省	金华市浦江县郑宅镇	1080000	43
重庆市	江津区白沙镇	1070000	44
江苏省	镇江市扬中市新坝镇	1000000	45
福建省	泉州市晋江市金井镇	997000	46
北京市	怀柔区雁栖镇	950000	47
广东省	江门市蓬江区棠下镇	926000	48
浙江省	湖州市安吉县孝丰镇	908000	49
新疆生产建设兵团	阿拉尔市沙河镇	907000	50

后 50 名

所在地	小镇名称	百度搜索量	名次
宁夏回族自治区	吴忠市利通区金银滩镇	191000	226
云南省	保山市隆阳区潞江镇	191000	226
河南省	汝州市蟒川镇	190000	229
陕西省	咸阳市长武县亭口镇	190000	229

续表

所在地	小镇名称	百度搜索量	名次
河南省	周口市商水县邓城镇	186000	231
黑龙江省	鹤岗市萝北县名山镇	183000	232
四川省	自贡市自流井区仲权镇	183000	232
湖南省	湘西土家族苗族自治州龙山县里耶镇	178000	234
新疆生产建设兵团	图木舒克市草湖镇	178000	234
内蒙古自治区	兴安盟阿尔山市白狼镇	167000	236
四川省	广元市昭化区昭化镇	164000	237
山西省	吕梁市离石区信义镇	163000	238
宁夏回族自治区	吴忠市同心县韦州镇	162000	239
山西省	晋城市高平市神农镇	161000	240
山东省	聊城市东阿县陈集镇	157000	241
新疆维吾尔自治区	昌吉州吉木萨尔县北庭镇	155000	242
江西省	赣州市全南县南迳镇	153000	243
内蒙古自治区	通辽市开鲁县东风镇	151000	244
山西省	朔州市右玉县右卫镇	151000	244
黑龙江省	佳木斯市汤原县香兰镇	150000	246
新疆维吾尔自治区	克拉玛依市乌尔禾区乌尔禾镇	150000	246
内蒙古自治区	呼伦贝尔市扎兰屯市柴河镇	147000	248
甘肃省	庆阳市华池县南梁镇	142000	249
辽宁省	阜新市阜蒙县十家子镇	142000	249
内蒙古自治区	赤峰市敖汉旗下洼镇	138000	251
贵州省	遵义市播州区鸭溪镇	131000	252
辽宁省	大连市庄河市王家镇	128000	253
贵州省	贵阳市开阳县龙岗镇	120000	254
青海省	海东市民和县官亭镇	118000	255
新疆维吾尔自治区	博州精河县托里镇	92800	256
辽宁省	沈阳市法库县十间房镇	92000	257
河北省	承德市宽城满族自治县化皮溜子镇	62600	258
广西壮族自治区	河池市宜州市刘三姐镇	58900	259
新疆生产建设兵团	铁门关市博古其镇	46600	260
新疆维吾尔自治区	伊犁州新源县那拉提镇	33300	261
宁夏回族自治区	银川市兴庆区掌政镇	19800	262
贵州省	安顺市镇宁县黄果树镇	19700	263
云南省	昭通市彝良县小草坝镇	15700	264

续表

所在地	小镇名称	百度搜索量	名次
新疆维吾尔自治区	吐鲁番市高昌区亚尔镇	14700	265
内蒙古自治区	乌兰察布市察哈尔右翼后旗土牧尔台镇	10600	266
西藏自治区	拉萨市当雄县羊八井镇	8250	267
青海省	海西州德令哈市柯鲁柯镇	7460	268
辽宁省	本溪市桓仁县二棚甸子镇	7150	269
西藏自治区	昌都市芒康县曲孜卡乡	6520	270
青海省	西宁市湟源县日月乡	6170	271
西藏自治区	阿里地区普兰县巴嘎乡	5600	272
西藏自治区	山南市贡嘎县杰德秀镇	5380	273
山西省	临汾市曲沃县曲村镇	5150	274
新疆维吾尔自治区	巴州焉耆县七个星镇	4910	275
新疆维吾尔自治区	阿克苏地区沙雅县古勒巴格镇	3870	276

第二批特色小镇综合排名的前 50 名中，尽管东部地区仍占较高比例，但集中度明显降低。同时，中西部和东北地区都有一些特色小镇排在了前 50 名中。这说明地区的多样化特征对小镇多样性的影响更加明显。

三、第二批产业型小镇排名

由于产业小镇的行业差别较大,此处需要按照内部二级类型进行排名对比。

1. 农业小镇排名

按照百度搜索量，对 50 个农业型特色小镇进行排名（见表 7.3）。东部和中部地区的小镇名次靠前，排名靠后的除了西北地区的小镇外，也有不少中部和东北地区的小镇。总体来看，排名靠前的小镇主要分布在农业基础整体较好的地区和一些农业特色经济地带。

表7.3　农业型小镇排名

所在地	小镇名称	百度搜索量	名次
上海市	奉贤区庄行镇	4520000	1
浙江省	衢州市衢江区莲花镇	2390000	2
上海市	宝山区罗泾镇	1290000	3
江苏省	无锡市锡山区东港镇	1180000	4
河北省	邯郸市肥乡区天台山镇	1130000	5
新疆生产建设兵团	阿拉尔市沙河镇	907000	6
北京市	延庆区康庄镇	797000	7
福建省	福州市福清市龙田镇	760000	8
云南省	临沧市双江县勐库镇	696000	9
河北省	石家庄市鹿泉区铜冶镇	666000	10
江苏省	南通市如皋市搬经镇	645000	11
海南省	海口市石山镇	627000	12
山东省	威海市荣成市虎山镇	588000	13
湖北省	仙桃市彭场镇	586000	14
湖北省	十堰市竹溪县汇湾镇	529000	15
浙江省	台州市三门县健跳镇	483000	16
宁夏回族自治区	银川市永宁县闽宁镇	477000	17
广西壮族自治区	桂林市兴安县溶江镇	466000	18
山东省	日照市岚山区巨峰镇	464000	19
甘肃省	定西市陇西县首阳镇	412000	20
山西省	晋城市泽州县巴公镇	391000	21
江苏省	南通市如东县栟茶镇	387000	22
广东省	茂名市电白区沙琅镇	378000	23
山西省	朔州市怀仁县金沙滩镇	358000	24
辽宁省	锦州市北镇市沟帮子镇	327000	25
贵州省	遵义市湄潭县永兴镇	326000	26
湖南省	株洲市攸县皇图岭镇	313000	27
四川省	资阳市安岳县龙台镇	313000	27
山东省	滨州市博兴县吕艺镇	308000	29
黑龙江省	牡丹江市穆棱市下城子镇	289000	30
安徽省	马鞍山市当涂县黄池镇	284000	31
湖北省	武汉市蔡甸区玉贤镇	263000	32

续表

所在地	小镇名称	百度搜索量	名次
广西壮族自治区	梧州市苍梧县六堡镇	254000	33
内蒙古自治区	赤峰市林西县新城子镇	249000	34
宁夏回族自治区	石嘴山市惠农区红果子镇	248000	35
安徽省	铜陵市义安区钟鸣镇	245000	36
河北省	保定市徐水区大王店镇	224000	37
四川省	遂宁市安居区拦江镇	195000	38
宁夏回族自治区	吴忠市同心县韦州镇	162000	39
山东省	聊城市东阿县陈集镇	157000	40
江西省	赣州市全南县南迳镇	153000	41
内蒙古自治区	通辽市开鲁县东风镇	151000	42
黑龙江省	佳木斯市汤原县香兰镇	150000	43
内蒙古自治区	赤峰市敖汉旗下洼镇	138000	44
贵州省	贵阳市开阳县龙岗镇	120000	45
新疆维吾尔自治区	博州精河县托里镇	92800	46
河北省	承德市宽城满族自治县化皮溜子镇	62600	47
新疆生产建设兵团	铁门关市博古其镇	46600	48
辽宁省	本溪市桓仁县二棚甸子镇	7150	49
新疆维吾尔自治区	巴州焉耆县七个星镇	4910	50

2. 制造业小镇排名

在 38 个制造业特色小镇中，东部发达省份仍表现较好，西部和东北地区较为靠后一些（见表 7.4）。

表 7.4　制造业小镇排名

所在地	小镇名称	百度搜索量	名次
上海市	嘉定区安亭镇	7360000	1
江苏省	苏州市昆山市陆家镇	4170000	2
广东省	珠海市斗门区斗门镇	4000000	3
河北省	衡水市枣强县大营镇	3900000	4
江苏省	泰州市兴化市戴南镇	3700000	5
辽宁省	鞍山市海城市西柳镇	3600000	6

续表

所在地	小镇名称	百度搜索量	名次
浙江省	宁波市宁海县西店镇	1510000	7
江苏省	无锡市江阴市新桥镇	1380000	8
江苏省	泰州市泰兴市黄桥镇	1370000	9
重庆市	大足区龙水镇	1290000	10
江苏省	镇江市扬中市新坝镇	1000000	11
福建省	泉州市晋江市金井镇	997000	12
重庆市	永川区朱沱镇	881000	13
江苏省	扬州市广陵区杭集镇	681000	14
河北省	邢台市清河县王官庄镇	674000	15
山东省	济南市商河县玉皇庙镇	633000	16
福建省	泉州市石狮市蚶江镇	582000	17
广西壮族自治区	贵港市桂平市木乐镇	582000	17
河北省	保定市曲阳县羊平镇	515000	19
陕西省	宝鸡市凤翔县柳林镇	498000	20
海南省	文昌市会文镇	463000	21
河南省	邓州市穰东镇	441000	22
江苏省	苏州市常熟市海虞镇	433000	23
吉林省	长春市绿园区合心镇	432000	24
安徽省	阜阳市界首市光武镇	398000	25
湖南省	岳阳市华容县东山镇	347000	26
天津市	武清区大王古庄镇	336000	27
陕西省	延安市黄陵县店头镇	318000	28
广西壮族自治区	钦州市灵山县陆屋镇	299000	29
湖北省	襄阳市老河口市仙人渡镇	263000	30
黑龙江省	黑河市北安市赵光镇	249000	31
湖南省	娄底市冷水江市禾青镇	220000	32
宁夏回族自治区	吴忠市利通区金银滩镇	191000	33
辽宁省	阜新市阜蒙县十家子镇	142000	34
贵州省	遵义市播州区鸭溪镇	131000	35
内蒙古自治区	乌兰察布市察哈尔右翼后旗土牧尔台镇	10600	36
西藏自治区	拉萨市当雄县羊八井镇	8250	37
西藏自治区	山南市贡嘎县杰德秀镇	5380	38

3. 商贸物流型小镇排名

对9个商贸物流小镇按照百度搜索量进行排名（见表7.5），名次与地区无关，体现了更小尺度空间范围内，交通枢纽对地区经济的影响，以及地区经济利用交通发展地方经济的契机和市场环境。

表7.5　商贸物流型小镇排名

所在地	小镇名称	百度搜索量	名次
广东省	佛山市顺德区乐从镇	8400000	1
浙江省	嘉兴市秀洲区王店镇	1320000	2
西藏自治区	日喀则市吉隆县吉隆镇	835000	3
安徽省	滁州市来安县汊河镇	696000	4
湖南省	邵阳市邵阳县下花桥镇	471000	5
湖南省	长沙市望城区乔口镇	462000	6
福建省	莆田市涵江区三江口镇	461000	7
湖南省	岳阳市华容县东山镇	347000	8
黑龙江省	大庆市肇源县新站镇	245000	9

4. 特殊型小镇排名

第二批特色小镇中有9个特殊类型小镇，经过对百度搜索排名（见表7.6），在9个小镇中，长三角小镇居前列，四川省和辽宁省的靠后一些。

表7.6　特殊类型小镇排名

所在地	小镇名称	百度搜索量	名次
上海市	闵行区吴泾镇	5030000	1
江苏省	苏州市吴江区七都镇	2000000	2
浙江省	宁波市江北区慈城镇	1780000	3
北京市	怀柔区雁栖镇	950000	4
天津市	津南区葛沽镇	747000	5
四川省	阿坝州汶川县水磨镇	480000	6

续表

所在地	小镇名称	百度搜索量	名次
四川省	德阳市罗江县金山镇	295000	7
辽宁省	沈阳市法库县十间房镇	92000	8
黑龙江省	大庆市肇源县新站镇	245000	9

四、第二批兼业型小镇排名

兼业型小镇指兼有产业和旅游功能的小镇，这里仍然采用百度搜索量对它们进行排名（见表7.7）。

表 7.7　兼业型小镇排名

小镇名称	百度搜索排名	旅游排名	综合排名
常州市新北区孟河镇	2	8	1
无锡市惠山区阳山镇	3	10	2
江门市蓬江区棠下镇	5	13	3
杭州市桐庐县富春江镇	16	5	4
大兴区魏善庄镇	17	9	5
湖州市安吉县孝丰镇	14	14	6
杭州市建德市寿昌镇	13	18	7
吉林市龙潭区乌拉街满族镇	8	27	8
宁德市福鼎市点头镇	6	30	9
白山市抚松县松江河镇	15	21	10
晋中市灵石县静升镇	7	31	11
浦东新区新场镇	31	7	12
合肥市肥西县三河镇	38	15	13
梅州市丰顺县留隍镇	4	50	14
昆明市嵩明县杨林镇	23	33	15
天门市岳口镇	45	11	16
徐州市邳州市铁富镇	33	24	17
澄迈县福山镇	32	29	18
中山市大涌镇	60	2	19
黑河市五大连池市五大连池镇	63	1	20

续表

小镇名称	百度搜索排名	旅游排名	综合排名
鄂尔多斯市东胜区罕台镇	21	44	21
哈尔滨市尚志市一面坡镇	49	49	22
贺州市昭平县黄姚镇	49	19	23
潮州市湘桥区意溪镇	18	51	24
南宁市横县校椅镇	47	22	25
金华市浦江县郑宅镇	57	12	26
南阳市镇平县石佛寺镇	66	3	27
崇左市江州区新和镇	9	63	28
吉安市吉安县永和镇	29	46	29
青岛市平度市南村镇	59	16	30
大连市庄河市王家镇	1	75	31
保山市隆阳区潞江镇	10	66	32
鄂尔多斯市鄂托克前旗城川镇	12	64	33
宜昌市兴山县昭君镇	43	35	34
常德市临澧县新安镇	46	32	35
泰安市岱岳区满庄镇	58	20	36
营口市鲅鱼圈区熊岳镇	61	17	37
绍兴市越城区东浦镇	56	23	38
绥芬河市阜宁镇	73	6	39
兰州市永登县苦水镇	26	54	40
盘锦市盘山县胡家镇	35	45	41
长垣县恼里镇	42	38	42
宜春市樟树市阁山镇	40	41	43
潜江市熊口镇	44	37	44
景德镇市浮梁县瑶里镇	27	55	45
琼海市博鳌镇	78	4	46
南川区大观镇	50	34	47
贵安新区高峰镇	20	65	48
永州市宁远县湾井镇	25	60	49
德州市庆云县尚堂镇	34	52	50
海东市民和县官亭镇	11	76	51
宁德市福安市穆阳镇	30	57	52
垫江县高安镇	51	39	53
芜湖市繁昌县孙村镇	65	25	54

续表

小镇名称	百度搜索排名	旅游排名	综合排名
鹤岗市萝北县名山镇	24	70	55
克拉玛依市乌尔禾区乌尔禾镇	22	74	56
吕梁市汾阳市贾家庄镇	37	61	57
赣州市宁都县小布镇	39	59	58
辽阳市灯塔市佟二堡镇	62	36	59
铜仁市万山区万山镇	70	28	60
吕梁市离石区信义镇	28	72	61
雅安市雨城区多营镇	52	48	62
湘潭市湘潭县花石镇	74	26	63
北海市银海区侨港镇	48	53	64
贵港市港南区桥圩镇	68	40	65
朔州市右玉县右卫镇	36	73	66
周口市商水县邓城镇	41	68	67
咸宁市嘉鱼县官桥镇	67	47	68
安康市平利县长安镇	54	62	69
烟台市招远市玲珑镇	77	43	70
六安市金安区毛坦厂镇	79	42	71
运城市稷山县翟店镇	64	58	72
通化市集安市清河镇	72	56	73
昭通市彝良县小草坝镇	53	78	74
伊犁州新源县那拉提镇	55	77	75
自贡市自流井区仲权镇	69	69	76
兴安盟阿尔山市白狼镇	71	71	77
咸阳市长武县亭口镇	75	67	78
阿克苏地区沙雅县古勒巴格镇	76	80	79
西宁市湟源县日月乡	80	79	80

　　表 7.7 显示，兼业型小镇主要分布在历史条件好、工农业基础较为雄厚以及人文环境好的地区，地区分布较为分散。

五、第二批旅游型小镇排名

旅游型小镇的知名度主要在于游客对小镇的旅游评价。本报告选择百度旅游、携程旅游、同程旅游、去哪儿等四个旅游常用网站，将游客在这些网站上对不同小镇的满意度进行评分，再按照评分对各小镇打分，然后将四个网站的分值相加，最后为该小镇的旅游总分值。

在百度旅游网上，评价分成 5 档星级。5 星记为 5 分，4 星记为 4 分，3 星记为 3 分，2 星记为 2 分，1 星记为 1 分。按照分数 * 点评数加总得到一个值，按该值排序得到名次，值越大名次越靠前。

在携程网和去哪儿网上，直接记录下满意度和点评数即可。按照满意度 * 点评数得到一个值，按该值排序得到名次，值越大名次越靠前。

在同程网上，评价分成好中差 3 档。好评记为 3 分，中评记为 2 分，差评记为 1 分。按照分数 * 点评数加总得到一个值，按该值排序得到名次，值越大名次越靠前。

将各小镇的上述名次分别加总得到一个值，按该值排序，得到小镇排名（见表 7.8）。

表 7.8　旅游型小镇排名

小镇名称	百度旅游	携程	同程	去哪儿	综合	名次
嘉兴市嘉善县西塘镇	673	35892	58744	48768	144077	1
甘孜州稻城县香格里拉镇	1383	5644.2	0	53030	60057.2	2
西双版纳州勐腊县勐仑镇	2314	9071	10454	31694.4	53533.4	3
宝鸡市扶风县法门镇	157	8575.6	5820	25239.9	39792.5	4
崇明区东平镇	627	12784.5	8028	12398.6	33838.1	5
台州市仙居县白塔镇	521	7708.5	11135	7080	26444.5	6

续表

小镇名称	百度旅游	携程	同程	去哪儿	综合	名次
安阳市林州市石板岩镇	640	9043.2	7426	5007.8	22117	7
保山市腾冲市和顺镇	1271	7374.4	618	8304.9	17568.3	8
广州市番禺区沙湾镇	888	1947.9	12027	2691	17553.9	9
佛山市南海区西樵镇	1198	7092	3219	4563.2	16072.2	10
黄山市休宁县齐云山镇	717	4866.8	8393	0	13976.8	11
九江市庐山市海会镇	1629	8563.5	2192	739.2	13123.7	12
衢州市江山市廿八都镇	265	3770.8	3657	4512.6	12205.4	13
漳州市南靖县书洋镇	828	5041.6	51	6058.3	11978.9	14
长沙市宁乡县灰汤镇	43	2129.8	6125	2068	10365.8	15
广元市昭化区昭化镇	305	2386.5	0	4425.2	7116.7	16
盐城市盐都区大纵湖镇	303	1646.9	3028	1991.8	6969.7	17
巩义市竹林镇	0	1386	1913	3600.2	6899.2	18
成都市龙泉驿区洛带镇	1953	1680	165	3013	6811	19
永城市芒山镇	389	1435.5	3347	1242	6413.5	20
黔东南州黎平县肇兴镇	247	4320	906	593.4	6066.4	21
蓟州区下营镇	375	1978	1055	2425.2	5833.2	22
莱芜市莱城区雪野镇	225	1210.5	4391	0	5826.5	23
吐鲁番市高昌区亚尔镇	997	1873.7	34	2295	5199.7	24
汉中市勉县武侯镇	1270	1183.5	473	1550.2	4476.7	25
神农架林区红坪镇	87	300.8	947	2650.9	3985.7	26
龙岩市永定区湖坑镇	46	1104.4	1508	1269	3927.4	27
安顺市镇宁县黄果树镇	807	2232	0	740.6	3779.6	28
南昌市湾里区太平镇	184	836	973	1447.6	3440.6	29
长寿区长寿湖镇	217	769.7	523	1536.9	3046.6	30
三门峡市灵宝市函谷关镇	261	739.6	960	756.8	2717.4	31
银川市兴庆区掌政镇	412	677.6	1527	52.8	2669.4	32
嘉峪关市峪泉镇	594	1107	0	911.6	2612.6	33
绵阳市江油市青莲镇	209	1276	64	1002.8	2551.8	34
大理州剑川县沙溪镇	856	1372.4	272	0	2500.4	35
黔西南州贞丰县者相镇	71	550	235	1606.5	2462.5	36
肇庆市鼎湖区凤凰镇	52	322.5	1753	0	2127.5	37
金华市义乌市佛堂镇	686	1399.5	0	0	2085.5	38
邢台市柏乡县龙华镇	66	369	1296	347.8	2078.8	39
揭阳市揭东区埔田镇	23	399.9	1195	264.6	1882.5	40

续表

小镇名称	百度旅游	携程	同程	去哪儿	综合	名次
眉山市洪雅县柳江镇	206	994.4	408	77.9	1686.3	41
荆州市松滋市涴水镇	88	351	132	556.8	1127.8	42
海西州德令哈市柯鲁柯镇	106	580	0	328.3	1014.3	43
济宁市曲阜市尼山镇	83	355.5	312	237.6	988.1	44
江津区白沙镇	0	189	0	646.8	835.8	45
合川区涞滩镇	0	275.2	529	0	804.2	46
普洱市孟连县勐马镇	760	0	0	0	60	47
汕头市潮阳区海门镇	537	180.6	0	34.3	751.9	48
淄博市桓台县起凤镇	374	340.2	0	0	714.2	49
河池市宜州市刘三姐镇	66	510.4	135	0	711.4	50
清远市英德市连江口镇	0	154.8	464	0	618.8	51
延边州安图县二道白河镇	560	0	0	0	560	52
铜梁区安居镇	0	103.5	0	440	543.5	53
六盘水市水城县玉舍镇	70	444.4	0	0	514.4	54
成都市郫都区三道堰镇	119	344	0	32.8	495.8	55
临沂市蒙阴县岱崮镇	0	100	300	82	482	56
恩施州利川市谋道镇	31	100	0	215.6	346.6	57
呼伦贝尔市扎兰屯市柴河镇	202	135	0	00	337	58
临汾市曲沃县曲村镇	0	141	0	188	329	59
庆阳市华池县南梁镇	54	171	0	20	245	60
楚雄州姚安县光禄镇	35	76.5	57	72	240.5	61
宁波市余姚市梁弄镇	125	54.6	36	0	215.6	62
酉阳县龙潭镇	0	210.7	0	0	210.7	63
商洛市山阳县漫川关镇	84	106.4	0	16.2	206.6	64
顺义区龙湾屯镇	11	184.8	0	0	195.8	65
珠海市斗门区斗门镇	0	148	0	0	148	66
湘西土家族苗族自治州龙山县里耶镇	55	49.5	0	20	124.5	67
黔南州瓮安县猴场镇	0	123.2	0	0	123.2	68
玉溪市新平县戛洒镇	0	123	0	0	123	69
海南州共和县龙羊峡镇	47	67.5	0	0	114.5	70
宣城市宁国市港口镇	0	64.5	47	0	111.5	71
晋城市高平市神农镇	59	48.4	0	0	107.4	72

续表

小镇名称	百度旅游	携程	同程	去哪儿	综合	名次
南平市武夷山市五夫镇	0	0	0	0	0	73
菏泽市郓城县张营镇	0	0	0	0	0	73
湛江市廉江市安铺镇	0	0	0	0	0	73
四平市铁东区叶赫满族镇	0	0	0	0	0	73
抚州市广昌县驿前镇	0	0	0	0	0	73
洛阳市孟津县朝阳镇	0	0	0	0	0	73
濮阳市华龙区岳村镇	0	0	0	0	0	73
衡阳市珠晖区茶山坳镇	0	0	0	0	0	73
阿里地区普兰县巴嘎乡	0	0	0	0	0	73
商洛市镇安县云盖寺镇	0	0	0	0	0	73
延安市延川县文安驿镇	0	0	0	0	0	73
昌吉州吉木萨尔县北庭镇	0	0	0	0	0	73
琼海市中原镇	0	0	0	0	0	73
安庆市怀宁县石牌镇	0	0	0	0	0	73
汝州市蟒川镇	0	0	0	0	0	73
巴中市平昌县驷马镇	0	0	0	0	0	73
天水市麦积区甘泉镇	0	0	0	0	0	73
图木舒克市草湖镇	0	0	0	0	0	73
昌都市芒康县曲孜卡乡	0	0	0	0	0	73

表7.8显示，旅游型特色小镇主要分布在各地的旅游风景区，自然风景和文化旅游景点各具特色，且大都远离大城市。这些旅游景点建设时间长、基础好，在建设特色小镇时，充分利用当地产业基础，注重加大旅游相关服务业和文化产业建设，促进小镇的全面发展。

第八章　各地经验

尽管特色小镇在全国全面铺开只有两年，但是其带来的热度远远超出了本身需要的关注度，主要原因是其处在我国经济转型、新兴城镇化、乡村振兴的重大转折关头，不但投资者，尤其是房地产投资者、新兴产业项目给予高度关注，而且地方政府为了抓住转型带来的发展机遇，对特色小镇更是给予了积极的推动。2017年，各地探索出了许多有效的经验和推动措施。

专家观点 ▶

◎ **胡祖才（国家发展改革委副主任）**

在新的历史机遇下，需要着力培育供给侧小镇经济，努力走出一条新型小城镇之路。一要坚持因地制宜，提倡形态多样性，鼓励各地发展符合实际、特色鲜明、宜居宜业的新型小城镇，防止一哄而上；二要坚持产业建镇，加快发展特色优势产业，促进城镇经济转型升级，防止千镇一面；三要坚持以人为本，补齐城镇基础设施、公共服务和生态环境三块短板，增强城镇承载功能，防止形象工程；四要坚持市场主导，更加尊重市场规律，提高政府管理和服务的能力水平，防止政府大包大揽。

坚持特色立镇，特别是特色产业建镇、强镇、富镇。在建设特色小镇过程中，要重点引导企业聚焦城镇产业发展，培育壮大休闲旅游、商贸物流、信息产业、装备制造、科技教育、民俗文化传承等特色优势产业，坚决防止变相搞房地产开发。

培育特色小镇不应制定硬性标准。特色小镇建设要坚持自主自愿、互利互惠，不搞"拉郎配"，不盲目追求数量，而应更多依靠市场主体参与。特色小镇规划不能照搬城市经验，小镇多是由乡村自然生长而来的，如果基础设施和产业发展比较滞后，就会缺乏集聚人口的魅力。而如果大兴土木，则很可能"千镇一面"，丢掉特色发展的初衷。

◎陈亚军（国家发展改革委规划司司长）

在城镇化转型的大背景下，发展特色小镇和小城镇，必须创新思路、创新方法、创新机制。首先要坚持因地制宜、分类施策，谋求有重点、高质量的发展，切忌"东施效颦"、一哄而上。其次要坚持特色立镇，特别是特色产业建镇、强镇、富镇，通过立足资源禀赋、区位环境、历史文化、产业集聚等特色，构建特色优势主导产业，延伸产业链、提升价值链，在差异定位和领域细分中构建小镇大产业的格局；通过发挥小城镇创业创新成本低、进入门槛低、各项束缚少、生态环境好的优势，打造"双创"的有效平台和载体，提升特色小镇和小城镇竞争力和吸引力，集聚更多的产业和人口，实现可持续发展。坚持以人为本，围绕人的城镇化，统筹生产、生活、生态空间布局，完善城镇功能，补齐城镇基础设施、公共服务、生态环境短板，打造宜居宜业环境，提高人民群众获得感和幸福感。

一、北京市：着重路径与项目建设

2016 年，《北京市"十三五"时期城乡一体化发展规划》（京政发〔2016〕23 号）正式发布，北京市明确提出将在原有 42 个重点小城镇的基础上，立足北京全国政治中心、文化中心、国际交往中心、科技创新中心的城市战略定位以及疏解非首都功能、京津冀协同发展的城市要求，结合各小镇不同区位条件，规划建设一批功能性特色小镇，以实现农民就近、就地城镇化。

1. 建设路径

对于功能性特色小镇建设的方式，北京主要采取了三种路径：一是加快培育已有特色产业功能的小城镇，例如密云区古北水镇、司马台长城区域旅游，以及昌平区小汤山镇以草莓为特色的采摘文化；二是以多项即将落地的重大项目为契机，开发周边地区配套产业小镇，例如围绕将于 2019 年召开的世界园艺博览会，在延庆区打造世园小镇；三是通过将中心城区产业转移至郊区，拉动小镇的经济发展，例如已经搬迁至顺义区杨镇的北京城市学院，带动了当地的就业及基础设施建设。

2. 注重项目建设效果

北京市的特色小镇建设，牢固树立五大发展理念，抓住非首都功能疏解、京津冀协同发展和城市空间布局优化调整的历史机遇，着眼优化提升首都核心功能，以推动国家新型城镇化综合试点为契机，增强小城镇服务城市、带动农村的功能作用，从"接""补""进"三方面，统筹城市功能布局调整和发展要素配置，深入推进供给侧结构性改革，增强人民群众获得感，促进新型城镇化、城乡一体化的快速发展。

一是在"接"上下工夫，承接重大活动、重大项目，持续提升功能作用。一方面坚持规划先行，全市 108 个相对独立的小城镇已有 100 个完成镇域总体规划批复，42 个重点镇已全部完成镇域总体规划编制；另一方面，加强分类指导和特色发展，按照小城镇不同的资源环境禀赋和发展基础，通过引导重大功能性活动、重大功能性项目落户，为小城镇特色功能化发展提供引擎。比如，房山区长沟镇因承接 122 家基金公司及其管理的 1933 亿元基金资产落户，成了"基金小镇"。

二是在"补"上下工夫，补齐基础设施和公共服务短板，持续提升吸引力和承载力。市政府固定资产投资对小城镇实施差异化的投资政策，提高支持比例，近年来集中支持了 42 个重点镇的基础设施和公共服务设施建设。

三是在"进"上下工夫，坚持改革创新，持续提升人民群众获得感。我们改革创新小城镇建设模式，与城镇化紧密对接，与"美丽乡村"建设协调推动，深入推进"放管服"改革，让人民群众有更多的获得感。比如，统筹编制规划实施方案，综合土地利用、生态环境、基础设施、公共服务、公共空间等专项规划，融合山水林田湖的自然风光、村落文化和现代元素，落实精明增长、紧凑城市和开放街区的理念，实现一张蓝图对镇域的全覆盖，形成生态、生活、生产有机融合的田园城市空间、差异化特色风貌。推行镇域整体开发，统筹建设任务与用地资源，集成创新集体建设用地试点政策，建立小城镇镇域整体平衡的统筹发展机制。实施投资审批改革试点，对试点领域和部分重点项目开展以"前期工作函＋规划确认单＋施工登记"审批流程的先行先试试点。构建多元化投融资机制。2011年，设立了全国首只专注小城镇建设的股权投资基金——"北京市小城镇发展基金"，通过市政府固定资产投资安排不高于30%的引导资金，撬动社会资本参与本市小城镇建设。目前，小城镇基金已完成投资决策项目，总投资额超过300亿元，其中基金投资近15亿元，涉及政府出资近3亿元，政府出资引导放大达到100倍以上。

二、吉林省：积极推动示范城镇建设　推动东北振兴

新型城镇化建设以来，吉林省委、省政府提出了"小城镇特色发展"的工作思路，重点开展特色示范城镇创建工作。

1. 加强领导、深化措施

一是精准选择特色示范城镇。在全省选择了经济基础好、产业支撑能力强、人口聚集程度高、战略投资者介入积极性高、土地级差地租高的22个城镇开展特色示范城镇建设。

二是切实加强组织领导。建立"省统筹、市主导、县镇实施"的责任分明、上下联动的推进机制。

三是加大政策支持力度。省政府出台《关于深入推进吉林特色城镇化示范

城镇建设工作方案》和《关于支持示范城镇建设的若干政策》。

四是强化试点推进。加强与国家开发银行吉林分行、中国建设银行吉林分行、吉林银行的沟通衔接，研究探索城镇化融资模式及路径。积极开展招商活动，编制吉林省特色城镇化示范城镇推介手册，在各类招商活动中进行宣传推介。

2. 明确目标、精准实施

围绕探索"产城融合的发展路径、多元化投资的建设模式、人口城镇化的有效方法、以城带乡协调发展的互动格局、破解城镇化难题的制度安排"等五个工作目标，全力推进特色示范城镇建设各项工作。

一是积极推进就地就近城镇化，着力解决"人"的问题。对进入特色示范城镇定居的农民，在户籍、社保、就业、教育、社会救助等方面享有与市民同等的政策待遇，其享有的农村政策优于城镇的，可在一定时期内继续享受农村政策。

二是创新用地供给方式，着力解决"地"的问题。利用土地增减挂钩、占补平衡等政策，拓展特色示范城镇建设用地空间。

三是注重提高城镇承载能力，着力完善"城"的功能。推动省、市（州）交通、通信、电力、水利等部门重点实施与特色示范城镇连接的路网、宽带、电网、水利工程等省级配套基础设施新建或改建项目；将特色示范城镇符合条件的城市和国有工矿棚户区、林业棚户区改造项目纳入全省棚户区改造计划，享受国家及省等相关政策。

四是努力破解资金瓶颈，着力解决"钱"的问题。省级财政设立新型城镇化建设专项资金，重点支持特色示范城镇基础设施建设；积极引导政策性贷款、社会资本参与特色示范城镇建设。

五是突出产业特色，着力解决"产"的问题。支持产业园区发展，将特色示范城镇产业园区纳入省级开发区奖补资金支持范围；有条件的地方农村集体经济组织可以以土地使用权入股与其他经济组织和个人联营、联建工业项目。

3. 扩权强镇、激发活力

为解决特色示范城镇因缺少规划权、财权、人权、管理权等所导致的权责不匹配问题，2015 年 5 月吉林省选择了范家屯镇、合隆镇等 18 镇开展重点城镇扩权试点，采取直接放权、委托授权和设立派出机构等方式，依法赋予试点城镇部分行政审批权，扩大试点镇财权和用人自主权，推行"一站式"服务，有效激发了特色示范城镇发展的活力，增强了经济实力。

经过 3 年的探索实践，吉林省特色城镇建设初步形成了"产城互动、规划引领管控、多元投资建设、城乡双向一体化、承接城市功能外溢、资源开发带动"等具有引领作用的发展模式。

三、山东省：注重小城镇建设　打造特色产业

在城镇化发展过程中，山东省委、省政府高度重视小城镇改革发展问题，先后实施了"百镇建设示范行动""示范镇提升行动"，加快小城镇改革发展。同时，注重小城镇特色发展，指导各地因地制宜，挖掘了一批历史文化名镇，塑造了一批特色景观旅游名镇和美丽宜居小镇，打造了一批产业特色强镇。

1. 路径：示范引领新格局

通过发挥示范镇示范引领作用，形成小城镇发展新格局。2012 年，山东省委、省政府出台了《山东省人民政府关于开展百镇建设示范行动加快推进小城镇建设和发展的意见》（鲁政发〔2012〕22 号），在实施扩权强镇、保障发展用地、适度扩大财权、加大金融支持、加强资金扶持、培养引进人才、优化机构设置等七个方面制定了创新性的优惠政策。经过 4 年发展，山东省小城镇建设迈向了一个新的台阶。目前，山东省有全国重点镇 207 个、国家级历史文化名镇 2 个、特色景观旅游名镇 24 个、宜居小镇 3 个；省级示范镇 200 个、省级历史文化名镇 26 个、特色景观旅游名镇 57 个、宜居小镇 47 个。有称号的特色

镇总计有 331 个，占全省小城镇总数的 30%。形成了全国重点镇、省级示范镇、省级中心镇、特色镇等分层分类、梯度培育、特色发展的小城镇发展格局。

2. 主要工作经验

（1）强化规划引领，依靠科学规划引领小城镇建设。各类特色镇编制相应专项规划，省级示范镇建成区编制详细规划，对开发建设地区的土地使用性质、开发强度、环境建设、基础设施配套、传统风貌保护等做出明确规定。

（2）强化设施建设，提高小城镇承载能力。创新管理机制，将数字化城市管理网络延伸到小城镇，全面完善基础设施和公共服务设施。

（3）强化产业支撑，提高小城镇发展能力。一是突出产业特色，坚持走差异化、规模化、特色化的道路，充分发挥资源优势，发展特色产业；二是加快培育主导产业。

（4）加大政策扶持力度，为小城镇建设提供有力保障。分别在资金方面、土地方面和扩权强镇方面，予以大力支持。

四、浙江省：率先建立滚动评估制度

特色小镇是浙江省政府在全国率先提出的重大发展战略，是破解浙江省发展瓶颈和实现转型升级的重要途径。浙江省级特色小镇排行榜作为国内首创的特色小镇评价体系，每月一期滚动发布，为各个特色小镇的创新发展提供你追我赶的良性竞争氛围。这种实时跟踪式的过程评估，有利于随时纠正建设过程中出现的偏差，也有利于动态监控，使小镇的参与者随时了解自身进程，能够可持续发展。

1. 评价对象范围

评价对象包括浙江省政府在 2015 年 6 月公布的第一批省级特色小镇 37 家（其中奉化滨海养生小镇在 2015 年度考核中，已由省级特色小镇创建对象降格为省级特色小镇培育对象）以及在 2016 年 1 月公布的第二批省级特色小镇 42 家。通过对目前已获得省政府批文创建的所有特色小镇进行全样本监测，对其发展情况进行调查、统计，并以此作为浙江省级特色小镇排名的依据。

2. 评价方法

浙江省级特色小镇排行榜，是根据浙江省特色小镇发展分类指数在综合评价理论方法的深度研究，以及对省级特色小镇创建对象评级深入理解的基础上提出的。在制作浙江省级特色小镇排行榜过程中，用于评价浙江省特色小镇的模块指标和具体指标的权重，将采用德尔菲法与层次分析法相结合的方法，首先加权计算出与各个特色小镇相对应的浙江省特色小镇发展指数，然后依据各个特色小镇指数的指数值由高到低排序生成省级特色小镇排行榜。

3. 评价时间及周期

浙江省级特色小镇排行榜作为国内首创的特色小镇评价体系，在每月的月初对上月的省级特色小镇发展情况进行调查、统计、评价并发布，发布周期为每月一次。

4. 排名先后的主要影响因素

浙江省级特色小镇排名先后主要依据生态环境、经济贡献、社会影响、功能配置、招商成果、投资进度、成本优势这七大方面，聚焦特色小镇在产业、生态、人文、功能四大模块的均衡发展。总之，硬件设施完备、发展基础好、投资成本转换成利润快的特色小镇，在此次排名中遥遥领先。

5. 特色小镇评价体系遵循的原则

第一，典型代表性原则，从各维度选取的指标应为特色小镇评价目标服务，立足于特色小镇的本质内涵，能够全面科学地反映出特色小镇的综合发展水平。

第二，系统全面性原则，所选取的指标应涵盖生态环境、经济贡献、社会影响等各个维度，不应片面强调经济效益和规模，还应注重环境风貌和生态可持续发展等。

第三，相对独立性原则（指标）的选取应相对独立且不相关，不能互为解释，从而确保最终评价结果的全面性和科学性。

第四，共性和个性相结合原则，评价体系既包含共性指标，具有可比性，便于指标比较，又包括个性（特色）指标，可以反映"特色"建设的进展和成效。

第五，可操作性原则，所选取的指标应数据明确，且有一致的统计口径，可较为简便地获取，同时也可以量化和对比。

这种可持续的评估制度，不但推动了传统产业转型，而且通过创新平台，推动了新兴、智能和高端制造业的兴起，培育出了一批国内高端制造业特色小镇：萧山机器人小镇、宁海智能汽车小镇、长兴新能源小镇、江北动力小镇、秀洲光伏小镇、海盐核电小镇、江山光谷小镇、新昌智能装备小镇、南浔智能电梯小镇、城阳动车小镇、中北汽车小镇、路桥沃尔沃小镇、窑店高端制造小镇、爱飞客航空小镇。

专栏 8.1

宁海智能汽车小镇

宁海智能汽车小镇是一个以新能源汽车产业为核心，以智能化为特色，凸显知豆电动汽车的产品智能化、生产智能化、管理智能化、商业模式智能化、小镇建设管理智能化，融合新能源汽车文化、旅游、展示、体验功能的特定区域。小镇建设坚持政府引导、企业主体、市场运作，将实施新能源汽车整车生产基地、知豆电动汽车全球技术中心、新能源汽车关键零部件产业基地、宁波模具产业园项目、小镇生活商务配套区、滨江创新研发园、滨江新能源汽车主题公园、小镇配套基础设施等八大类项目，预计 2015—2017 年小镇建设总投资 60.2 亿元，2017 年小镇产值将超过 100 亿元，到 2020 年将达到 300 亿元，成为带动当地经济社会创新发展的新增长极。

宁海智能汽车小镇通过精细规划、精品建设，突出"五大亮点"，三到五年后，将成为宁波市的工业客厅、全省乃至全国的示范特色小镇。一是规划理念新。委托新加坡 DC 国际、美国 AECOM 等国际一流的团队规划设计，体现生产、生活、生态共融，产业、文化、旅游共生理念。规划面积 3.47 平方千米，核心区面积 1.5 平方千米，形成"二轴、五区、四线"的功能布局。计划于 2016 年加快推进小镇工业参观廊道、汽车主题公园、科技文化中心、小镇客厅、特色街区以及慢行系统等功能区的建设，基本形成特色小镇雏形。二是培育产业特色。打造产业智能化、商业模式智能化、小镇建设管理智能化。采用"互联网＋"智能制造，生产线完全按照德国工业 4.0 标准设计，采取线上与线下相结合的商业模式，同时，倡导城市微行理念，实现 WI-FI 全覆盖，建立大数据共享中心，实现小镇公共安全、公共设施、公共服务的智能化管理。三是引进企业强。成功吸引了吉利知豆、美国波士顿电池、日本安川电机、索菱科技等一流名企落户或准备落户。2017 年引进产业总投资超 50 亿元。四是运作方式活。创新投融资体制，推进市场化运作。包装总投资 20 亿元的小镇基础设施 PPP 项目，引入社会资本投资 18 亿元。设立首期规模为 8 亿元的新能源汽车产业基金，加强项目招商。2015 年至 2017 年，小镇完成投资 60.2 亿元，实施九大类项目，其中五大类项目已经开工建设。五是综合效益好。新能源汽车辐射和集聚功能强，2017 年产值超过 100 亿元，到 2020 年可望达到 300 亿元，集聚中高级人才 5000 人，带动 1.5 万人就业，成为宁波经济发展的重要增长极。同时，将有力提升当地模具、汽配等传统产业层次，带动第二、第三产业联动发展。

五、江苏省：明确转型方向

江苏省不但发布了《关于培育创建江苏特色小镇的指导意见》（苏政发〔2016〕176 号），明确指出力争通过 3—5 年的努力，江苏分批培育创建 100 个左右产业特色鲜明、体制机制灵活、人文气息浓厚、生态环境优美、多种功能叠加、宜业宜居宜游的特色小镇。江苏省发展改革委牵头制定培育创建特色小镇的实施方案并组织推进相关工作。此文件将对未来江苏特色小镇的发展有重大指导意义。而且，根据自身转型的特点，充分利用特色小镇的创新平台，为企业转型提供积极引导。

《指导意见》中重点对产业明确发展方向：遵循创新、协调、绿色、开放、共享发展理念，聚焦特色优势产业，集聚高端发展要素，不同于行政建制镇和产业园区的"非镇非区"创新创业平台。培育创建一批特色小镇是新常态下推进供给侧结构性改革的重要抓手，推动经济转型升级和发展动能转换的重要平台，落实"聚力创新、聚焦富民"的重要载体。

建设方面，江苏发展改革委强调，首先，要坚决走差异化道路。规划建设时要突出"特色"这一重点。其次，要有高品质的追求。高品质不一定是花了很大的代价或是装修精美，而是设计理念、手法，包括对未来的预判、对人性的把握都要体现高品质。再次，要有特色型产业。特色小镇发展，产业是持续造血的"心脏"。没有产业，只会成为徒有其表的空城。最后，新技术助力。广泛运用新技术，将大数据、智慧城市、移动互联网、云计算等手段运用到特色小镇中去，改进管理，预测市场，推动经营等。

未来，江苏省将继续创新体制机制，逐步增强小镇发展活力。各地在土地报批、项目审批、证照办理等方面深化"放管服"改革，积极开辟"绿色通道"，提升政府服务质量和服务水平，为特色小镇的发展壮大保驾护航。

专家观点 ▶

◎贾若祥（国家发展改革委国土开发与地区经济研究所区域发展研究室副主任）

在特色小镇的管理过程中，要推进权力清单、责任清单和负面清单的管理模式，加强监管。对于竞争性领域，政府更多的是创造公平竞争的环境并加强市场监管，通过负面清单管理的模式，放开社会资本进入门槛，激发小城镇建设活力。小城镇在我国新型城镇化建设中是一个薄弱环节，需要上级政府给予一定的政策扶持和帮助，尤其是在资金、土地、基础设施建设等领域，需要特殊的扶持政策。

特色小镇建设一定要找准自身的定位。一是要突出特色，以特兴城。二是要以大带小，联动发展。三是要科学规划，务实推进。小城镇的建设要建立在科学规划基础上，要根据小城镇的资源环境承载力和未来发展潜力，合理规划小城镇的经济规模、人口规模、用地规模，不能贪大求洋，更不能冒进。要借助互联网，促进产业融合发展。

要注重引入战略投资者，吸引多元主体参与小镇建设和发展。战略投资者对小镇进行统筹规划和建设，可以有效防止小镇建设过程中的碎片化，因此，要尽可能地吸引战略投资者对小镇进行统一规划和开发。同时也积极吸引多元主体参与小镇建设，发挥多元主体参与小镇建设的积极性。

保护生态，促进绿色发展。青山绿水已经成为宝贵的资源，借助互联网等现代科技手段，生态优势也能转变为产业优势和经济优势。休闲旅游、特色农产、传统文化等在小城镇经济发展中起着越来越大的作用，而保护好生态，可以进一步放大小镇在上述领域的发展潜力。

特色小镇的建设一定要注意借鉴我国的传统建筑手法和规划理念，体现我国不同历史时期、不同地域特色、不同民族的建筑特点，尽量多地采用当地的建筑形式，不要搞大拆大建，尽量尊重原来居民的意愿，做到人与自然、人与历史的和谐与融合。

六、广东省：优化组织结构　重点发展智能制造小镇

智能制造将是珠江三角洲创新的新机遇。广东省充分利用特色小镇有利时机，重点打造智能制造产业。

1. 重点打造特色产业

广东省将以特色主导产业和经典产业为重点，打造"9+N"特色小镇新形态，包括智能制造小镇、绿能科技小镇、海洋特色产业小镇、"互联网+"小镇、时尚小镇、工艺小镇、文化创意小镇、生命健康小镇、旅游休闲小镇。全省目标是，到 2020 年建成 100 个左右省级特色小镇，产业发展、创新发展、吸纳就业和辐射带动能力显著提高，成为广东省新的经济增长点。

2. 通过特色小镇联盟主推小镇成长

2017 年 12 月，广东特色小镇发展联盟正式成立。该联盟由广东省内纳入各级培育创建名单的特色小镇，以及为特色小镇及其企业服务的投融资、招商、科技孵化、规划设计、工程咨询、法律服务和开发运营等各类机构组成。联盟下设智库联盟、科创联盟、投融资联盟、运营联盟等支撑性子联盟，将围绕产业链部署创新链、围绕创新链完善服务链、围绕服务链完善资金链，并强化政策链的统筹支撑，共同推动特色小镇创新创业生态圈的培育和生长。按照政府引导、企业主体、市场化运作的要求，推动多元化主体同心同向、共建共享，形成政府、企业（产业+金融）、院所、协会多主体协同投资建设运营的合力，在全社会形成协同推进特色小镇发展的良好局面。

专栏 8.2

佛山北滘智造小镇

北滘，位于广州主城区、佛山新城、顺德主城区三城交汇处，总面积 92 平方千米。2016 年实现地区生产总值 515 亿元，规模以上工业产值 2178 亿元，城镇居民年人均可支配收入达 5.5 万元，位列全国中小城市综合实力百强镇第八位，荣获"中国第一批特色小镇""全国重点镇""国家卫星镇""国家生态乡镇""全国安全社区""全国美丽宜居小镇"等称号。

北滘经过引进新兴工业、多样化立异机制，发动多样化出资新城缔造。高规范缔造新城区美化景象、水道等，使得北滘逐渐展示岭南水乡相貌和传统前史人文。北滘将计划以新城区为载体悉数缔造"乐创谷"，运用 105 国道串联起北滘总部商务经济区、中国慧聪家电城、美的全球创新中心、广东工业计划城，打造立足北滘、辐射广佛的"创业大道"。

七、河南省：五个坚持稳步推进

近年来，河南省立足自身实际，坚持把特色小城镇建设作为新型城镇化建设的重要一环，作为统筹城乡发展的重要节点、服务区域"三农"发展的重要载体，积极探索特色小城镇健康发展之路，"五个坚持"稳步推进。

一是坚持政策引领，强化特色小城镇发展制度保障。省委、省政府相继出台一系列文件，明确提出对具有特色资源、区位优势的小城镇，通过规划引导、市场运作，培育成为文化旅游、商贸物流、资源加工、交通节点等专业特色镇。省政府办公厅印发的《河南省重点镇建设示范工程实施方案的通知》（豫政办〔2015〕100 号）中，再次明确指出"推动小城镇发展与特色产业发展相结合，与服务'三农'相结合，发展成为专业特色镇"。

二是坚持规划先行，科学指导特色小镇建设。按照产业、城镇、土地、生态和公共服务规划五规合一的要求，科学编制特色小城镇发展规划，宜工则工、宜农则农、宜旅则旅、宜商则商，以产业所能吸纳的就业人口确定镇区人口规模，以人口规模确定镇区建设用地规模和基础设施、公共服务设施空间布局。

三是坚持产业为基，做大做强特色产业。坚持"一镇一品"，引导小城镇做大做强特色产业。对有工业园区（专业园区）的示范镇，推进园区与镇区基础设施共建共享；推动位于中心城区、重要交通通道节点或临近中心城区的城镇，建立仓储配送、采购销售物流园区，培育成为特色商贸大镇；引导具有资源禀赋的镇加快发展特色产业，培育成为工业重镇、农业强镇、文化旅游名镇。如许昌市神垕镇，坚持把钧陶瓷这一历史经典产业发展和特色小镇建设有机结合，围绕"产业＋文化＋旅游"的发展理念，规划建设国际陶瓷小镇，聚集186家钧瓷企业，从业人员2.1万人，年产值17.9亿元。同时，围绕"千年古镇"与"钧瓷之都"两大主题，加大保护古镇明清民居风貌，大力挖掘、弘扬、宣传钧瓷文化，进一步提升钧瓷的文化品位和神垕古镇的知名度、影响力。

四是坚持为民惠民，打造优美宜居环境。以开展专项建设为重点，补基础设施短板，提升小城镇承载能力。"十二五"期间，特色小镇用水普及率、生活垃圾处理率、绿化覆盖率分别达到75.6%、79.1%和24.6%。

五是坚持改革创新，增强小城镇发展动力。在全省选定100个经济发达镇，作为省级行政管理体制改革试点，重点围绕创新行政管理体制机制、投融资机制、完善财政管理体制等方面开展先行先试。如太极拳发源地温县赵堡镇成立陈家沟文化旅游区管理委员会，与赵堡镇实行套合管理，实施简政放权，积极探索直管镇管理体制，提升管理效率。

八、四川省：采用"四川模式"开展"百镇建设行动"

近年来，四川省把加快培育创建特色镇，作为推进新型城镇化工作的重要内容之一，努力探索以"百镇建设行动"为平台，以特色镇建设为抓手，牵引带动全省小城镇发展的新路子，取得了长足进步和明显成效。经过3年努力，300个试点示范镇竞相发展，一大批独具风貌的特色镇崛起，形成了百镇示范引领、带动千镇发展的势头。四川省特色小镇在"3+N"的特色镇发展模式和"百镇建设行动"的做法两大方面具有借鉴意义。

1. "3+N" 特色模式

"3+N" 的特色镇发展模式即指依托不同的特色资源和地方优势，由不同主导产业类型引导的特色发展模式。"3"，即三种主要模式：

一是工业特色镇，主要依托小城镇工业园区、发挥传统产业优势、承接转移等方式发展特色工业，着重提高对工业园区的支撑和服务配套能力建设；二是商贸特色镇，主要依托小城镇区位和交通优势、立足为农业农村服务发展现代服务业，着重加强商业街区、集贸市场和仓储物流设施建设；三是旅游特色镇，主要依托小城镇历史文化资源、风景名胜资源和观光体验农业，着重塑造文化风貌特色、完善提升服务接待能力建设，大力发展特色旅游。

在以上三种主要模式的带动下，各地积极探索、深入实践，逐步延伸，形成 "N" 种发展模式。例如：生态宜居特色镇——重点在生态优良、气候宜人的地方，发展适宜居住、康养和观光的生态宜居特色镇；创新创业特色镇——成都市郫都区菁蓉镇是以 "菁蓉创客小镇" 品牌为导引，打造 "产、镇、人" 融合发展的创新型小镇；现代农业特色镇——资阳龙台镇突出柠檬种植优势，形成集生产、加工、销售、物流、研发为一体的柠檬集散中心，成为中国 "柠檬小镇"；传统民居特色镇——对有着鲜明特色的川西民居和林盘的小城镇，从保护历史文化资源角度，对老旧林盘实施改造，发展 "川西林盘小镇"；教育医疗特色镇——在区位比较优势明显、教育医疗资源丰富集中的地区，开展教育医疗特色镇建设，如达州石桥镇、仪陇县金城镇、马鞍镇等。

2. "百镇建设行动" 加大推动力度

"百镇建设行动" 自 2012 年启动，分三批进行，共覆盖 300 个试点镇。立足于小城镇数量多、规模小、承载力弱的实际，四川省从规划、产业、建设、政策配套等方面下大工夫，进行先行先试、改革创新、积极探索小城镇发展的四川路子。通过坚持规划引领、强化产业支撑、坚持深化改革、致力补足短板，来逐步摆脱四川省小城镇发展困境。

专家观点 ▶

◎何健（全国人大代表、四川省住建厅厅长）

城镇化建设最大的短板是小城镇建设。小城镇基础设施差、产业发展不足、学校教育资源严重不足，需要弥补垃圾处理、污水处理、天然气等基础设施不足，然后解决学校、医院配套问题。只有尽量尊重小城镇的特点，尽量减少人为干扰的因素，让小城镇回归到它不同于城市，也不同于农村的本质，这样的小城镇才可能像国外的小城镇一样，能吸引人、能留得住人。

九、重庆市：整合资源体现特色

重庆市于 2016 年年初正式启动特色小镇培育工作，主要做法有：一是将特色小镇建设纳入市委、市政府重要工作部署；二是建立健全工作推进机制，以市新型城镇化工作联席会议为平台，市发展改革委牵头，市城乡建委等部门紧密配合，各司其职，推进特色小镇培育工作；三是制定规范性文件，指导特色小镇建设，印发《重庆市人民政府办公厅关于培育发展特色小镇的指导意见》（渝府办发〔2016〕111 号），明确发展定位、导向、目标、模式、重点任务等。目前初步形成"各优其优、优优与共，各美其美、美美与共"的特色小镇发展格局。

一是立足区域实际，确定特色小镇的功能定位。将特色小镇定位为城乡联动的重要纽带和统筹城乡发展的重要平台，以及加快推进新型城镇化的重要抓手，完善城镇体系的"末端"和"短板"。贯彻落实五大功能区域发展战略，遵循"产业跟着功能定位走，人口跟着产业走，建设用地等资源要素跟着产业和人口走，公共服务跟着人口和功能走"的理念，突出发展重点，形成特色小镇差异化发展格局。

二是立足"产、镇、人"深度融合，强调"三特色、三集聚"。"三特色"

即特色产业、特色风貌、特色功能。"三集聚"即空间集聚，发展空间向镇总体规划确定的城镇建设用地范围集聚，资源要素向核心建设区域集聚。

三是强化改革创新，探索适宜特色小镇发展的体制机制。积极探索创新用地、融投资、转移人口市民化等机制。完善地票改革，支持特色小镇拓展地票功能。创新投融资体制机制，推动 PPP 模式参与特色小镇基础设施和市政公用设施建设运营。探索农村资源资本化，积极引导城市资本下乡，推动城乡要素双向流动。

四是注重整合资源，形成支持特色小镇发展的政策合力。市级层面"十三五"期间重点打造 30 个左右在全国具有一定影响力的特色小镇示范点。整合各部门政策，资源要素向特色小镇示范点倾斜。

十、陕西省："两镇"推动差异化发展

近年来，陕西省在小城镇发展之路上不断探寻摸索，通过 35 个重点示范镇和 31 个文化旅游名镇（街区）建设，逐步形成了"两镇"驱动、差异发展、多层推进的陕西小城镇发展格局。差异化发展，核心就在于"特"。

"特"在品牌意识。特色小镇的建设与发展都带有其独特的品牌印象。通过品牌的打造，使得特色小镇的"特色"更加深入人心。

"特"在文化底蕴。无论是津津乐道的当地小吃，还是独有的特色工艺，日常元素的背后是文化底蕴的传承与绵延。文化特色是小镇的灵魂，特色小镇的建设关键是传承历史文化，不媚外、不随众，尊重现有格局，顺应地形地貌，融入山水要素，彰显高低错落，传承生活方式。

坚持特色化、差异化发展，陕西省的特色小镇建设成效显著。2017 年前三季度，陕西省 35 个省级重点示范镇完成投资 82.79 亿元，同比增长 4.2%。31 个文化旅游名镇（街区）完成投资 32.54 亿元，同比增长 5.3%，实现旅游人数 1997.5 万人次，旅游收入 97.6 亿元。2017 年，陕西有 9 个镇入选第二批全国特

色小镇，总数已达 14 个。特色小镇建设的示范引领成效已初步显现。

重点示范镇和文化旅游名镇建设，为陕西省县域经济的提升提供了强劲的发展引擎，为产业脱贫提供了新的途径和方向，正成为陕西省实践乡村振兴战略的有力抓手和强劲助力。陕西省一半的重点示范镇和三分之二的文化旅游名镇（街区）处于贫困地区。6 年来，陕西省 35 个重点示范镇累计完成投资 660.76 亿元，共解决 7.26 万贫困人口就业问题。31 个文化旅游名镇（街区）累计完成投资 165.15 亿元，直接带动贫困人口就业人数达 2 万余人，吸引在外务工人员 3.1 万人回乡创业。

十一、湖北省：事后评估保证特色小镇建设质量

湖北省除了前期培育特色小镇外，还在制度建设上不断完善，尤其是事后评估，保证了特色小镇的建设质量。

1. 完善联席会议制度

完善省特色小镇创建工作联席会议制度，省政府相关领导担任联席会议召集人。联席会议每季度定期召开专题会议，专题研究解决特色小镇创建工作中的相关问题。联席会议办公室设在省住建厅，负责联席会议日常工作。要严格特色小镇申报、评审的前提条件，对已进入特色小镇范围和新进入创建范围的小镇，必须组织专家从产业规划、功能规划、建设规划以及市场化运作等方面衡量规划的科学性，并依据通过的规划对创建成效进行评估。要将特色小镇创建的五条标准细化为分值，形成可操作的实施细则，并根据创建工作进展情况，年度进行适度调整。

2. 强化市、县两级政府创建责任

县级政府是推进特色小镇建设的责任主体，市州政府要把特色小镇建设列入重要议事日程，督促和指导县级政府做好规划编制、保护生态和优化服务工作。要充分发挥各级政府部门的职能作用，建立联动机制，整合各项要素资源，

出台相关扶持政策，安排专项资金，营造良好环境，确保创建各项工作按照时间节点和年度计划要求规范有序推进。

3. 实行部门联系特色小镇制度

为了切实加强对特色小镇创建工作的组织领导和业务指导，省政府决定实行省直部门联系特色小镇制度，一个省直部门联系一至几个特色小镇，重点支持联系地特色小镇建设。各市州、直管市、神农架林区每年按照省里确立的标准申报 2—3 个特色小镇创建对象，供省联席会议办公室按照创建规划、创建标准要求审核进入新的创建名单。

4. 实行特色小镇分阶段验收制度

对纳入首批省级创建对象的特色小镇，按照 3 年基本完成创建目标任务的要求，从 2018 年起开始按年度形象进度目标进行考核验收，对完成年度形象进度目标的给予一定金额的奖补，当年拨付到位。考核不合格的，退出特色小镇创建名单。退出创建名单的小镇，从所在县（市、区）倒扣相关市州省奖励的用地指标，收回省奖补资金和相关支持政策。考核验收工作由省住建厅牵头组织，省直相关部门共同参与。鼓励市州根据省确定的标准，开展各自的特色小镇创建工作。

5. 实行年度层级考核制度

每年省政府特色小镇创建联席会议听取联席会议成员单位关于落实政策、指导支持创建工作的汇报，并在适当范围对工作情况及绩效进行通报；联席会议办公室对特色小镇所在县（市、区）政府进行考核，并对考核结果进行通报。

6. 验收命名

对实现规划建设目标、达到特色小镇标准要求的，特色小镇创建工作联席会议组织验收，通过验收的认定为省级特色小镇并进行命名，向社会公布。

专栏 8.3

湖北省特色小镇评价标准

验收内容	项目	评价标准
规划引领（40分）	产业规划	主攻方向：产业主攻方向明确，一镇一业，计4分；产业多元化，只计1分，且取其一； 主导产业：新技术类4分，服务类3分，传统类2分，只取其一； 产业发展：主导产业有发展基础2分，产业发展前景好、潜力大2分，可累计。
	功能规划	多规融合：建设规划、土地规划等多规协调，计2分； 功能集聚：融合产业、文化、旅游和社区功能，计2分； 职住平衡：生产、生活、生态等"三生空间"协调有序，计2分。
	建设规划	规模紧凑：规划面积3平方千米以内，建设用地面积1平方千米以内，计2分； 尊重传统：尊重现有格局，传承传统文化与建筑特色，不盲目照搬照抄，计2分； 宜居尺度：公共空间小巧实用，居住空间宜居适度，不盲目建高楼，计2分； 小镇颜值：建筑与环境精心设计，美观大方，色彩协调，颜值靓丽，计2分。
	创新导向	市场运作：市场主体运营，采取PPP模式规划化与标准化运作，计8分； 众创平台：有众创空间和创新业态，集聚创新要素，形成创业创新氛围，计3分； 改革创新：地方政府服务高效，有支持政策，有激励措施，计3分。
建设质量（40分）	产业形态	产业链条：形成上下游产业链条，有研发、设计、生产、营销、服务等配套功能，计3分； 吸纳就业：吸纳周边富余劳动力，同周边农村有互动效应，计3分； 项目支撑：3年内完成固定资产投资新建类20亿元、改造类10亿元，计3分； 产业专精：固定资产投资中主导产业投资占比70%以上，计3分。
	环境适宜	设计精美：区域环境协调，按街坊式安排空间布局，建筑风貌形成特色，计2分； 管理有序：制度健全，管理到位，干净整洁，运筹有序，计2分； 生态自然：按生态城市标准建设，绿地率大于38%，形象好、气质佳，计2分。

续表

验收内容	项目	评价标准
建设质量 （40分）	优秀文化	文化传承：传统文化得到充分挖掘、整理，历史文化遗存得到保护利用，计2分； 文化创新：产业发展形成独特文化标识，计2分； 文化引领：社会主义先进文化充分弘扬，居民思想道德和文化素质较高，计2分。
	服务设施	基础设施：污水达标排放，垃圾无害化处理，防火设施符合标准，计2分； 公共设施：教育、医疗、文化、体育、商业等公共服务设施全覆盖，计2分； 服务配套：公共WI-FI和数字化管理全覆盖，实现现代化高效管理，计2分。
	体制机制	模式创新：形成政府引导、企业主体、市场运作的模式，计2分； 创业创新：形成创业创新良好氛围，众创空间有成果，吸引人才逐年增加，计3分； 管理创新：发展理念、发展模式、规划管理形成创新思路与成果，计2分； 服务创新：政府协调服务高效，放管服改革取得突破，农民减负规定严格执行，计3分。
保障措施 （20分）	用地保障	政策落实：用地指标及时落实到位，项目落地，计2分； 节约集约：开展"旧房、旧村、旧厂"改造和荒地、废弃地开发利用，计2分。
	扩大财权	创新机制：建立新型财税分配机制，合理划分县镇收支范围，计2分； 政策落实：土地出让金净收益、城镇基础设施配套费、上交返还等政策落实，计2分。
	资金投入	整合资金：县级整合资金，重点倾斜，计2分； 补助配套：县级按不低于省奖补资金进行配套，计2分； 形象进度：第一年完成投资40%以上，第二年完成40%以上，第三年累计达到要求，计2分； 投资收益：特色产业营收占比70%以上，计2分。
	金融支持	信贷支持：加强同金融机构合作，得到信贷支持，计2分； 社会投入：社会资本融资按合同及时到位，计2分。

专家观点 ▶

◎ 徐钧健（全国政协委员、民建中央委员）

政府应设立特色小镇建设评价指标体系，如产品市场占有率和知名度指标、长期就业岗位数指标、GDP 和 GNP 指标、单位面积土地产出指标、公共服务能力指标、绿色生活环境指标、消费者主观评价指标等，科学、客观地评价特色小镇建设水平。建立特色小镇资金投入和使用监督体系，建立更为公开透明的社会监督机制，切实提高财政资金使用的公开、公正、公平程度。

◎ 罗祖亮（全国人大代表、太湖产业投资集团董事局主席）

要加强规划审批，妥善解决资金和土地等发展要素问题，建立监测评估制度，积极稳妥地推进特色小镇建设，量化产、城、人、文、景、旅游等方面的客观标准，严格审核把关，增强透明度和可操作性。建立事先、事中、事后的监测评估制度，对于打着特色小镇的名义占用土地、浪费土地资源、污染环境的，应依法予以严惩。

下 篇

"千企千镇工程" 发展报告

第九章 "千企千镇工程"概述

实施"千企千镇工程",是贯彻落实习近平总书记、李克强总理等党中央、国务院领导同志关于加强特色小镇、小城镇建设的重要指示和批示精神的重要举措。习近平总书记明确指示,建设特色小镇、小城镇对于经济转型升级、推进新型城镇化具有重要意义。

2016年10月,国家发展改革委发布《关于加快美丽特色小(城)镇建设的指导意见》(发改规划〔2016〕2125号),明确了特色小镇建设必须坚持创新探索、因地制宜、产业建镇、以人为本、市场主导的原则。同年12月,国家发展改革委等六部门发布了《关于实施"千企千镇工程"推进美丽特色小(城)镇建设的通知》(发改规划〔2016〕2604号),强调根据"政府引导、企业主体、市场化运作"的新型小(城)镇创建模式,搭建小(城)镇与企业主体有效对接平台,引导社会资本参与美丽特色小(城)镇建设,促进镇企融合发展、共同成长。

一、"千企千镇工程"的背景及启动

"千企千镇工程"是中国任务艰巨、潜力巨大的新型城镇化事业的重要组成部分。

1. 新型城镇化加快推进

在经济新常态的大形势下,建设特色小镇被视为破解经济结构转化和动能转换问题,推进供给侧结构性改革的重要平台和深入推动新型城镇化的重要抓手，得到了中央政府的重视和政策扶持。

党的十八大明确提出了"新型城镇化"概念，城镇化成为中国全面建设小康社会的重要载体，更是撬动内需的最大潜力所在。改革开放以来，伴随着工业化进程加速，我国城镇化经历了一个起点低、速度快的发展过程。城镇化的快速推进，吸纳了大量农村劳动力转移就业，提高了城乡生产要素配置效率，推动了国民经济持续快速发展，带来了社会结构深刻变革，促进了城乡居民生活水平全面提升。同时，也出现了突出的矛盾和问题，即大量农业转移人口难以融入城市社会，市民化进程滞后；"土地城镇化"快于人口城镇化，建设用地粗放低效；城镇空间分布和规模结构不合理，与资源环境承载能力不匹配；城市管理服务水平不高，"城市病"问题日益突出；自然历史文化遗产保护不力，城乡建设缺乏特色等。因此，我国城镇化发展由速度型向质量型、粗放型向集约型、单一碎片突击型向系统可持续发展型转变势在必行。

习近平总书记强调："积极稳妥推进城镇化，合理调节各类城市人口规模，提高中小城市对人口的吸引能力，始终节约用地，保护生态环境；城镇化要发展，农业现代化和新农村建设也要发展，同步发展才能相得益彰。"推进城镇化，核心是人的城镇化，关键是提高城镇化质量，目的是造福百姓和富裕农民。要走集约、节能、生态的新路子，着力提高内在承载力，不能人为"造城"，要实现产业发展和城镇建设融合，让农民工逐步融入城镇。要为农业现代化创造条件、提供市场，实现新型城镇化和农业现代化相辅相成。

《国家新型城镇化规划（2014–2020 年）》提出：以人的城镇化为核心，有序推进农业转移人口市民化；以城市群为主体形态，推动大中小城市和小城镇协调发展；以综合承载能力为支撑，提升城市可持续发展水平；以体制机制创新为保障，通过改革释放城镇化发展潜力，走以人为本、四化同步、优化布局、生态文明、文化传承的中国特色新型城镇化道路。

新型城镇化建设内容几乎涵盖当前中国社会方方面面的问题，尤其是解决大城市病、连接城市与农村的基层小城镇发展弱化，需要在实践检验的过程中开辟出多元性、多模式、多类型、多层次的城镇化道路与模式。新型城镇化需要在特定空间、特定时点，寻找适合条件的地区，对新型城镇化的制度、机制、政策工具等开展探索性实践，而特色小（城）镇的建设是发展城镇化道路、推动城乡融合发展的重要载体。

当前，我国正处在城镇化快速推进的过程中。城镇化是现阶段经济增长的最大动力源泉。改革开放 30 多年来，随着工业化的迅猛发展，城镇化水平大幅提高，迅速兴起的大大小小的城市，在集聚生产要素、带动经济发展、提升国际竞争力等方面发挥了重要作用。

2. 特色小（城）镇建设全面展开

加快建设特色小镇有利于小城镇的供给侧结构改革。中国现在拥有将近两万个镇，这些镇多处于城乡的结合部，这些年招商力度很大，招商引资的收效不是很明显，很重要的关键就是要加强小城镇的供给侧结构改革，包括硬件、软件的改革提升。

国家"十三五"规划纲要中提出"新型城镇化建设重大工程"，明确要建设特色小城镇，发展具有特色资源、区位优势和文化底蕴的小城镇，通过扩权增能、加大投入和扶持力度，培育成为休闲旅游、商贸物流、信息产业、智能制造、科技教育、民俗文化传承等专业特色镇。

2016 年 7 月，住建部、国家发展改革委、财政部联合发布《关于开展特色小镇培育工作的通知》（建村〔2016〕147 号）指出，到 2020 年培育 1000 个左右特色小镇，对培育要求提出五点：一是特色鲜明的产业形态；二是和谐宜居的美丽环境；三是彰显特色的传统文化；四是便捷完善的设施服务；五是充满活力的体制机制。截至 2017 年 11 月底，由住建部组织认定的特色小镇累计 403 个。

2016 年 10 月，国家发展改革委发布《关于加快美丽特色小（城）镇建设的指导意见》（发改规划〔2016〕2125 号）。《意见》特别强调，要坚持产业建镇。根据区域要素禀赋和比较优势，挖掘本地最有基础、最具潜力、最能成长的特色产业，做精做强主导特色产业，打造具有持续竞争力和可持续发展特征的独特产业生态，防止千镇一面。立足产业"特而强"、功能"聚而合"、形态"小而美"、机制"新而活"，将创新性供给与个性化需求有效对接，打造创新创业发展平台和新型城镇化有效载体。

2017年5月，体育总局印发《关于推动运动休闲特色小镇建设工作的通知》，提出到2020年，在全国扶持建设一批体育特征鲜明、文化气息浓厚、产业集聚融合、生态环境良好、惠及人民健康的运动休闲特色小镇；带动小镇所在区域体育、健康及相关产业发展，打造各具特色的运动休闲产业集聚区，形成与当地经济社会相适应、良性互动的运动休闲产业和全民健身发展格局；推动中西部贫困落后地区在整体上提升公共体育服务供给和经济社会发展水平，增加就业岗位和居民收入，推进脱贫攻坚工作。运动休闲特色小镇要具备以下特色：特色鲜明的运动休闲业态；深厚浓郁的体育文化氛围；与旅游等相关产业融合发展；脱贫成效明显；禀赋资源的合理有效利用。截至2017年11月底，由体育总局认定的运动休闲特色小镇累计96个。

3. "千企千镇工程"启动

2017年1月8日，由国家发展改革委、国家开发银行、中国光大银行、中国企业联合会、中国企业家协会、中国城镇化促进会等单位共同组织实施的"千企千镇工程"启动仪式在北京人民大会堂召开。

启动仪式强调，特色小（城）镇建设，要牢固树立以人为本的城镇化理念，要高度重视文化传承，关键在于因地制宜，突出特色，重点在于实现公共资源配置均等化。实施"千企千镇工程"，关键是要坚持自主自愿、互利互惠，不能搞"拉郎配"，不盲目追求数量，通过搭建平台、提供服务，更多依靠市场主体参与特色小（城）镇建设，促进镇企融合发展、共同成长。充分发挥社会中介组织和新型智库的重要作用，为企业、社会资本支持小城镇建设牵好线、搭好桥、服好务。打造镇企之间的交流合作平台。充分利用现代化网络信息技术、云计算技术，为"千企千镇工程"提供大数据信息服务。充分发挥国家开发性金融机构和商业银行多重优势，形成金融支持合力，为我国新型城镇化、特色小城镇建设及实施"千企千镇工程"服务。全国企业和企业家要以强烈的责任感和使命感，为我国工业反哺农业、城市支持农村带好头，做出表率。

二、实施"千企千镇工程"的必要性和意义

建设特色小镇、推进"千企千镇工程"能够带动周边农村基础设施和公共服务的发展，吸纳农村劳动力就业，实现城乡产业融合，使城市文明迅速扩展到农村，缩小城乡发展差距，实现城乡融合发展。实施"千企千镇工程"，有利于充分发挥优质企业与特色小镇的双重资源优势，实现镇企互利共赢；有利于培育供给侧小镇经济，有效对接新的消费需求，增强小镇可持续发展能力和竞争力；有利于创新小镇建设管理运营模式，充分发挥市场配置资源的决定性作用，更好地发挥政府规划引导和提供公共服务等作用。

1. "千企千镇工程"是遵循市场经济基本规律建设特色小（城）镇的必然要求

特色小镇不是凭空产生的，也不是全凭规划出来的，应是在顺应市场需求、尊重市场规律、政府顺势而为、市场积极参与的背景下出现的，既离不开政府的有效引导，更离不开市场的主动参与。从全世界特色小镇发展的成功经验来看，几乎没有一个特色小镇是由政府主导的，都是通过市场自发形成集聚效应。在市场实现集聚的时候，政府应该做好的是服务。"千企千镇工程"就是要搭建服务平台，让更多的市场主体参与到特色小（城）镇的建设中，按照市场要素的自然流通与资源配置，促进特色小（城）镇的自我"造血"功能，形成可持续发展的源动力。

2. "千企千镇工程"是遵循城镇化发展基本规律建设特色小（城）镇的必然要求

城镇化是现代化的必由之路，是推动区域经济、产业结构转型升级的重要抓手，是解决农业、农村、农民问题的重要途径。城镇化的发展必须以人为本，以产业发展为支撑，形成生态文明、绿色低碳、文化传承、空间优化的中国特色新型城镇化道路。"千企千镇工程"在引导与推动特色小（城）镇建设中，坚持以"产、城、人、文"融合发展，完善小（城）镇基础设施，扩大公共服务，挖掘文化内涵，促进绿色发展，打造宜居宜业的空间环境，提高人民群众获得感和幸福感，贯彻落实习近平总书记、李克强总理等党中央、国务院领导同志关于加强特色小镇、小城镇建设的重要批示指示精神。

3. "千企千镇工程"是充分调动小（城）镇和企业双重积极性的必然要求

特色小（城）镇建设得如何，企业是否有动力、市场是否有热情，关键在于能否构建集产业链、投资链、创新链、人才链、服务链于一体的产业创业创新生态圈，集聚各类高端要素，形成特色产业支撑发展。"千企千镇工程"以"一网、两库"为代表的信息化服务平台，通过运用云计算、大数据等信息技术手段，建设"千企千镇服务网"，开发企业产业转移及转型升级数据库和全国特色小（城）镇基础数据资源库，不仅充分打通镇企之间的信息壁垒，而且为推动企业等社会资本与特色小（城）镇对接提供便捷途径与有力支撑。

4. "千企千镇工程"是实现城市支持农村，工业反哺农业的必然要求

当前，我国经济实力和综合国力显著增强，具备了支撑城乡融合发展的物质技术条件，到了工业反哺农业、城市支持农村的发展阶段。顺应我国发展的新特征、新要求，必须加强发挥制度优势，加强体制机制建设，把工业反哺农业、城市支持农村作为一项长期坚持的方针，坚持和完善实践证明行之有效的强农、惠农、富农政策，动员社会各方面力量加大对"三农"的支持力度，努力形成

城乡融合发展新格局。"千企千镇工程"通过镇企结对，以优质、成熟的企业和市场主体资源带动小（城）镇农业转型升级与创业创新，同时也是推动精准扶贫的创新机制。

5. 实施"千企千镇工程"，有利于推动中国城镇化转型

在城市与乡村之间建设特色小（城）镇，并通过镇企合作增强特色产业支撑经济发展，实现生产、生活、生态融合，疏解大城市功能，提升小（城）镇功能，使本土发展和外部力量充分联通，对小（城）镇的内涵式发展和外拓式发展承担着承上启下和内联外通的联结点作用。

6. 实施"千企千镇工程"，有利于整合企业与小（城）镇双重资源，实现镇企互利共赢

很多小（城）镇具备相对聚集的产业基础，但由于传统业态已经不适应经济新常态下的持续性发展，存在资源浪费、生态破坏、脱离市场等问题，亟须引入优质市场主体，从企业与小（城）镇自身优势与资源禀赋出发，优化资源配置，促进新兴产业与传统产业对接、第一产业与生产加工业对接、生产加工业与服务业对接，科学合理地进行长远规划，踏实稳步地建设实施，实现需求互补、企业帮镇、产业兴镇。

7. 实施"千企千镇工程"，有利于培育供给侧小（城）镇经济，有效对接新消费新需求，增强小（城）镇可持续发展能力和竞争力

随着我国社会经济发展，人们在物质生活方面的需求已经不仅停留在物质的使用需求上，而更加追求与向往富含精神愉悦、文化享受、健康生活等更高层次的价值需求。过去，小（城）镇的特色资源与特色产品因为生产标准低、缺乏文化附加值、不注重品牌形象塑造等，面临着严峻的市场淘洗。只有通过政府引导、市场主导、多元主体参与，充分利用企业的市场敏感性与成熟的运作能力，充分挖掘与释放小（城）镇特色资源价值，就地取材，因地制宜，才能打造小（城）镇特有品牌，提升区域经济竞争力。

8. 实施"千企千镇工程"，有利于创新小（城）镇建设管理运营模式

特色小（城）镇的开发运营，必须要遵循市场规律，要基于市场配置资源并使之发挥最大效率。"千企千镇工程"通过镇企对接，引入企业灵活的市场机制和管理模式促进特色小（城）镇建设管理模式创新，引入资本对接如国家开发银行、光大银行等多元化金融产品及成功合作模式，探索实施具体投资开发模式和精准扶贫模式，从而建立一套适合自身发展的自主运行体系，以共同治理为理念，形成政府、企业与老百姓的共同利益体。

三、"千企千镇工程"主要内容

"千企千镇工程"牢固树立和贯彻落实创新、协调、绿色、开放、共享的发展理念，深入推进供给侧结构性改革，以建设特色鲜明、产城融合、充满魅力的美丽特色小（城）镇为目标，以探索形成政府引导、市场主导、多元主体参与的特色小（城）镇建设运营模式为方向，加强政企银合作，拓宽城镇建设投融资渠道，加快城镇功能提升。坚持自主自愿、互利互惠，不搞"拉郎配"，不搞目标责任制，通过搭建平台更多依靠市场力量引导企业等市场主体参与特色小（城）镇建设。"千企千镇工程"的主要内容如下：

聚焦重点领域。围绕产业发展和城镇功能提升两个重点，深化镇企合作。引导企业从区域要素禀赋和比较优势出发，培育壮大休闲旅游、商贸物流、信息产业、智能制造、科技教育、民俗文化传承等特色优势主导产业，扩大就业，集聚人口。推动"产、城、人、文"融合发展，完善基础设施，扩大公共服务，挖掘文化内涵，促进绿色发展，打造宜居宜业的环境，提高人民群众获得感和幸福感。

建立信息服务平台。运用云计算、大数据等信息技术手段，建设"千企千

镇服务网",开发企业产业转移及转型升级数据库和全国特色小(城)镇数据库,为推动企业等社会资本与特色小(城)镇对接提供基础支撑。

搭建镇企合作平台。定期举办"中国特色小(城)镇发展论坛",召开多形式的特色小(城)镇建设交流研讨会、项目推介会等,加强企业等社会资本和特色小(城)镇的沟通合作与互动交流。

镇企结对树品牌。依托信息服务平台和镇企合作平台,企业根据自身经营方向,优选最佳合作城镇,城镇发挥资源优势,吸引企业落户,实现供需对接、双向选择,共同打造镇企合作品牌。

推广典型经验。每年推出一批企业等社会资本与特色小(城)镇成功合作的典型案例,总结提炼可复制、可推广的经验,供各地区参考借鉴。

第十章 总体推进情况

2017 年是"千企千镇工程"元年。2016 年 12 月,国家发展改革委、国家开发银行、中国光大银行、中国企业联合会、中国企业家联合会和中国城镇化促进会联合发布了《关于实施"千企千镇工程"推进美丽特色小(城)镇建设的通知》发改规划〔2016〕2604 号。2017 年 1 月 8 日,"千企千镇工程"启动以来,有序推进,工作卓有成效。2017 年里,以国家发展改革委为核心、六部门协同,建立了六部门联席工作会议制度,组建了"千企千镇工程"办公室;积极宣传倡导"政府引导、企业主体、市场化运作"的特色小镇创建原则和创建模式,制定了《"千企千镇工程"实施导则》;持续举办多期免费培训;建设"一网两库",促进镇企结对,引导社会资本参与特色小(城)镇建设,对全国特色小(城)镇发展发挥了积极的指导、推动和引领作用。

一、"千企千镇工程"正式启动

"千企千镇工程"启动仪式在京举行。由国家发展改革委、国家开发银行、中国光大银行、中国企业联合会、中国企业家协会、中国城镇化促进会等单位共同组织实施的"千企千镇工程"于 2017 年 1 月 8 日在人民大会堂举行了启动仪式。来自全国各地城镇化工作机构负责人、国家新型城镇化综合试点地区负责人、著名企业代表、投融资机构代表、新闻机构代表等各界人士共计 900 余人参加了这次活动,引起社会各界的普遍关注。

图 10.1　"千企千镇工程"启动仪式

二、建立六部门联席工作会议制度，制定工作规范

为了更好地发动和组织"千企千镇工程"，2017 年召开了五次六部门联席会议，制定了《"千企千镇工程"实施导则》，共同研究确定了"千企千镇工程"实施中的一些重大问题，为"千企千镇工程"的顺利实施提供了组织保障。

1 月 12 日，第一次联席工作会议召开。会议就"千企千镇工程"六方实施主体定期召开联席会议，以及如何推进工程实施达成共识。会议认为，围绕"千企千镇工程"，2017 年应力争做好以下几项工作：第一，在国家发展改革委的指导下，树立责任意识、大局意识，做好"千企千镇工程"的整体规划和实施方案；第二，全力打造"一网两库"（"千企千镇服务网"，全国小（城）镇基础数据资源库和企业转型升级数据库）；第三，全方位搭建镇企对接平台；第四，多方式举办各类培训班；第五，多层次搭建投融资平台；第六，广泛化、立体式宣传"千企千镇工程"。会议强调，"千企千镇工程"要积极、稳妥向前推进，要打造成经得起历史检验的伟大工程；"一网两库"建设要实实在在向前推进；

要强化培训意识，及时总结经典案例，服务于培训教学；要打造开放式的实施平台，把感兴趣的主体不断吸纳进来。会议各方对《2017 年"千企千镇工程"工作计划》（征求意见稿）进行了充分讨论，并分别谈了具体的工作设想和安排。

3 月 3 日，第二次联席工作会议召开。会议就《"千企千镇工程"实施导则（草案）》，广泛听取各方意见和建议。

5 月 5 日，第三次联席工作会议召开。会议总结了"千企千镇工程"前一阶段的工作，并提出了下一阶段的主要工作任务。会议强调，"千企千镇工程"重在服务，要强化服务意识，积极通过市场化的方式，助力镇企对接、扶持小（城）镇培育。"千企千镇服务网"一定要突出服务特色，要努力成为企业和小（城）镇结对子的最佳平台。会议审议通过了《"千企千镇工程"实施导则》和《"千企千镇工程"办公室主任、副主任名单》。《导则》规定，"千企千镇工程"办公室设在中国城镇化促进会，日常工作由中国城镇化促进会负责。

图 10.2　"千企千镇工程"第三次联席工作会议召开

7月27日，第四次联席工作会议召开。会议总结了"千企千镇工程"实施半年来的工作情况，就特色小镇建设实践中遇到的一些具体问题进行了沟通交流，就"千企千镇工程"培育方案听取了各方意见，并对下半年的工作进行安排、部署。会议指出，在接下来的工作中，应设计一个开放型的评价体系，对上报项目优中选优进行培育。在培育过程中，要制定相应的金融政策同小镇对接，使培育工作真正落地有声。"政府引导、企业主体、市场化运作、多元主体参与"的理念，是新型城镇化进程中特色小镇发展的必由之路。"千企千镇工程"一定要围绕这一理念，进一步强化服务意识，把服务工作做实做透。积极打造相应的产业基金，重点培育一些优质特色小镇。进一步突出"千企千镇服务网"的服务特色，使其在"千企千镇工程"中发挥出更大的作用。

10月20日，第五次联席工作会议召开。会议提出，制定"千企千镇工程"培育办法和专家库管理办法；多形式、多层面搭建镇企合作平台。

三、开展"千企千镇工程"进地方活动

2017年，"千企千镇工程"办公室积极组织开展了"千企千镇工程"进地方活动，为地方政府和小城镇，量身定制，精准服务，帮助它们与央企、国企和大型民企建立合作渠道，搭建合作平台。

8月6日，由中国城镇化促进会主办，青岛市城镇化工作领导小组、青岛市黄岛区人民政府（西海岸新区管委）承办的"千企千镇工程"进青岛活动在黄岛区举行。"千企千镇工程"进青岛活动由主题活动、座谈会、镇企交流会三部分成。活动旨在搭建青岛市小镇与企业交流平台，促进青岛市镇企融合发展。全国人大原副委员长、中国城镇化促进会主席蒋正华出席活动并发表讲话。青岛市人大、市政府相关领导，青岛市政府相关职能部门领导，特色小镇所在

区县相关领导，以及企业界、金融界代表出席了活动。出席活动的国家开发银行、中国光大银行代表对"千企千镇工程"实施、特色小镇创建的金融支持政策作了详细介绍。部分企业代表介绍了本企业参与特色小镇建设的情况和经验。

在下午的镇企交流会上，来自全国各地的新型城镇化建设领域的 30 多家优质企业与青岛市 21 个重点特色小（城）镇进行了项目对接和交流。

图 10.3 "千企千镇工程"进青岛活动举办

8 月 26 日，由内蒙古兴安盟行政公署主办，兴安盟科技局、兴安盟科右前旗人民政府承办，中国城镇化促进会等为支持单位的"2017 美丽中国产城融合——战略新兴产业暨'千企千镇工程'走进兴安盟"高峰论坛在兴安盟科右前旗召开。内蒙古自治区科技厅、兴安盟行署、中国城镇化促进会等单位的相关领导参加了会议并发言。来自全国各地的院士、金融专家、企业家约 200 人出席了会议。会议就有关政策、技术以及新兴战略产业如何与特色小镇建设相融合，促进经济可持续发展等问题进行了深入探讨，并签订了一批合作项目。

会议指出，战略新兴产业覆盖一二三产业，既是新技术、新产业、新业态的重要领域，也是改造和提升传统产业的支点，还是更广领域跨界融合的新增长点。特色小镇的发展离不开对产业项目的培育，通过特色产业的开发、培育及集聚，最终打造产业集群，实现产业价值。

2017 年 10 月底，"千企千镇工程"进咸宁活动举办。活动由中国城镇化促进会、国家中医药管理局所属事业单位中国中医药科技开发交流中心、全国老龄委办公室所属事业单位中国老龄协会老年人才信息中心和咸宁市人民政府共同主办。全国人大常委会原副委员长、中国城镇化促进会主席蒋正华出席活动并讲话。来自全国各地的中医药专家学者、涉老企事业单位 600 余位嘉宾参加了活动。

活动中，中国老龄协会老年人才信息中心、国龄智能养老产业投资（北京）股份有限公司同湖北省咸宁市咸安区人民政府就共建咸宁向阳湖智慧康养小镇签订了合作协议，并向"千企千镇工程"办公室现场递交了项目入库申请书。

图 10.4　"千企千镇工程"进咸宁活动举办

图 10.5　"千企千镇工程"进咸宁活动举办

　　12 月 10 日，由中国侨商联合会、中国城镇化促进会、海南省发展改革委、海南省侨联联合主办的第九届中国侨商论坛暨"千企千镇工程"进海南活动在海口举办。"千企千镇工程"进海南活动主题是"凝聚世界侨商力量·服务乡村振兴战略·建设海南百镇千村"。活动旨在搭建海南省乡镇与华商侨商企业交流平台，促进海南省镇企融合发展和城乡融合发展。全国人大常委会原副委员长、中国城镇化促进会主席蒋正华出席活动并讲话。

　　活动肯定了特色小镇和特色小城镇建设的必要性和重大意义，分析了特色小镇的内涵特质和发展要素，指出了在特色小镇认识上的种种误区，提出了特色小镇和特色小城镇建设的指导思想、基本原则和应采取的重要举措。来自国家开发银行的代表介绍了国家开发银行支持新型城镇化的相关政策、原则和重点举措，从融资条件、融资模式角度对特色小镇建设提出了意见和建议。来自中国光大银行的代表介绍了中国光大银行支持特色小镇和特色小城镇建设的政策和思路，就小镇建设中政府、企业和金融机构应注意的问题发表了看法，提出了建议。

图 10.6　"千企千镇工程"进海南活动举办

活动指出，通过中国侨联、中国侨商联合会及各省市区的侨商联合会、华商联谊会、华侨华人商会、国际华商会等众多社会组织发挥桥梁和纽带作用，凝聚起世界范围内华人华侨的力量，共同建设海南百镇千村，将有力推动新型城镇化和乡村振兴战略在海南的实施。"千企千镇工程"启动实施以来，已成为小（城）镇建设的重要抓手和推动力量，工程进海南活动将为海南的百镇千村建设注入巨大动力。

活动专门组织了项目对接会。会议现场宣传展示了海南省部分乡镇的发展概况、项目特色、产业基础等情况。主办方向参会的华商侨商企业代表发放了海南省《小镇推介材料汇编》。许多乡镇和企业代表在会场内外进行了一对一的自由和有针对性的交流。

图 10.7　"千企千镇工程"进海南活动举办

中国侨商联合会、各省市区的侨商联合会、华商联谊会、华侨华人商会、国际华商会、中国城镇化促进会、中国企业联合会和中国企业家协会等社会组织代表，华商侨商企业代表，以及海南省部分乡镇代表共计600余人参加了"千企千镇工程"进海南活动。

四、开展"千企千镇工程"培训

第一期"千企千镇工程"培训班4月在国家行政学院举办。4月16日至19日，由国家发展改革委发展规划司指导、中国城镇化促进会举办的第一期"千企千镇工程"培训班，在国家行政学院举办。

本期培训班的目的是进一步学习了解国家相关政策，开阔视野，提升特色小（城）镇的建设水准；搭建小（城）镇政府与企业有效对接平台，促进镇企融合发展；学习了解特色小（城）镇建设的相关知识、操作思路，交流特色小（城）镇建设的成功经验，研究探讨工作中遇到的问题和破解途径。

图 10.8　第一期"千企千镇工程"培训班举办

培训班注重理论联系实际，针对新型城镇化及特色小镇建设的热点和难点问题，主要围绕深入推进新型城镇化建设、"千企千镇工程"解读及特色小镇发展、支持新型城镇化建设的土地政策、特色小镇的产业发展与培育、开发性金融支持新型城镇化建设、金融扶持与特色小镇建设等六个专题，采取专家授课、案例分析、经验交流、小组讨论等方式进行培训。

来自全国各地的特色小（城）镇建设负责人，以及有意愿加入"千企千镇工程"的相关企业负责人共 260 余人参加了本期培训。

第二期"千企千镇工程"培训班 6 月在国家行政学院举办。2017 年 6 月 1 日至 3 日，在国家发展改革委发展规划司指导下，中国城镇化促进会在国家行政学院举办了第二期"千企千镇工程"培训班。参加本期培训的学员共 301 人，其中来自全国 17 个省市乡（镇）以上地方政府学员 199 人；来自央企和全国 18 个省市的企业学员 102 人。

图 10.9　第二期"千企千镇工程"培训班举办

此次培训目的：一是认真学习、深刻领会习近平总书记、李克强总理关于新型城镇化、特色小（城）镇建设的重要论述、重要指示和批示精神，进一步落实国家出台的相关政策，提升特色小（城）镇的建设水准。二是搭建小（城）镇与企业有效对接平台，促进镇企融合发展，推动实施"千企千镇工程"。三是学习特色小（城）镇建设的相关知识，理清工作思路，交流特色小（城）镇建设的成果和经验，研究探讨工作中遇到的问题和破解途径。

本次培训班的特点：一是在总结第一期培训工作的基础上，这期培训重点增加了案例分析；二是在镇企分组交流环节，组织已经开始合作或达成合作意向的镇企介绍前期合作情况，为学员了解实际操作提供直观信息；三是定向邀请了部分有特色小城（镇）建设项目的企业，介绍镇企合作经验、交流镇企合作看法。

五、促进镇企结对共建特色小（城）镇

促进镇企结对共建特色小（城）镇，建立多元化协同机制。一方面，依托"一网两库"，促进镇企通过互联网平台交流合作。另一方面，积极开展线下工作，深入基层开展特色小镇调研工作，探索建立多元化的镇企合作渠道、平台和机制。到目前为止，已成功促成 286 对镇企合作项目，覆盖全国 31 个省、自治区和直辖市，山东最多 28 对，河北其次 24 对，江苏第三 23 对。产业涉及休闲旅游、商贸物流、信息产业、智能制造、科技教育、民俗文化传承、现代农业、医疗康养等，休闲旅游最多 84 对，现代农业其次 58 对，医疗康养第三 32 对。286 对镇企合作项目中，建制镇 90 对，非建制镇 196 对；市中镇 12 对，占比 4.20%；市郊镇 85 对，占比 29.72%；镇中镇 176 对，占比 61.54%；园中镇 13 对，占比 4.55%。

表 10.1　"千企千镇工程"项目数量统计

序号	省市	数量	占比	排名	备注
1	北京	11	3.83%		
2	上海	3	1.05%		
3	天津	3	1.05%		
4	重庆	6	2.09%		
5	河北	24	8.36%	2	
6	山西	7	2.44%		
7	内蒙古	4	1.39%		
8	辽宁	14	4.88%		
9	吉林	9	3.14%		
10	黑龙江	1	0.35%		
11	江苏	23	8.01%	3	
12	浙江	14	4.88%		
13	安徽	12	4.18%		
14	福建	5	1.74%		
15	江西	13	4.53%		
16	山东	28	9.76%	1	
17	河南	7	2.44%		
18	湖北	18	6.27%		
19	湖南	5	1.74%		

续表

20	广东	15	5.23%		
21	广西	3	1.05%		
22	海南	3	1.05%		
23	四川	21	7.32%		
24	贵州	14	4.88%		
25	云南	7	2.44%		
26	西藏	1	0.35%		
27	陕西	3	1.05%		
28	甘肃	5	1.74%		
29	宁夏	2	0.70%		
30	青海	2	0.70%		
31	新疆	4	1.39%		
总计		287	100.00%		

表 10.2　"千企千镇工程"项目产业类型统计

序号	种类	数量	占比	排名
1	金融	3	1.05%	
2	康养	32	11.23%	3
	康养 + 休闲旅行	3	1.05%	
3	科技教育	14	4.91%	
4	民俗文化传承	25	8.77%	
5	民俗文化传承 + 休闲旅游	2	0.70%	
	民俗文化传承 + 现代农业	2	0.70%	
5	商贸物流	7	2.46%	
6	现代农业	58	20.35%	2
7	信息产业	12	4.21%	
8	休闲旅游	84	29.47%	1
9	智能制造	15	5.26%	
	其他	28	9.82%	
总计		285	100.00%	

表 10.3　"千企千镇工程"项目小镇性质统计

序号	种类	数量	占比	备注
1	建制镇	88	30.66%	
2	非建制镇	199	69.34%	
总计		287		

表10.4　"千企千镇工程"项目类型类别统计

序号	类型	数量	占比	备注
1	市中镇	12	4.18%	
2	市郊镇	85	29.62%	
3	镇中镇	177	61.67%	
4	园中镇	13	4.53%	
总计		287	100.00%	

表10.5　"千企千镇工程"项目区域统计

序号	类型	数量	占比	备注
1	东北	24	8.36%	
2	华北	49	17.07%	
3	华南	21	7.32%	
4	华中	30	10.45%	
5	华东	98	34.15%	
6	西南	49	17.07%	
7	西北	16	5.57%	
总计		287	100.00%	

六、夯实"一网两库"建设，打造镇企交流合作平台

2017年3月初，正式启动"一网两库"（"一网"为"千企千镇服务网"，"两库"为全国小（城）镇基础数据资源库、企业转型升级数据库）建设。"千企千镇服务网"突出实用性、服务性，全面及时发布特色小（城）镇建设的相关信息，让镇企打破区域限制，实现互动交流，打造镇企交流合作平台。在"两库"建设上，充分利用现代网络信息技术、云计算技术，为"千企千镇工程"提供大数据信息服务。

第十一章　联合发起单位工作进展

2016 年 12 月 12 日，国家发展改革委、国家开发银行、中国光大银行、中国企业联合会、中国企业家协会、中国城镇化促进会等六部门联合发布了《关于实施"千企千镇工程"推进美丽特色小（城）镇建设的通知》（发改规划〔2016〕2604 号）。工程启动后，六部门根据各自业务领域特点和工作实际积极推动工程实施。

一、国家发展改革委政策引导

为了加快推进、规范发展特色小镇建设，国家发展改革委规划司会同有关部门牵头制定颁布了多个政策文件。2016 年 10 月 31 日，国家发展改革委发布《关于加快美丽特色小（城）镇建设的指导意见》（发改规划〔2016〕2125 号），明确了特色小镇建设必须坚持创新探索、因地制宜、产业建镇、以人为本、市场主导的原则。2016 年 12 月，国家发展改革委牵头发布了《关于实施"千企千镇工程"推进美丽特色小（城）镇建设的通知》（发改规划〔2016〕2604 号），推动"政府引导、企业主体、市场化运作"的新型小（城）镇创建模式，搭建小（城）镇与企业主体有效对接平台，引导社会资本参与美丽特色小（城）镇建设，促进镇企融合发展、共同成长。2017 年 1 月，在国家发展改革委的指导和支持下，"千企千镇工程"举行启动仪式，工程正式启动实施。

国家发展改革委充分发挥"千企千镇工程"六部门联席会议机制的作用，加强对"千企千镇工程"的工作指导、监督、推进。2017 年指导召开了五次联席会议，指导制定了《"千企千镇工程"实施导则》，确定了《"千企千镇工程"示范小镇培育办法》，研究了"千企千镇工程"实施中的一些重大问题，为"千企千镇工程"的顺利实施提供了组织保障。

2017 年 12 月 4 日，国家发展改革委牵头发布《关于规范推进特色小镇和特色小城镇建设的若干意见》（发改规划〔2017〕2084 号），该意见对发挥"千企千镇工程"作用，推动镇企融合，规范推进特色小镇和特色小城镇建设具有重大指导意义。

二、国家开发银行发挥金融优势

国家开发银行充分发挥开发性金融优势，创新支持特色村镇建设融资模式，主要做法如下：

一是建立部行合作机制。与住房城乡建设部村镇建设司签署《共同推进小城镇建设合作框架协议》，明确合作目标、合作原则，建立工作机制；联合下发《关于推进开发性金融支持小城镇建设的通知》（建村〔2017〕27 号），明确推动小城镇领域建设的重点工作、投融资支持的重点内容及建立项目储备机制，并将总对总的部行合作机制逐步向地方传导；与国家发展改革委等六单位联合发布《关于实施"千企千镇工程"推进美丽特色小（城）镇建设的通知》，建立项目信息服务平台，做好政府与企业之间的桥梁，发挥纽带作用。

二是做好顶层设计。研究提出中央 1 号文件的贯彻意见并下发全行，提出了发展乡村休闲旅游产业、建设农村产业融合发展示范园、开展农村人居环境治理以及美丽宜居乡村建设等。与国家发展改革委联合发布《关于开发性金融支持特色小（城）镇建设促进脱贫攻坚的意见》，并研究提出具体工作推动方案，通过统一立项、整体授信、优先支持，大力推进特色小（城）镇建设与脱贫攻坚战略相结合，加快脱贫攻坚致富步伐。

三是加强规划编制。围绕提高特色村镇公共服务水平、特色产业发展、宜居环境塑造等重点方向和领域，协助地方编制特色村镇建设规划和配套融资规划，明确支持重点、融资方案和融资渠道，提供差异化的发展思路与支持举措，助力特色村镇科学可持续发展。

四是创新融资模式。先后支持了苏州吴江区七都特色小镇、余姚机器人特色小镇、舟山定海远洋渔业特色小镇等重点小城镇项目。以"区带镇""市带县"的整体授信模式，积极探索创新市场化模式，主动构建主体、构造项目，培育小城镇建设投融资生态圈，着力支持小城镇基础设施、公共服务设施、产业配套设施等短板领域。同时，研究提出整合财政涉农资金，支持农村人居环境整治，打造各具特色的地方特色小镇。继续完善和推广运用"四台一会"模式，积极支持村镇发展特色产业。研究以"龙头企业＋农村合作社＋农户"的模式，引入社会资本，共同打造村镇特色优势产业，促进"种养加"一体化，推进农村产业融合，推动建设集生产、经济、生态、文化、休闲、旅游、观光于一体，一二三产业融合发展的新型农业示范区。国家开发银行目前已向南疆四地州的扶贫特色小城镇建设提供 500 亿元融资额度，正在推动西藏、云南等边境地区特色小镇项目融资。

三、中国光大银行提供金融服务

中国光大银行高度重视，积极响应国家战略部署，全力为特色小（城）镇项目提供优质综合金融服务。截至 2017 年 12 月末，全行已批复各类特色小镇项目 12 个，批复金额 53.25 亿元；已投放特色小镇项目 9 个，投放金额 40 亿元。

1. 重点工作

2016 年 12 月 12 日，国家发展改革委联合国家开发银行、中国光大银行、中国企业联合会、中国企业家协会、中国城镇化促进会共同出台《关于实施"千企千镇工程"推进美丽特色小（城）镇建设的通知》。

2017年1月8日，"2017年中国新型城镇化论坛暨'千企千镇工程'启动仪式"在人民大会堂举行。行长张金良代表中国光大银行参加了启动仪式并发言。

2017年5月，在国家发展改革委的指导下，中国光大银行、国家开发银行、中国企业联合会、中国企业家协会及中国城镇化促进会六家单位共同修订了《"千企千镇工程"实施导则》，该《导则》由中国城镇化促进会发布，明确了"千企千镇工程"的总体目标、服务流程、主办单位联合承担的共同职责以及千企千镇工作机构等具体内容。

2017年10月，中国光大银行与国家发展改革委签订了"支持特色小（城）镇建设"战略合作协议。同时，对有望产生典型经验和引领示范带动效应的特色小镇开展金融精准支持，形成可复制可推广的经验，促进特色小（城）镇健康发展。

2017年，中国光大银行作为"千企千镇工程"的发起者、组织者之一，也在践行着推动者和实施者的角色。行领导对特色小镇建设高度重视，多次亲赴特色小镇考察，了解实际情况，帮助小镇制定发展策略，促成镇企合作。多次派出业务骨干参加发展改革委、中国城镇化促进会组织的各类特色小镇培训、宣讲、镇企对接活动，积极参与特色小镇的宣传引导。

中国光大银行充分利用在大数据、云计算方面的经验，协助发展改革委及地方政府建设"千企千镇服务网"、企业产业转移及转型升级数据库、全国特色小（城）镇数据库等基础信息平台，为推动企业等社会资本与特色小（城）镇对接提供基础支撑。

2. 专项政策

（1）特色小（城）镇白名单制度。

为了满足特色小镇业务发展需要，中国光大银行专门出台了针对特色小镇的白名单制度，对于纳入白名单的特色小镇，总行给予分行最高金额10亿元、最长期限10年期的专项审批授权。

（2）提供综合金融服务。

依托光大集团全牌照金融控股集团的优势，整合投资银行业务和商业银行传统信贷业务，发挥集团下属证券、保险、信托、私募等金融实体的优势，制定创新的融资解决方案。在前端，充分运用股权投资、母子基金等多种交易结构满足项目的资本金融资需求，在后端，通过配套项目贷款、发债等产品实现特色小镇项目全程支持。

（3）加强内部宣传引导。

组织分支行认真学习、深刻领会"千企千镇工程"的重要意义和实施目标，不断总结经验方法，开展案例共享和经验交流，在全行形成积极参与特色小镇建设的良好氛围。

3. 支持特色小镇配套的城镇化建设

（1）运用城镇化贷款工具为特色小镇建设提供支持。

为支持国家城镇化建设，中国光大银行于 2014 年 1 月相继印发了《城镇化建设贷款投向政策（2014 年试行版）》《中国光大银行城镇化建设贷款管理办法（试行）》。自 2015 年起，城镇化建设贷款余额由 364 亿元增至 2017 年年末 1483 亿元，增长了 1119 亿元，增幅 307.42%。

（2）运用理财资管业务工具支撑新型城镇化建设。

设立城镇公益性及半公益性基础设施建设投资基金、城镇环境治理产融结合投资基金、城镇化基础设施建设投资基金、城镇棚户区改造建设基金、城镇化产业综合升级改造母基金、中国政府和社会资本合作融资基金等专项基金等，解决新型城镇化建设中的资本金融资等问题。

（3）支持发展改革委重点领域重大建设工程建设项目。

截至 2017 年年末，中国光大银行共计投放发展改革委项目 513 个，其中城镇化项目 209 个，占比 41%；投放金额 2037 亿元，其中城镇化项目投入 854 亿元，占比 42%。

四、中国企业联合会、中国企业家协会组织企业参与

中国企业联合会、中国企业家协会作为全国企业、企业家、企业团体的联合组织，秉承"面向企业、为企业和企业家服务"的宗旨，积极参与、组织企业参加新型城镇化建设事业。

国家发展改革委牵头六单位联合发布的《关于实施"千企千镇工程"推进美丽特色小（城）镇建设的通知》（发改规划〔2016〕2604号），开启了"千企千镇工程"建设的序幕。小城镇建设应当从产业入手，依据产业发展确定城镇规模，防止废止造镇，防止特色小镇房地产化。培育特色小镇应充分发挥企业主体作用，让企业全过程参与千企千镇的设计、规划、建设和管理过程，推动镇企结对子。中国企联将积极做好"千企千镇工程"的服务工作。

1. 做好宣传工作

中国企业联合会、中国企业家协会先后在中国企联的网站上转发通知，在全国企联系统秘书长工作会议、全国企业管理创新大会等会议，向全国企联系统转达宣传了《通知》精神，并在会员企业中做好千企千镇建设的有关宣传工作，使更多的企业了解特色小镇建设的政策、金融机构的扶持措施，吸引更多企业参与进来。同时，充分发挥中国企业联合会主管、主办的《中国企业报》的作用，对"千企千镇工程"开展全媒体矩阵式、多层次、多渠道、多角度宣传。

（1）利用《中国企业报》等媒体，对"千企千镇工程"开展常规报道。从2017年1月24日《中国企业报》《特色小镇：从"双十双百"走向"千企千镇"》的报道，到2018年1月16日《中国企业报》千企千镇特刊：《"千企千镇工程"：探索镇企结合推进产城融合》，一年来，对"千企千镇工程"进行了100余篇各类宣传报道，有力地利用新闻媒体，宣传了"千企千镇工程"。其中，《"千企"对接"千镇"或将引发新一轮投资热》《"千企千镇工程"进株洲》《"千

企千镇工程"培训班办成项目对接训练营》等多篇报道对"千企千镇工程"进行了独家深入报道，受到了读者和特色小镇业界的好评。在"千企千镇工程"以及特色小镇报道领域做到了第一媒体发布平台的作用。

（2）策划相关专题，采访业内权威人士，提升公众对"千企千镇"的关注度。一年来，《中国企业报》利用各类特色小镇专题、专栏等多样化的报道形式，先后专访、采访了中国城镇化促进会党委书记、副主席兼理事长陈炎兵，住建部村镇司原司长李兵弟，中国城市和小城镇改革发展中心原主任李铁，横店集团创始人徐文荣，中国国土经济学会党委书记兼理事长柳忠勤，国家旅游局综合司原副司长高舜礼，中国人民大学经济学院教授姚永玲，中国人民大学文化创意产业研究所所长金元浦，北京大学中国体育产业研究中心主任何文义，国家发展改革委规划司城镇化推进处处长刘春雨，国家林业局经济发展研究中心政策研究室主任张升，中青旅控股股份有限公司副总裁、中国旅行社协会研学旅行分会首任会长高志权等特色小镇领域的专家、领导、企业家，在业界引起了热烈反响。其中，《陈炎兵：特色小镇必须坚持产业立镇产业建镇产业兴镇》《李铁：特色小镇要避免出现的几个问题》《〈中国企业报〉召集各路大咖"横店论剑"探析横店传奇与特色小镇》《七大成果见证特色小镇建设新起点》等多篇专家专访问题，均获得了业界好评和大量传播，为"千企千镇工程"的推进起到了舆论引导作用。

《中国企业报》利用每期的千企千镇和特色小镇的专版专栏，成为国内特色小镇舆论宣传和业内交流探讨的平台。

（3）发挥新媒体功能，以矩阵式报道，扩大"千企千镇工程"的社会影响力。2017年，中国企业报集团充分发挥了媒体+的新媒体传播功能，以报纸、官方网站、微信、微博等矩阵式报道，大大扩大了"千企千镇工程"的传播力度和广度。

《中国企业报》的官方微信：每天都对千企千镇、特色小镇内容进行至少一篇的内容推送。内容除了报纸的深度独家报道外，还有对权威的政策信息的第一时间解读，以媒体矩阵的形式对最新的业内资讯进行整合和发布。

抓重点，发挥矩阵式报道优势：除了对千企千镇在建设中的难点、痛点和普遍遇到的土地、基金的问题进行了研讨和调研，同时也对特色小镇按领域进行细分，按系列进行报道，如冰雪小镇、森林小镇、文旅小镇、通航小镇、游学小镇、体育小镇等各类特色小镇，先后在《中国企业报》全媒体矩阵上进行了前瞻性剖析和指引，其中《研学旅行，特色小镇又一热点板块》《森林小镇，风景这边独好》《海洋特色小镇将迎来"美好时代"》《借势而为 冰雪热带动特色小镇新风向》等报道，通过全媒体报道后，成为各大媒体纷纷转载、热议的对象。

将资讯平台与矩阵式报道无缝对接：《中国企业报》的多媒体，不仅为特色小镇负责人、千企千镇参与企业和企业家们提供了千企千镇的政策信息，还依托媒体传播所附载的智库、论坛和沙龙等平台，通过线上线下对接，使得媒体成为"千企千镇工程"镇企项目对接的平台，信息互动交流的平台，融资融智平台，以及国内外特色小镇等城镇化先进经验学习、引进、互动交流的平台。

2. 做好组织工作

组织企业参加"千企千镇工程"进株洲活动。企业积极参与"千企千镇工程"，东方园林环境股份有限公司规划建设柳山稻米小镇，中国企业报社集团在全国开展"和平玫瑰特色小镇"项目。

做好组织动员工作。组织会员企业与特色小（城）镇结对子，以产业为龙头，把企业转型升级与特色小（城）镇建设有机结合起来，探索新型城镇化建设的有效模式。动员了中国石油、中国建材、新兴际华、中国人寿、中国铁建、中国电建、中国黄金、中交集团、保利集团、上海均和、鹏润控股、东方园林、横店集团、福建宝业等大批优秀的中央企业、地方国有企业和民营企业参与到工程中来。

做好跟踪服务工作。中国企业联合会、中国企业家协会按照国家发展改革委规划司的要求，紧密配合中国城镇化促进会，加强与国家开发银行、中国光大银行等单位密切合作，向有志于投身这项事业的企业、企业家做好政策解读、知识培训、信息交流、沟通联络等工作。

做好经验总结工作。发现新情况、新问题，做好经验推广工作，为更多企业提供借鉴。每个小镇的环境条件都不一样，"千企千镇工程"不可能千篇一律，需要因地制宜，才会打造成为特色小镇。特色小镇建设规划是一个综合的系统工程。科学合理、系统有序、因地制宜地设计发展方案，是特色小镇成功的关键。推进特色小镇发展，要保持和彰显小镇的特色，新生小镇现有格局，不破坏老街区。传承小镇传统文化，不盲目抄搬外来文化。特色小镇是一个风口，不是快餐生意，而是品牌生意，是要打造成百年特色老镇，因而需要细水长流，耐心培育。特色小镇在建设过程中，应当做到产城融合。推进特色小镇建设应当以人民实现安居乐业为成功的最高评判标准，做到小镇精美，公共设施便捷，公共产品服务完善，有舒适的居所可住，有合适的工作可做，使特色小镇的老百姓更富裕，就业更充分，生活更幸福。

五、中国城镇化促进会具体组织落实

中国城镇化促进会具体组织"千企千镇工程"的实施。主要包括：

一是在国家发展改革委的指导和支持下建立了六部门联席工作会议制度，制定了《"千企千镇工程"实施导则》，确定了《"千企千镇工程"示范小镇培育办法》，建立了"千企千镇工程"专家库。2017 年共召开了五次部门联席工作会议，共同研究"千企千镇工程"实施中一些重大问题，为"千企千镇工程"的顺利实施提供了组织保障。

二是开展了"千企千镇工程"进株洲、青岛、兴安盟、重庆、咸宁、海南等活动，为地方政府和小城镇量身定制，精准服务，与央企、国企和大型民企建立合作渠道，搭建合作平台。以上各项活动累计组织参会人员 5000 多人，组织企业和小城镇数量达 2000 多对，成功撮合镇企合作项目近 300 个。

三是建设了"一网两库"，打造镇企交流合作平台。2017 年 3 月初，正式启动"一网两库"建设，创建了"千企千镇服务网"。网站突出实用性、服务性，全面及时发布特色小（城）镇建设的相关信息，让镇企打破区域限制实现互动交流，打造镇企交流合作平台。在"两库"建设上，充分利用现代网络信息技术、云计算技术，为"千企千镇工程"提供大数据信息服务。

四是促进镇企结对共建特色小（城）镇。一方面，依托"一网两库"，促进镇企通过互联网平台交流合作。另一方面，积极开展线下工作，深入基层开展特色小镇调研工作，探索建立多元化的镇企合作渠道、平台和机制。截止到目前，已成功促成 286 对镇企合作项目，覆盖全国 31 个省、自治区和直辖市。

五是持续开展"千企千镇工程"义务培训。2017 年 4 月 16 至 19 日，在国家行政学院举办了第一期"千企千镇工程"培训班。2017 年 6 月 1 日至 3 日，在国家行政学院举办了第二期"千企千镇工程"培训班。关于培训班的具体情况见前文。

第十二章　实施中存在的问题

一、对特色小镇、特色小城镇的认识存在误区，偏离"千企千镇工程"目标

国家发展改革委《关于加快美丽特色小（城）镇建设的指导意见》（发改规划〔2016〕2125号）指出："特色小镇主要指聚焦特色产业和新兴产业，集聚发展要素，不同于行政建制镇和产业园区的创新创业平台。特色小城镇是指以传统行政区划为单元，特色产业鲜明、具有一定人口和经济规模的建制镇。"国家发展改革委等四部委《关于规范推进特色小镇和特色小城镇建设的若干意见》（发改规划〔2017〕2084号）进一步强调："特色小镇是在几平方千米土地上集聚特色产业、生产生活生态空间相融合、不同于行政建制镇和产业园区的创新创业平台。特色小城镇是拥有几十平方千米以上土地和一定人口经济规模、特色产业鲜明的行政建制镇。"实施"千企千镇工程"，要基于对特色小（城）镇的正确认识，增强小（城）镇可持续发展能力和竞争力。

实践中，一些地方的政府部门和企业对特色小镇、特色小城镇的认识存在误区。例如，把一些产业园区、旅游景区、体育基地、美丽乡村、田园综合体以及行政建制镇戴上特色小镇"帽子"；许多地方出现房地产化倾向，认为特色小镇、特色小城镇建设就是要房地产主导，一些房地产开发商甚至将其开发的不具产业功能的居住社区也冠以特色小镇的名字；有的城镇政府认为只要本城镇被列入国家相关部委的特色小（城）镇名单就万事大吉，没有进一步创建

发展的动力和思路；有的地方只注重产业发展，忽略传统文化保护和传承，轻视特色文化培育和建设。有的基层政府部门和企业对特色小（城）镇建设的系统性、长期性、艰巨性认识不够，把特色小（城）镇建设作为一个短期工程来实施，导致"烂尾""夹生"等后果。认识上的误区导致一些地方在特色小（城）镇建设上偏离了"千企千镇工程"目标。

二、产业规划工作薄弱，生产生活生态融合不够，不符合"千企千镇工程"要求

"千企千镇工程"要求，培育壮大优势主导产业，扩大就业，集聚人口，推动"产、城、人、文"融合发展。但是，在全国范围内特色小镇和特色小城镇建设上，普遍缺乏科学、前瞻的产业规划和明晰、精准的产业定位，没有挖掘出当地主导产业和优势产业，缺乏产业链的整合和延伸。特色元素不突出。有的项目相关规划文本规范，要素全面，但套路化严重，没有提炼出有差异化、有特色的元素；或者尽管特色明显，但不具有落地实施的可行性。有的地方急于求成，在特色小（城）镇建设上没有厘清发展思路和方向，没有形成总体策划方案的情况下，只见树木不见森林，盲目规划，结果导致产业规划方案虽然形式完备详细却缺乏实施价值和效果。这些问题的存在，使得小镇和小城镇发展的可持续性得不到保障。

另一方面，普遍存在生产生活生态融合不够的问题。有的小镇只注重产业发展，不注重产业和小镇居民生活、小镇生态环境的有机融合，小镇基础设施、公共服务和治理体系不完善，生态环境没有得到有效保护，同样缺乏发展的可持续性。

三、影响"千企千镇工程"实施的土地和融资问题

土地问题一直是制约特色小（城）镇发展的制度障碍。特色小镇在产业发展、基础设施建设上需要大量的用地指标。目前，大多数特色小镇都面临着用地指标缺乏的困难现实。建设用地指标是制约城镇建设项目发展的最主要问题。城乡统一的土地市场尚未建立，城乡建设用地增减挂钩机制尚处于探索推进阶段，基层政府土地管理权限缺失，农村土地经营权和宅基地使用权流转机制尚不完善等，都制约着特色小（城）镇的建设和发展。

融资问题也是影响特色小（城）镇建设的关键问题。土地一级整理和公共设施建设需要大量资金，吸引社会资本参与小（城）镇基础设施和公用设施建设和运营是特色小（城）镇发展的必由之路。当前，镇级政府融资能力不足，融资条件不具备，使得融资受限。此外，政府和社会资本合作机制和模式有待完善，专门针对特色小镇发展的融资模式与偿债机制尚未建立，特色小（城）镇建设基金尚未设立，许多地方政府未建立特色小（城）镇投融资平台，商业银行没有专门针对特色小镇的金融服务和产品。

国家相关部委和金融机构对特色小（城）镇建设融资问题高度重视。为了加大对特色小（城）镇建设的金融支持力度，国家发展改革委、国家开发银行、中国光大银行等六部门联合发布了《关于实施"千企千镇工程"推进美丽特色小（城）镇建设的通知》（发改规划〔2016〕2604 号）；住建部、中国农业发展银行联合发布了《关于推进政策性金融支持小城镇建设的通知》（建村〔2016〕220 号）；国家发展改革委、国家开发银行联合下发了《关于开发性金融支持特色小（城）镇建设，促进脱贫攻坚的意见》（发改规划〔2017〕102 号）；住建部、国家开发银行联合下发了《关于推进开发性金融支持小城镇建设的通知》（建村〔2017〕27 号）。但在特色小（城）镇建设实践中，上述文件中的

金融支持措施在许多地方难以落地实施，小城镇产业规划、建设运营模式、金融机构和地方政府的沟通协作机制、地方政府担保体系、金融风险补偿机制、地方金融生态等多种因素制约着特色小（城）镇建设的融资效果。

四、企业主体作用发挥不充分，背离"千企千镇工程"主旨

国家发展改革委等六部门《关于实施"千企千镇工程"推进美丽特色小（城）镇建设的通知》（发改规划〔2016〕2604号）明确指出，"千企千镇工程"是指根据"政府引导、企业主体、市场化运作"的新型小（城）镇创建模式，搭建小（城）镇与企业主体有效对接平台，引导社会资本参与美丽特色小（城）镇建设，促进镇企融合发展、共同成长。

实践中，一些地方政府仍然有大包大揽冲动，行政思维代替市场思维，政府职能错位。虽然一些地方政府也将政府引导、企业主导、市场化运作的原则写进正式文件，但在实际运作中仍然摆脱不了政府工程的倾向，带有浓厚的行政色彩，政府管控、主持大部分环节，没有真正放手让企业运作，企业在投资建设小镇的相关流程中仍然遇到许多不必要的障碍。相关事项重复汇报，议而不决，迟迟无法落地推进，乃至错失发展良机。

实践中还出现特色小（城）镇投资运营企业缺乏的问题。特色小（城）镇建设对投资运营企业提出了很高的要求，包括对小（城）镇建设的创意策划能力、总体规划能力、产业规划能力、生态规划能力、融资规划能力、自身资金实力、市场营销能力、治理能力等的要求。但特色小（城）镇是一个新事物，国内企业缺乏投资运营经验，除了浙江乌镇、北京古北水镇等少数特色小（城）镇外，由投资运营企业统筹规划、推进建设的成功案例并不多。

五、建设基础薄弱、治理体系滞后，
实现"千企千镇工程"目标任重道远

近年来我国大中城市发展成就有目共睹，但小城市和小城镇是新型城镇化的"短板"。为此，党的十九大在区域协调发展战略中专门强调"以城市群为主体构建大中小城市和小城镇协调发展的城镇格局"。小城镇普遍存在建设基础薄弱的问题。多数小城镇基础设施建设相对滞后。除县城之外，建制镇的人均道路面积、用水普及率、燃气普及率、排水管道暗渠密度等指标普遍偏低；多数小城镇自来水还是简易直供，供水设备陈旧老化等问题比较严重；污水、垃圾处理设施建设滞后，环境污染隐患大；学校、医院等公共服务设施配置明显不足，教育、文化、医疗、卫生、体育等公共服务事业发展较慢。主要原因在于基础设施建设资金投入不足，且投融资渠道单一，主要依靠政府财政投入。部分地方过度依赖土地出让收入和土地抵押融资，导致土地粗放利用，削弱小城镇建设和可持续发展基础。

在治理体系方面，特色小镇是一个创新平台，是一个非行政单元的特殊聚集体，是一个需要全面治理的行政经济空间，包含多元化的利益主体。要使多元化的利益主体和谐共赢发展，形成一个利益共同体，就需要科学有效的治理体系。这个治理体系，既需要基层政府的行政管理，又需要社会组织、企业及各类居民的共同参与，是一个涉及乡村自治组织（村民委员会）、城镇政府及其职能部门、企业和社会组织的综合体系，包括治理模式、治理途径、治理体制、治理机制等。

目前，特色小镇和特色小城镇的管理职能和权限远比市、县政府小。许多特色小城镇只是一个行政中心，无经济、生产等管理权限。尽管有的特色小城镇在经济管理权限上已经享受省级开发区权限，但作为镇一级的地方政府，其经济管理权限与社会管理权限不匹配，缺少城镇建设管理权，对公共服务、市场监管、环境保护、社会治理等一些社会事务难以有效协调。目前，有的省已经在相关文件中明确提出扩权强镇改革措施。而特色小镇本身是一个经济和生活聚集区，并不是一个行政中心，没有任何行政权力，同时，特色小镇没有组建由政府、企业、社会、居民共同组成的公共—私人部门合作管理机构，没有建立起一个有效的自我治理体系，走上共同治理道路。总之，特色小镇和特色小城镇本身的管理权限和治理能力承担不了可持续发展的重任，也阻碍着"千企千镇工程"目标的实现。

六、培育工作滞后，标准评价体系未建立

"千企千镇工程"强调特色小镇和特色小城镇走创建制道路，重在对特色小镇进行培育。《"千企千镇工程"实施导则》（2017）对特色小镇和特色小城镇培育服务的内容和措施作了专门规定。国家发展改革委《关于加快美丽特色小（城）镇建设的指导意见》（发改规划〔2016〕2125号）也明确提出："借鉴浙江等地采取创建制培育特色小镇的经验。"住房城乡建设部、国家发展改革委、财政部联合下发了《关于开展特色小镇培育工作的通知》（建村〔2016〕147号），对特色小镇培育工作提出了具体要求。

在实践中，仍然存在只注重命名戴帽、缺乏培育支持的现象。部分省市区在相关文件中就特色小镇和特色小城镇的创建培育进行了制度设计，包含动态监测、考核评估、验收命名等内容。有的地方如安徽，在申报评估工作完成后迅速组织镇长会议、专题论坛、大型资源对接会、经验交流会，所承诺的专项资金也及时到位，充分发挥了政府的引导、服务作用，实质性推进了特色小镇创建培育工作。但有的地方仍然延续以往的命名制，跟进调整工作相对滞后，

没有拿出可操作的培育措施，没有建立科学的验收评估机制。

特色小镇和特色小城镇培育标准和评价体系的阙如也制约着培育工作的开展。浙江省发布了全国首个特色小镇评定地方标准，走在了前列。全国性的评价标准体系尚未建立。这和特色小镇、特色小城镇的发展历程有关。特色小镇概念于 2014 年才明确提出来，是浙江等地为解决块状经济所产生的缺乏创新、产业低端、资源利用粗放等问题提出来的。2016 年全国两会通过的"十三五"规划将加快培育特色小城镇作为国家战略。目前关于特色小镇和特色小城镇的研究还处于初步阶段。经济社会发展形势要求加快特色小镇、特色小城镇建设，国家发展改革委等四部委也出台了《关于规范推进特色小镇和特色小城镇建设的若干意见》（发改规划〔2017〕2084 号），因此，加快特色小镇、特色小城镇建培育标准和评价体系具有现实必要性和紧迫性。

七、镇企融合发展面临障碍

"千企千镇工程"旨在搭建小（城）镇与企业主体有效对接平台，引导社会资本参与特色小（城）镇建设，促进镇企融合发展。《"千企千镇工程"实施导则》（2017）提出了镇企结对合作的渠道、途径和程序。中国城镇化促进会进行了"一网两库"（"千企千镇服务网"，全国小（城）镇基础数据资源库，企业转型升级数据库）建设，开展了"千企千镇工程"进地方活动，连续举办"千企千镇工程"培训班等，对镇企融合发展机制进行了积极探索，积累了丰富经验。同时，镇企融合建设特色小镇、特色小城镇，在一些地方出现了成功的范例。

但在全国范围内，总体情况并不乐观。镇企融合发展仍然面临着发展思路束缚、体制机制障碍。例如，一些特色小镇、特色小城镇是不同企业项目的简单堆砌和碎片化开发，缺乏有实力的投资运营企业统筹推进；一些小城镇政府不注重引入企业资本，和企业联合开发建设，而是政府举债建设，由此加重地方政府债务负担；有些地方政府对企业创建特色小镇规划没有进行科学论证，对产业内容、盈利模式和后期运营方案没有严格把关，导致出现"假小镇真地产"项目，企业没有对小（城）镇产业链建设做出积极贡献，没有真正融入小（城）镇的可持续发展事业中。

有的地方，基层政府职能没有切实转变，镇企沟通、对话渠道不畅通，机制没有建立，导致镇企无法有效对接和融合发展。有的地方，基层政府为了追求政绩，在特色小镇、特色小城镇建设上急于求成、盲目发展，热衷于上项目、铺摊子，没有进行充分的规划和论证，导致企业发展空间受限或者发展前景不好，不能够实现和小镇共赢发展。

八、各地对"千企千镇工程"的组织推进力度不一

国家发展改革委等六单位联合启动"千企千镇工程"后，各地对工程的组织推进力度不一。有的省出台正式文件组织推动，如贵州省住房和城乡建设厅等六部门联合出台了《关于深入实施"千企千镇工程"推进美丽特色小（城）镇建设的通知》（黔建城镇化通〔2017〕285号）。有的省区市虽然没有出台正式文件，但在特色小（城）镇建设实践中，省一级政府或者地市一级政府注重借力"千企千镇工程"，邀请"千企千镇工程"办公室到当地举行"千企千镇工程"进地方活动，为企业到当地投资建设特色小（城）镇营造政策氛围，创造制度条件，如湖南、重庆、山东、湖北、海南等省区市；或者积极组织基层政府部门和企业参加"千企千镇工程"培训班，为当地特色小（城）镇建设寻求政策资源和融资机会，如北京、天津、贵州、湖南、四川、重庆、海南、广西、辽宁、河南、河北、山东等省区市。

第十三章　案例介绍

一、浔龙河生态艺术小镇

1. 基本情况

浔龙河生态艺术小镇项目依托长沙市果园镇浔龙河村（原双河村和红花村）良好的区位优势、便捷的交通条件、优美的生态环境和丰厚的人文底蕴优势，以建设"城镇化的乡村、乡村式的城镇"为目标，打造特色鲜明、产业发展、绿色生态、美丽宜居的特色小镇。项目总用地面积 14700 余亩，总投资 140 亿元，总开发周期为 20 年，即 2011 年至 2030 年。项目围绕现代农业、生态旅游、宜居城镇三大核心，来营造乐农、慢游、宜居的生活之境，让当地居民享受到城市级的生活品质，同时让都市人能够拥有诗意般的田园生活。

2. 投资及运营主体

浔龙河生态艺术小镇项目由湖南棕榈浔龙河生态城镇发展有限公司作为主体，负责对整个项目进行整体规划、开发建设和运营，公司于 2009 年注册成立，注册资本 2 亿元。

湖南棕榈浔龙河生态城镇发展有限公司由湖南浔龙河投资控股有限公司（持有 50% 股份）、棕榈生态城镇发展股份有限公司（持有 50% 股份）共同组建，是一家以生态城镇开发为主导，整合生态环境治理、城镇基础设施建设、农业综合开发、房地产开发经营、文化旅游产业投资与管理、旅游景区开发管理及教育培训等多种产业于一体的综合城镇运营商。

3. 推进情况

自 2009 年启动以来，浔龙河生态艺术小镇项目已累计完成投资近 20 亿元，完成了村民集中居住一期一批 80 户村民安置及部分公共基础设施建设，完成了生态、文化、旅游、教育、康养五大产业布局和部分产业项目建设。生态产业完成了现代农业基地、农产品加工厂、花木基地、樱花谷建设；旅游产业完成了接待中心、木屋酒店、民宿街、好呷街、麦咭农场等项目建设，举办"麦咭音乐节""疯狂的麦咭嘉年华"、春节灯展、樱花节、龙虾节等活动。教育产业成功引进了北京师范大学附属学校，目前已开工建设；建成童勋营中小学国防素质教育基地。公司自主投资的"浔龙隐·连山"、108 亩商业综合开发等项目已经启动建设。2018 年 10 月前，村民集中居住区一期二批、北京师范大学附属学校、108 亩商业综合开发、乡村振兴培训中心、停车场、公交车站、东八线辅道及跨线桥、垃圾站、污水厂等项目将陆续建成，与绿地集团、星光文旅集团合作的田汉戏剧艺术小镇项目，与泰禾集团合作的康养社区项目也将开工建设。

4. 主要做法和经验

（1）创新地权制度。

浔龙河生态艺术小镇开创的城乡一体化发展模式，是建立在对中国共产党和国家政策、法律、法规的充分理解和科学运用的基础上，通过持续不断的探索、创新实践形成的，需要在实践中不断加以总结、提炼，并返回到实践中加以验证。浔龙河生态艺术小镇示范区在建设过程中，把破解土地问题作为核心问题，对农民的土地承包经营权流转、宅基地永久性使用权置换和集体经营性建设用地上市交易、同价同权试点等改革进行了全面的探索和实践，逐步实现土地资源的资本化，促进了农民增收和农民利益的最大化；同时打通了工商资本下乡的通道，促进了农业综合产业的全面发展，为全国都市郊区型特色小镇建设提供了经验、样板，具有重要的参考价值。

　　浔龙河生态艺术小镇探索的最重要的机制创新集中体现为：将城市的优质资源和社会的优质资本，同乡村的自然生态资源、人文历史资源科学地结合起来，把沉睡的乡村资源通过城市的活力资源与理念来激活，通过社会资本来撬动，以释放出创新红利。浔龙河生态艺术小镇示范园项目建设，开启了都市郊区型乡村振兴模式探索的先河，其最大的成功经验是，立足于盘活中国最大的不动产——农村土地资产，使农民和集体获取最大限度的财产性收入，亦即寻龙河村的机制创新是对现有土地法规、政策的重大创新，它在不改变农村土地权利的情况下，通过对权利的流转、置换、交易，使农村土地资源实现了资本化转变，解决了农民增收、农业发展、农村面貌根本改变的"三农"问题，打通了城市资本下乡的通道，吸引城市人群下乡，使农村成为产业、人流、物流汇集的新天地，促进了农村经济快速发展，对全国特色小镇建设和乡村振兴提供了一个南方样板与示范。主要做法是，围绕农村的土地、生态和人文等资源要素参与生产，把资源变为可产生价值的资本。根据这个核心，从 2009 年开始，根据法律法规、自愿互利的原则，浔龙河生态艺术小镇项目通过对农民的土地承包经营权、宅基地永久性使用权、集体土地收益分红权进行了改革，开展了土地承包经营权流转、城乡建设用地增减挂钩和集体经营性建设用地上市交易同价同权改革，逐步实现了乡村资源要素的资产化、资本化，成为湖南省集体经营性建设用地上市交易、集体产权制度改革试点、社会治理结构改革等试点的示范。

　　（2）试水民生金融。

　　浔龙河生态艺术小镇在中国邮政储蓄银行的支持下，开展信用村建设，建立了信用评价体系：一方面由银行对村民的土地经营权、房屋所有权和集体土地收益分红的股权等，结合农民的家庭经济状况和经营能力进行评估授信；另一方面，由村委会成立信用评价小组，根据村民是否遵纪守法、诚实守信、尊老爱幼、邻里和谐、家庭和睦、踏实勤劳等基本情况，给予信用等级评价。评价等级高的，银行相应增加授信额度，评价低的则相应减少或取消信用额度。这样形成双授信体系，既降低了信贷风险，又为村民创业发展提供了资金支持，同时还创新社会治理，有利于形成良好的社会氛围。

（3）创新发展模式。

在中国新型城镇化的战略背景下，国内涌现出了很多不同的特色小镇发展模式，其中既有以政府行政主导的城乡一体化建设，也有以市场资本主导的商业项目开发，前者依靠强大的政策支撑，后者依靠有力的资本支撑；而浔龙河特色小镇建设却另辟蹊径，巧妙地把市场、政府和农民都整合进来，形成了"企业市场运作、政府推动和监督、基层组织全程参与、民本民生充分保障"的全新模式。

浔龙河之所以能取得今天的成就，主要源于五个方面的创新。

第一，模式创新是基点、是平台。浔龙河项目是由民营资本发起运作的，主导了项目的顶层设计、资金运作、政策平台搭建、土地规划调整等要素破题，充分发挥了市场对资源配置的决定性作用。政府在这个过程中起到推动和监督的作用，在项目建设中不越位、不缺位。村民参与和分享，确保民生问题得到根本解决。譬如：以土地承包经营权流转保障农民基本生活；另外，通过土地增减挂钩政策推动村民实行集中居住。旧房拆除后，每户村民可获得59万元左右的补偿，并可用宅基地永久使用权置换集中居住区新房。由村集体以土地入股的方式参与停车场、加油站等可经营项目，其获得的股份收益由村民按土地合作社中的股份比例进行分红，实现了村民稳定长效增收。

第二，规划创新是关键、是保证。常言道：凡事预则立，不预则废。浔龙河从一开始，就着重强调从不同层次、不同类型规划的统筹推进，最终形成了以民生规划为核心、产业规划为引领、建设规划为推手、社会发展规划为长远目标、土地利用规划为保障的"多规合一"的规划体系，力求把浔龙河项目打造成为国际一流的文化、艺术、生态小镇。

第三，政策创新是重点、是动力。通过开展土地确权，对不需要开展建设的

10000 多亩土地实施集中流转；通过开展土地同价同权试点，将村集体可经营的 300 亩集体经营性建设用地的经营收益，以纯集体性质的资产管理公司为平台进行分红。通过土地增减挂钩推既节约了集体建设用地，增加了耕地面积，同时也解决了农村公共资源配套难、农民居住品质低、农民住房无资产价值等问题。

第四，治理创新是基石、是保障。充分发挥党的领导核心作用，建立了"一核多元"的治理体系。建设"O2O"服务平台，实现了"群众线上点单、党员线下服务"的服务模式。全面推进"依法治村、诚信立村、产业兴村、文化强村"。建立四级民主决策机制，对重大事项实行村民公投。将先进企业文化与优秀乡村文化渗透融合，成立了文化艺术团、老年协会、书画协会等组织，大力开展浔龙河文化建设。

第五，产业创新是核心、是根本。项目树立了"互联网 +"的产业发展理念，充分整合资源，实现产业间互动、内外资源互动的多元复合价值，构建和谐、高效、活力的产业体系与生态圈；通过产业体系向外推介一种人、自然、产业、城镇和谐共生的"世界级田园综合体"。

上述五个方面的创新，极大地激活了生产要素和资源的活性，使浔龙河迅速发展成为具有"特色鲜明的产业形态、和谐宜居的美丽环境、内涵丰富的传统文化、便捷完善的设施服务、充满活力的体制机制"，集"产、城、人、文"于一体的特色小镇。

（4）创新商业运作模式：政府与企业双轮驱动。

政府：完善基础设施和公共功能。在资金投向上，政府主要负责投向规划区域内的公共基础设施和公共服务设施建设领域；在资金来源上形成了多元化的资金渠道；农民搬迁安置所需资金由增减挂钩置换用地土地收益进行平衡；水、电、气、网、公交车站等生活服务配套设施所需资金由政府相关行业或企业进行投入；国土整理、水利建设、农网改造、交通建设等基础设施建设所需资金，则整合中央、省、市、县四级强农惠农政策和新型城镇化相关专项资金进行集中投放；其他基础设施建设和公共功能配套所需资金则由项目区内 3500 亩国有出让用地和项目融资用地的土地收益返还进行保障。

企业：提供产业设施和提高产业效率。为了确保项目的资金投入，通过土地增减挂钩异地置换的土地收益返还，解决农民拆迁安置资金；通过整合政府涉农项目，解决水、电、路、气、网等公共配套和项目区内部基础设施建设资金；通过企业自筹资金和银行"城乡融合"新农村建设贷款项目，解决项目区内基础设施升级改造和产业发展所需资金，这样就能形成稳妥的投资渠道。同时，通过优先发展现代农业和农村休闲旅游业，形成人气后再进行小城镇建设开发和养生地产、旅游地产的开发，促进一、二、三产业融合，给企业带来稳定的市场回报，确保项目持久发展的动力。

项目改变以往由政府为主体投资、市场参与建设的模式，由公司作为投资主体，政府主导推动，将政府与市场的资源优势有机整合，形成项目建设推动力。为确保项目建设期间资金运行安全、充足，公司制定了一整套科学稳健的投融资计划，拟以自筹资金和部分银行贷款作为项目建设启动资金，以土地增减挂钩、土地异地置换所产生的收益作为中期运转资金，以六大产业效益作为项目建设长期的发展资金。

5. 面临的问题和挑战

人口聚集带来的社会治理问题。目前，浔龙河生态小镇已聚集常住人口 4839 人，其中原住民 1800 多人、周边村民 1839 人、外来人口 1200 多人，与原村民相比，增长了 1.69 倍。按规划建成以后，将形成 4 万左右常住人口规模，还不包括旅游休闲等流动人口。人口的增加意味着公共服务的增加，不同的人群意味着不同的利益需求。原双河村和原红花村村委会的管辖权难以覆盖所有的新居民，新的能为所有新居民提供公共服务的组织还未成立，这就为浔龙河小镇社会治理带来新的问题。

不同群体的利益分配问题。原双河村村民在建设浔龙河生态小镇项目过程中，实现了资源的资产化，村民通过土地流转、宅基地置换、土地征收、集体收益分红等方式获得了收益。但周边村（原红花村）村民没有直接参与项目建设，村民手中的资源没有产生直接的效益。而外来常住人群则没有乡村资源，永远不能参与收益分配。还有外来人口的民主等权利如何保障？因此，如何确保原住民资源收益不变，与实现公共利益均等化也将是亟需解决的新问题。

过度开发带来的小镇"变味"问题。2013年长沙县人民政府对《浔龙河生态小镇总体规划》进行批复，明确建设用地面积4897亩，占浔龙河生态小镇总面积的三分之一，其中国有出让用地3897亩，集体建设用地1000亩。目前，浔龙河公司已通过招拍挂取得国有出让地300亩，占国有出让用地规模的7.6%，房地产资金投入达到4.24亿元，占当前小镇资本投入的58.9%，分别是休闲旅游、生态农业和农产品加工业投入的2.3倍、5.7倍和10.7倍。照此发展，浔龙河生态小镇存在房地产过度开发、其他产业发展资金不足的隐患。

去农化倾向和新兴产业不实的问题。资本始终是追求利润的。浔龙河下乡资本如何实现盈利始终是一个难以回避的问题。从2013年长沙县批复浔龙河生态小镇至今已有3年，下乡的工商资本中，90%以上投资在乡村地产，希望以房地产的收益维系资金链，实现滚动开发，带动中期教育产业等发展。就目前来看，对规划的实施难度较大，进度较慢。比如现代农业还处于亏损状态，农产品加工也未做起来。养老、文化等产业还在筹划当中。休闲旅游业是发展较好的产业，它的效益更多的是聚集人气，利润还很微薄。

山林资源利用与农民获利的问题。浔龙河土地流转采取的是选择性流转，目前大部分集中流转都只是意向性地统一流转到小组，视项目建设情况而定。浔龙河项目创造性地开展土地混合运营，其特点是选择性地开发，被开发土地和资源可以得到征收补偿，而周围没有开发、没有征收的土地及山林资源则没有补偿。这就导致了企业无偿享用农民的山林等生态资源，而农民在不知不觉中被剥夺了资源的收益权。

二、三瓜公社电商特色小镇

1. 基本情况

三瓜公社位于安徽巢湖经济开发区。自 2015 年 9 月建设以来，通过"互联网 + 三农"的实施路径来探索一、二、三产融合，农旅、商旅、文旅"三旅"融合，结合休闲农业发展和美丽乡村建设新模式，重塑生态、重塑产业、重塑农民，走新型城镇化和生态绿色发展之路。

三瓜公社规划总占地面积 3 平方千米，中心建设用地 1 平方千米，各类电商产业已用地 30 万平方米，目前已建设完成的项目中综合性农场五谷农业占地 16.8 万平方米，农业嘉年华基地占地面积 7.3 万平方米，再建项目中，四季果园已利用地 20 万平方米，山泉鱼基地已利用地 10 万平方米，茶基地已利用土地 9.5 万平方米。

未来三年规划利用土地情况：两枣农场 15 万平方米、四季果园 37 万平方米、茶基地 10 万平方米、拓展基地 30 万平方米、山泉鱼 5 万平方米、粮种基地 19 万平方米、育种基地 15 万平方米、各类电商产业 58 万平方米等。

2. 投资及运营主体

2015 年 5 月 20 日，安徽巢湖经开区管委会与三瓜公社母公司淮商集团签订投资合作协议。安徽三瓜公社投资发展有限公司为三瓜公社投资运营主体，公司注册资本 30000 万元，主营业务和职能主要是电子商务网络平台、农业科技开发、生态农业观光、文化艺术交流策划。安徽淮商集团成立了以董事长作为三瓜公社项目负责人的运营团队，组建集团最强的精英团队负责项目运营管理，积极引进了大批的专业人才，并与一批专业公司达成顾问合作，保障项目持续成功运营。

三瓜公社项目总投资 10 亿元，重点打造南瓜电商村、冬瓜民俗村、西瓜美食村。未来将带动周边共计十二个村庄的发展建设；开发了茶、泉、农特、文化四大系列一千余种半汤优质农特产品，建设各类产品基地。2017 年南瓜电商节 11.1—11.11 线上线下全渠道销售额为 9100 万元，2017 年游客接待量突破 500 万人次。

3. 推进情况

项目规划建设初期得到了住建部原副部长仇保兴、住建部村镇建设司原司长李兵弟及中国城乡统筹委的指导，形成一个系统完整的 5 年期建设发展规划，项目规划高起点、高标准。

目前项目已投资 5 亿元，项目按节点完成中，南瓜电商村于 2017 年 3 月 26 日正式开村，全部商铺已投入运营。冬瓜民俗村和西瓜美食村正在建设中，已入驻部分企业。

4. 主要做法和经验

（1）特色双创。

三瓜公社打造了乡创和农创两大特色双创，农创是指本地农民的就业创业，乡创是指本地年轻人返乡创业和外地年轻人入乡创客。通过搭建平台，让村里的年轻人回乡，让有激情、有资金、有技术、有情怀的年轻人（新农人）入乡。支持和引导外地人入乡、城里人返乡以及大学生回乡创业，通过乡创农创基地，培育创业人才和孵化创业实体，使农民在家门口就可以创业。三瓜公社通过线上线下的方式，对各实体的产品进行承接，通过免租、配套公共仓储中心等方式，使创业者们更有保障。为创业妇女、大学生、返乡农民工等提供场地、培训、创业辅导等，帮助上述人群在基地内利用互联网开展农产品电子商务活动，解决农民就业及带动农民工增收。

图 13.1 三瓜公社的特色双创示意图

三瓜公社以电子商务为抓手，依托南瓜电商村，建设线上线下店铺，建立创客中心，吸引年轻人入乡加入到电子商务就业创业平台，通过电子商务，驱动农产品加工（二产）、生产（种植养殖），通过农特产品的加工生产吸引更多本地村民就业。

（2）三产融合。

三瓜公社积极探索一、二、三产融合，农旅结合发展的新模式。一产立足环巢湖发展精品农业和高效农业，二产联合区内企业携手打造安全食品加工和文化产品生产，三产以电商为核心带动服务业提质增效。三瓜公社强调的是全产业链的协同发展，通过统筹协调各类资源使一、二、三产业在总体规划中有序发展、良性互促。一产服务于二产、二产服务于三产。通过产业基地的打造和土地的综合利用，使农村的一产得到极大的提升；各类产品开发与加工，使二产以多种形式得到全面均衡发展；通过电子商务、农业、餐饮、客栈、旅游等线上线下产业的融合发展，使三产得到有序发展。

三瓜公社围绕半汤本地特色产品和基地的建设，开发了茶、泉、农特、文化四大系列一千余种半汤特色产品和旅游纪念品，所有产品按线上线下融合的方式进行销售与体验，使农村产品销售渠道更加多元化。年线上销售农特产品达到 3000 万元，其中巢湖银鱼成为淘宝平台类目第一，线上年销售 9 万份，线下销售 5 万份，花生线上销售 3 万份，线下销售近 5 万份。其中山泉花生仅 2016 年"双十二"当天单品销售额即达 48 万元。2016 年 10 月代表安徽省参加"特色中国，丰收中国"电商活动，半汤冷泉鱼单品销售额就已达 40 万元，排在活动销售榜第一。

通过电子商务打开大市场，通过供需调节与品牌提升来增加产品附加值，带动了产品的生产。三瓜公社项目建设前，半汤也和全国其他地方一样，大多数的农民进城打工，农田已经荒芜近三分之二。三瓜公社通过土地流转，将分散荒芜的土地集中起来，对旱田、山地、林地进行复垦，将山体、农田、水系进行整治，提升农田利用率。通过区域资源综合利用，开辟出冷泉鱼、温泉鸡、茶、山泉花生等 30 余个产业基地，既确保了产品原料的来源正宗，又确保了产品品质的绿色安全。

对接广域市场，带动农民参与合作社，直接提高了生产效率，充分调动起农民就业创业的生产积极性，使社员人均增收达 5 万元以上，村级集体经济增长 200%。

（3）"互联网 +"三农。

"互联网 +"农民。三瓜公社致力于促进乡村经济可持续发展，通过农产品开发、产业基地建设，可以有效带动当地村民创业致富，壮大村级集体经济，并给农民提供大量的就业岗位。目前三瓜公社员工 90% 以上都是本地居民和返乡创业的年轻人，大量年轻人的回乡，正说明了电商村的发展给他们提供了大量的就业与创业机会。三瓜公社四个村改造完成并全部投入运营后，将直接提供就业岗位近 2000 个，可以有效带动周边的就业与创业。

"互联网 +"农村。三瓜公社以"把农村建设得更像农村"为根本建设理念，加大对村庄道路交通基础设施的整改力度，埋设污水管线，做好绿化整洁，建设无线网络覆盖体系，使村容村貌焕然一新，使村民享受到互联网带来的便利。同时定期组织龙灯、花灯等民俗文化活动，对非物质文化遗产和民俗文化进行传承和弘扬，使民俗回到乡村、鸟儿回到乡村。通过古村落的保护和美丽乡村建设相融合，打造真正让人们"望得见青山、看得见绿水、记得住乡愁"并且有产业保障的美丽乡村。

"互联网+"农业。通过网络平台及线上线下融合，大力实施订单式农业与农旅结合，使土地利用更科学，生产要素与市场对接更紧密，农产品附加值得到大幅度提高；通过甲骨文科技二维码溯源技术，使产品安全更可靠；通过电商平台运营多个网销产品专业合作社，增加产品的附加值；通过电商各产业基地的打造，让农业更合理的局面得以初步形成。

图 13.2　"互联网+"三农示意图

（4）三旅融合。

农旅为主，引领电商小镇品牌化建设。商旅是力，夯实三瓜公社的产业支撑。文旅是魂，塑造特色小镇的文化灵魂。未来三瓜公社的理想是"三旅"结合，形成可持续、有生发的独特乡村建设与发展路径。

农旅为主。农旅融合是实现传统农业向现代农业转变，一、二、三产融合发展的重要载体，是推动各产业相互融合渗透，将农业与旅游休闲产业有机结合的重要途径，其发展对于促进特色村镇建设具有重大的现实意义。农村成为旅游的场景和观光点，农民成为旅游业的从业者，农业成为旅游者的体验点，农产品成为旅游商品，线上线下融合销售。通过大数据计划建设智慧三瓜，并结合物联网、智慧农业等全面开发具有典型示范作用的互联网应用，将三瓜公社打造成为互联网应用小镇。

商旅是力。首先商旅结合是希望依托三瓜公社特色产业，打造特色产品，而所有三瓜公社的产品都打上"三瓜公社"旅游的印记，成为三瓜旅游的宣传品，从而将三瓜公社的产品与三瓜旅游合二为一。通过游客来旅游休闲体验，带动产品销售，通过销售、消费产品引来游客体验。线下依托产品体验吸引顾客到线上购买，又通过线上购买消费产品吸引游客来旅游。其次，商旅结合是作为商贸活动和旅游业的结合，三瓜公社正在打造主题婚庆广场、摄影基地、会议中心、体育赛事基地、汽车露营地等，让婚庆、健康、赛事活动、养老产业、会议中心等和旅游业深度融合。

文旅是魂。文化是旅游的灵魂，是旅游发展的重要根基和保障；旅游是文化的载体，是文化传承与保护的重要媒介和传播阵地。文化因素与旅游资源的融合形成了不同地区千差万别的文化旅游特色和魅力；文化产业与旅游产业的良性互动发展，将促进旅游目的地建设，产生巨大的经济效益和社会效益。旅游产业要健康持续发展，必须高度重视对文化资源的利用，不断提升旅游产业的文化内涵和品位。加强文化和旅游的深度结合有助于加快文化产业发展，促进旅游产业转型升级，推动中华文化遗产的传承保护，满足人民群众的消费需求。

三、中关村科创生态小镇

1. 基本情况

中关村科创生态小镇位于北京市海淀区西北旺镇。项目东至永丰路北段，西至大牛坊六街，南至屯佃村，北至大牛坊三街，总占地面积近 178 万平方米，总建筑规模达 74 万平方米，投资额 485 亿元。小镇一期用地面积 8 万平方米，投资额约 108 亿元；二期用地面积约 25 万平方米，投资额约 102 亿元；三期用地面积约 145 万平方米，总投资额 275 亿元。

中关村科创生态小镇围绕"文化未来，科技同行""人才引领、创新驱动"的发展思路，立足"产业生态链、生活生态链和绿色生态链"，以"产、城、人、文"多元化融合模式，依托中粮商业品牌综合能力，与海淀区西北旺镇政府合作，以"开放、融合、创新、未来"为理念，打造以"物联网 +"量子人工智能为主导产业、数字文化创意为辅助产业的科创生态特色小镇。

2. 投资与运营主体

中关村科创生态小镇由大悦城商业管理（北京）有限公司北京分公司整体规划建设运营。大悦城商业管理（北京）有限公司北京分公司立足"产业发展体系、品质生活保障体系、体验式空间管理体系"，全力打造独具特色的中关村科创生态小镇。

3. 推进情况

中关村科创生态小镇核心区项目，计划总投资约 180 亿元。其中，EFGH 地块计划投资规模约 100 亿元，截止到 2017 年 12 月底，已实际完成投资额 63.97 亿元，2018 年计划完成投资规模 19.71 亿元；ABCD 地块计划投资规模约 80 亿元，目前项目处于前期土地获取阶段，尚未发生实际投资，预计于 2018 年内，确认土地权属，完成投资规模 40 亿元。

项目目前整体已进入实施阶段，其中 EFGH 地块于 2017 年正式开工建设。ABCD 地块由西北旺镇政府主导获取手续办理，目前已上报北京市发展改革委立项工作。产业定位、设计规划等顶层设计工作方面，目前已由罗兰贝格咨询公司完成项目总体发展方案咨询工作，由清控科创及软通动力进行深入的落地产业设计及运营方案设计。同时，由中粮委托澳大利亚 hassell 设计公司进行项目总体规划及单体设计工作。

目前已经联系了多家产业运营商进行前期沟通，软通动力、清控科创作为项目的产业顾问，正在紧密合作，开展产业运营工作准备。

项目近半年以来和海淀区政府、中关村管委会等主管部门以及市场企业保持深入持续沟通，初步确定了一些企业进驻意向，包括软通动力、清控科创、利亚德、新松、IDG 资本、华谊兄弟等。后续将持续保持与主管部门和企业的沟通，落实后续招商与进驻工作。

4. 主要做法和经验

本次项目充分利用西北旺镇人文和自然生态资源，高起点规划，远目标布局，创造高科技的创意社会历史文化氛围；将现代化的科创服务设施融入区域生态环境之中，讲求效益，分期开发，将科技与文化融入工作、生活、休闲场景，开辟幸福生活的人文港湾，通过与自然生态融合，营造开放、低压、舒适、品质的硅谷式科创理想国，逐步把中关村科创生态小镇建设成全球开放互联的科创新地标。

在镇企合作模式方面，通过西北旺镇级集体经济组织与中粮央企品牌运营商的股权合作，实现国有经济与集体经济的优势互补、良性互动。探索镇企合作的创新模式，通过引导村集体与以央企为背书的品牌运营商精心打造的优质物业资产深度合作，实现国有与集体的互动，同时做大企业与集体蛋糕，并通过村集体投资股权，为当地居民提供稳定的未来权益保障，推动新型城镇化发展。

在民生保障方面，长期稳定，项目收益模式长短结合，一方面通过与运营平台长租合作，实现集体与企业的投资快速回收，保障集体经济组织的资金安全；一方面通过长期持有运营，为项目主体稳定经营收益，长期有效保障民生。

在城市面貌整体提升方面，通过高标准规划设计、精心打造优质物业、引入中粮集团"大悦城"的优质商业品牌，提升海淀北部商业环境，实现区域的城市更新、面貌提升，推动西北旺镇的新型城镇化发展。

在生态环境和谐共生方面，项目 A 地块的绿化用地，打造主题公园，两个片区共同规划、统一实施，实现项目建筑与区域环境和谐友好，相互提升。

项目在整体发展思路上，遵循以产定人、为目标人群量身打造城市与人文空间。从全球创新枢纽和前沿产业出发，吸引跨界创客、国际精英，并为其量身定制城市形态和人文氛围，吸引人才形成新城。

中关村科创生态小镇按照产业、文化、旅游、社区四位一体的发展模式，以文化与科技融合为核心，大力以"物联网 +"量子人工智能、数字文化创意、大数据以及双创服务的智能社会产业主题，着力构建集研发创新、创业孵化、生产制造、配套物流、智慧营销、工业旅游、系统集成、示范应用、公共服务于一体的科创生态全产业链和生态圈。

（1）产业定位。

在产业定位方面，本次项目定位为以"物联网 +"量子人工智能为主导产业，数字文化创意为辅助产业，大数据及双创服务为配套产业的智能社会产业主题。依托北京中关村高科技产业基础，顺应产业升级趋势，打造量子人工智能产业高地；依托故宫北院历史传承，结合国家级文化展示平台，发挥海淀文化领先优势，推进数字内容及设计产业转型。

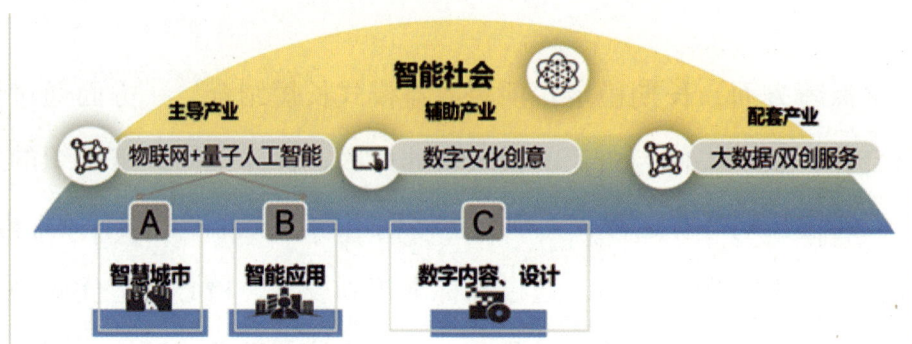

图 13.3　项目产业定位

（2）产业生态链。

聚焦 3 大主题产业，打造 3 大发展平台、1 个经济中心，并通过 4 大招商策略确保创新产业生态圈顺利建成。

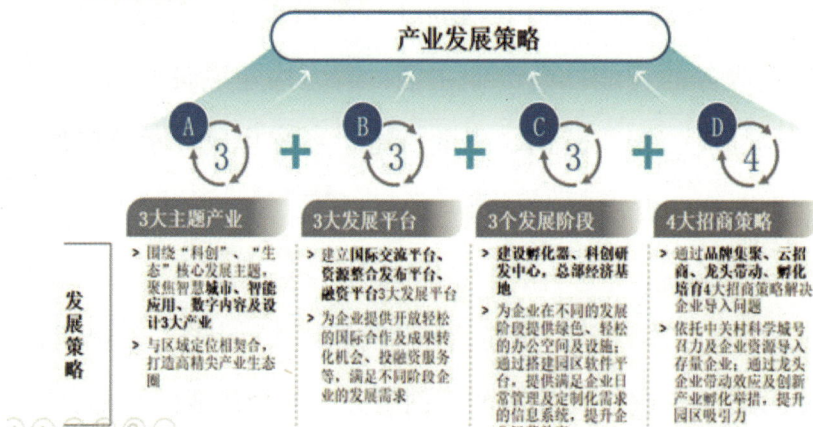

图 13.4　产业生态链创新生态圈

总部经济中心是全新办公室时代为大中型企业打造全功能型服务中枢，为大中型企业提供花园型开放办公空间及配套设施；利用云计算、大数据、物联网等技术，为企业赋能。同时，依托地缘优势、宜人工作环境以及便捷软件平

台的打造，吸引环北京区域优质总部企业入驻，大悦城地产总部将率先入驻，
发挥龙头带动作用，吸引更多企业集聚。

依托中粮在物联城市、人工智能及数字影视、互动娱乐的丰富产业资源，
实现产业高效导入。

图 13.5　中粮物联城市资源

图 13.6　人工智能资源

图 13.7 数字影视资源

（3）生活产业链。

大型体验式消费综合体将形成消费体验空间、景观体验空间、科创体验空间的多维商业空间，以体验为核心，引领区域新消费。消费体验空间：通过场景化、活动化、科技化打造以体验式消费为核心的消费空间。景观体验空间：通过自然与综合体的融入，打造开放式的自然生态空间，别致的景观休闲街区。科创体验空间：围绕科创、强化人文，让消费者由"玩"融入消费空间。

通过绿色建筑和环保理念打造区域生态宜居空间，同时完善服务空间，提升区域文化配套、生活配套、教育配套，为国际人才提供生活保障。居住配套：专家公寓、人才公寓以及酒店式公寓三种业态满足区域内宜居需求。文化配套：结合政策环境和区域定位，中关村科创生态小镇将围绕文化设施、文化事件、文化传承三大主题，打造故宫旁的文化主场。生活配套：提供0—18岁的教育保障，直通综合医院、增加高端门诊，打造区域内标杆的教育及医疗体系，全面满足国际人才的生活需求。

（4）绿色生态链。

最大化绿色空间，最优化配套设置，采用如高压线入地等改造措施，同时将冰冷的铁塔变身为区域内标志性建筑。以绿色环保建筑为主体，打造轻松开放的办公庭院空间并配备绿色配套设施，营造绿色和体验式消费、产业以及居住的有机结合。通过海绵城市建设，完善区域生态基质，建设区域绿色可持续的生态本底。

5. 面临的问题和挑战

政府关系问题。本次项目通过央企与镇级政府的下属集体经济组织平台，以股权合作方式，创新了镇企合作的模式。但是，集体经济组织是全民所有制企业，在决策机制与流程方面，股份制企业与全民所有制企业，即政企双方，还需要通过双方互动磨合、镇级政府对集体经济组织的授权等方面的努力，以实现小镇项目高效快速的推进。

政策问题。目前，项目的 ABCD 地块为西北旺镇集体经济组织持有的国有建设用地，用于项目所在地农民的长期生活保障，是北京市甚至全国范围内少有的特殊案例。在土地政策执行方面，既区别于集体建设用地，又区别于普通国有建设用地，导致在项目后期产权确认、项目融资等方面，存在一定的政策执行标准问题。西北旺镇政府与中粮在积极争取海淀区以及北京市的支持，确定项目土地等基本政策的执行要求。

可持续发展问题。本项目位于海淀北部"生态绿心"，在本次特色小镇项目中我们需要格外注重生态环保、可持续性发展问题。自然生态是特色小镇建设的本底，一旦自然生态遭到破坏，特色小镇就无从谈起，必须依托现状生态资源，融合低碳、智能、协调、绿色、共享发展理念，按照生态优先和可持续发展的要求，在保持原汁原味风貌的基础上，适当进行开发保护，打造区域集约化开发的生态环境。引进科技型、环保型、高效益的项目，做好绿化，成为"宜居、宜商、宜业、宜养、宜游"的特色生态小镇。

四、流沙河花猪小镇

1. 基本情况

流沙河花猪小镇位于湖南省长沙市宁乡市流沙河镇。花猪小镇总规划占地面积为 7915.5 亩，其中：现代种业提升工程占地面积 240 亩，标准化生产示范基地建设工程占地面积 2000 亩，产业化提质工程占地面积 295 亩，休闲农业与乡村旅游推进工程占地面积 5310.5 亩，基础设施建设工程占地面积 70 亩。

2. 投资及运营主体

流沙河镇人民政府为了加大宁乡流沙河花猪小镇项目的建设力度，陆续引进湖南省流沙河花猪生态牧业股份有限公司、宁乡市新型城镇开发建设投资有限公司、宁乡市交通建设投资开发有限公司等投资运营主体。

湖南省流沙河花猪生态牧业股份有限公司（原长沙市沙龙畜牧有限公司）创建于 2003 年，是一家按照现代企业管理制度从事宁乡花猪品种资源保护及综合开发的湖南省农业产业化龙头企业。公司注册资本 3000 万元，旗下注册商标"流沙河"商标荣获"中国驰名商标""湖南省著名商标"称号，下属湖南宁乡猪资源场为国家级宁乡猪保种场、国家级生猪标准化示范场，2014 年，公司列入湖南省上市后备企业名录，2015 年，企业技术中心被省发展改革委认定为湖南省企业技术中心。

3. 推进情况

花猪小镇建设总投资 93783 万元，其中现代种业提升工程投资 4700 万元，占总投资的 5.0%；标准化生产示范基地建设工程投资 18300 万元，占总投资的 19.5%，产业化提质工程投资 13610 万元，占总投资的 14.5%；休闲农业与乡村旅游推进工程总投资 37773 万元，占总投资的 40.3%；基础设施建设工程总投资

17800 万元，占总投资的 19%；支撑保障体系建设工程总投资 1600 万元，占总投资的 1.7%。

楚江风光带建设工程：完成投资 500 余万元。楚源文化广场：完成投资 700 万元，已建成投入使用。民宿区：完成投资 8000 多万元。花猪商业步行街：完成投资 24500 万元。花猪小镇道路建设益娄高速连接线项目：完成投资 12000 万。罘罳峰景区道路提质改造项目：投资 2700 万元，预计 2018 年上半年完工。流奇公路：投资 1000 万元，项目在可研阶段。宁乡市人民医院流沙河分院：总投资 26000 万元，正建设中。

4. 主要做法和经验

（1）加强组织领导。

成立花猪小镇建设领导小组。成立由镇党委、镇政府主要领导任组长、有关部门主要领导为成员的花猪小镇建设领导小组，形成统一领导、分工负责、协作配合、责任落实的领导工作机制。

成立花猪小镇项目建设办公室。由镇主要领导任办公室主任，各分管副镇长和相关合作社、企业董事长或总经理任办公室成员，镇企合作，合理分工，落实小镇建设各重点项目的推进实施，制定花猪小镇建设的年度计划，经批准后组织实施，对花猪小镇的项目规划、建设和发展中的具体事务进行组织、管理、协调和服务，形成政府统一领导、部门齐抓共管、社会广泛参与的工作机制，发挥花猪小镇建设在全镇现代农业进程中的示范、带动作用。

（2）拓宽投融资渠道。

花猪小镇的建设将建立和完善政策支持力度，拓宽投资渠道，采取政府主导和市场运作相结合的方式，鼓励大型龙头企业、社会资本参与小镇建设。

坚持统筹兼顾、控制规模、注重效益、量力而行的原则，做到投资按规划，融资有计划，偿债有来源；坚持融资与经营相结合，帮助承办企业建立偿债的长效机制，确保债务按期偿还，维护企业信誉，防范债务风险。

组织承办编制花猪小镇基础设施和花猪产业建设规划和融资规划，明确各类项目的投资规模、建设期限、融资需求。拓宽多元化投融资渠道，重点探索通过政府和社会资本合作（PPP）等方式参与小镇重点项目建设的有效途径，规范和鼓励企业通过 PPP 等模式进入公用事业特许经营领域。探索将经营性项目、准公益性项目和公益性项目有机组合，建立项目综合收益平衡机制。

（3）强化人才保障。

围绕花猪小镇建设和发展的总体目标，根据发展宁乡花猪特色产业和对产业升级、科技创新、学科建设、技术开发等的人才需求，始终把加强高技能人才培养作为提升产业链核心竞争力的重要手段之一，不断更新观念，创新思路，营造环境，搭建平台，完善机制，有计划、有重点、有针对性地引进各类人才。通过镇企合作，共同制定和出台人才引进、培养与奖励办法，全面推进高技能人才队伍建设，加快重点人才培育。

（4）强化法律保障。

在完善花猪产业链质量保障体系的同时，强化产业链建设的法制保障，通过制定花猪产品标准，建设追溯体系，加强品牌宣传、实行举报奖励、成立打假机构等措施，帮助广大消费者鉴别真伪、认清危害，积极举报，通过与工商部门、食品药品监督部门加强沟通联系，打击假冒宁乡花猪产品的行为，确保产业的发展得到强有力的法制保障。

（5）加大宣传力度。

会同宁乡市相关政府部门，制定花猪品牌和花猪小镇的品牌宣传计划，筹集品牌推广资金，系统地加大宣传力度，通过省内外电视媒体、微信公众号、政府工作网站等媒体，加大花猪品牌和花猪小镇宣传力度，广泛运用电子商务、网络营销等现代信息与物流手段，增强信息沟通，搞好产销对接，提升公众对花猪品牌和花猪小镇形象的认可度，不断提升花猪及相关农产品的品牌价值。建立品牌宣传奖励基金，对企业在媒体上的品牌广告宣传给予奖励；对参加国际性或国内市级以上官方组织的农产品展销会（博览会）、参展和交通费实行定额补助等。

5. 面临的问题和挑战

产业定位、结构等问题。宁乡花猪作为具有 4500 年文明历史的国家级优良畜禽遗传资源，面向中南 6 省、46 个县市提供优良种质资源，造福四方，具有发展可持续性，前景很好，因此成为特色小镇项目建设的主导产业。但在完善花猪产业链的关键节点，如花猪专用料加工厂、专业屠宰场和花猪美食体验店的结构调整上还需要增强广度和深度。

融资问题。政府因为政策不能融资，养殖企业用地属农业结构调整用地，没有主体资格；企业投资建设栏社、增添设备，生物性资产不能到银行抵押贷款，融资比较困难。其他公共服务设施、基础设施建设项目，因缺乏盈利能力，融资相对也较为困难。针对这种实际情况，各级政府、银信部门等对特色小镇项目建设出台了相关的专项政策。

政策问题。土地、财政、产业等政策。国土部门就特色小镇项目建设需制定专项扶持政策；各级财政部门要有对特色小镇建设项目明确的支持政策和力度，可用股权投资的形式进入主导企业；产业政策要对特色小镇项目建设重点倾斜。

技术问题。伴随 20 世纪 80 年代以来国家为解决肉类来源强力普及推广瘦肉型猪，潜移默化忌吃肥肉的观念，形成制约宁乡花猪产业发展的根本性瓶颈。所以需要通过分子生物学、医学、营养学等技术，深入研究重塑五千年肥肉当家的必然性和科学性。宁乡花猪遗传资源是该特色产业的基础，而该特色产业发展则更需要从产业源头确立侧重点和建立产业规范，因此基因技术也是目前整个花猪产业急需解决的问题。

生态、环保等可持续发展的问题。生态环保是特色小镇项目建设的重中之重，需政府、主导企业和建设方的高度重视和密切配合，需贯穿项目建设始终。随着养殖规模的不断扩大，废弃物的处理还缺乏行之有效的可大面积推广应用的技术和方法，有待各级部门进一步深层次研究和创新。

五、东湖 VR 小镇
——5000 亩未来数字小镇

1. 基本情况

东湖 VR 小镇坐落于福州滨海新城核心区。滨海新城的定位为中心城区的副中心，目标是发展成为国际化新城、居住及产业新城，成为区域的科研中心、金融中心和交通枢纽。

规划面积 3.38 平方千米，占地面积 1150 亩，水域面积 3600 亩，总建筑面积约 150 万平方米，总投资约 120 亿元，围绕大数据、移动互联网、虚拟现实、医疗大健康、人工智能五大数字经济产业，囊括产业研发、会展交流、商业体验、生活配套、生态休闲等五大功能，以产业聚集为核心，同时营造生态宜居的产业发展环境，计划于 2020 年全面建成后引进不少于 500 家大数据、移动互联网、虚拟现实、医疗大健康、人工智能等相关产业企业，形成全国领先的数字经济生态集聚平台。

东湖 VR 小镇于 2016 年开始建设，主要由企业研发、酒店会展、人才公寓、商业度假四大板块组成，拟于 2020 年建成投入使用。2016 年 9 月 17 日，东湖 VR 小镇纳入福建省第一批 28 个特色小镇创建名单，并名列首位。2017 年 12 月 4 日，东湖 VR 小镇纳入福州市第一批特色小镇创建名单。

2. 投资及运营主体

东湖 VR 小镇由福建新东湖投资有限公司投资建设，由福建新东湖科技园开发有限公司承担小镇开发工作，由福建新东湖文化旅游集团负责运营。

小镇联合清华大学五道口金融学院、清华优秀校友和专业的投资机构成立清控道口资本管理有限公司，发起成立高新科技产业母基金；小镇与美亚百岁康集团共同成立了董奉健康医疗投资有限公司，专注于医疗健康领域的投资；小镇还成立了东湖 VR 小镇直投基金，以战略投资者身份投资高科技创业企业，目前投资企业已超过 50 家。

3. 推进情况

小镇开工至 2018 年 2 月，累计完成投资额约 33.85 亿元。截至 2018 年 2 月，已引进微软、腾讯、中国航天十二院、清华大学大数据研究院、中电数据、360 企业安全、浪潮、国信优易、贝瑞和康等 130 家知名企业与机构落户小镇，合计注册资本 126.8877 亿元。截止到 2018 年 1 月，小镇企业税收缴纳共计 3.3552 亿元。

4. 主要做法和经验

（1）核心经验：开创"东湖模式"。

小镇自创建以来，跟随建设"数字福建"的步伐，依托福州市"五区叠加"的优势，立足位于福州滨海新城核心区的区位条件，在"十九大"提出加快建设"数字中国"的战略背景下，以大数据、移动互联网、人工智能、虚拟现实、医疗大健康五大数字经济前沿产业为核心，作为数字小镇的开发、建设、运营者，地方数字经济的推动和引爆者，结合实践开创了新型的科技特色小镇的模式。

（2）实施原则："五位一体"。

在建设小镇数字经济生态圈的过程中，以"政府主导、企业主体、一个小镇、一个产业、一个政策、一个基金"为内核驱动，围绕"东湖模式"将政策创新、产业发展、学研合作、招商运营、投资推动"五位一体"有效融合，牢牢把握"四个坚持"的实施原则：坚持"政府主导，企业主体"、坚持立足产业、坚持"三生融合"、坚持创新探索，逐渐形成机制"新而活"、产业"特而强"、形态"小而美"的特色小镇。

图 13.8   东湖模式示意图

（3）具体做法。

政策创新。小镇坚持"政府主导、企业主体"的方针，在政府的引导下，充分发挥企业机制活的特点，推动创新性政策供给与产业发展个性化需求的有效对接，推动政府政策发布相关产业扶持政策，同时促进入驻企业享受优惠政策的同时承接相关业务。新兴产业的发展与壮大离不开更加精准的政策支持，小镇在此方面积极建言献策，协助政府出台了一系列具有针对性的产业政策。

规划先行。在福州市编制滨海新城产业规划期间，小镇配合相关部门，对滨海新城的产业定位、功能分区等提出可行性建议，小镇也因此获得滨海新城核心区位发展的独有优势。

专项扶持。为加快培育大数据和 VR 产业形成聚集效应，小镇积极配合福建省发展改革委完成福建首批重点领域大数据和 VR 应用服务需求收集工作，以政府购买的方式对大数据及 VR 产业给予"量身定制"的专项扶持。

基础设施。在建设产业配套基础设施方面,小镇配合政府引进基础设施建设,完成了数字福建云计算中心（政务云、社会和企业云）的落地建设并于 2017 年 4 月正式投入使用，实现了大数据的资源集聚，并借此打开了应用集聚和能力集聚的大门。

学研合作。小镇发展聚焦高端产业和产业高端方向，积极发展以大数据产业为核心的相关产业，为满足提升价值链、创新供应链的需求，小镇在技术积累、人才培养方面积极布局。近年分别同清华大学、中国信息化百人会、微软、腾讯等全国乃至全球顶尖的学研机构、顶级智库及企业合作，以构建全方位、多层次、多维度、全球化的学研合作体系技术转化，针对不同产业方向，促进前沿技术转化，打造领先的人才培养平台。

投资推动。小镇结合自身特点，总结出支持小镇长远发展的"内、外循环"投资模式。内循环：通过配套先行、产业跟进的模式，带动物业增值，提供项目短期发展的现金流，形成推动项目持续发展的内循环。外循环：成立清控道口科技产业基金、董奉健康医疗投资基金、东湖天使直投基金——三驾马车超过百亿资金拉动，通过股权投资、加速资产证券化、加速产业化等资本运作的方式加速企业孵化、促进产业发展，分享行业高速成长的红利，着眼长远形成自身造血能力，最终形成可持续可复制的东湖盈利模式。

综上所述，东湖 VR 小镇不仅是科技、人文、生态特色小镇的建设者，同时也是数字经济的"推动者"、科技创新的"践行者"、数字经济产业资源的"整合者"以及高科技产业的"投资者"。"东湖模式"具有极强的产业特点和创新活力，在产业、社会、生态方面都取得了极好的成效，真正走出一条"生产、生活、生态"三生合一的特色小镇发展道路，随着数字经济的蓬勃发展和"数字中国"的加快建设，东湖 VR 小镇完全建成后，必将产生更大更好的经济效益、社会效益、生态效益！

六、磬玉葡萄酒特色小镇

1. 基本情况

磬玉葡萄酒特色小镇位于新疆维吾尔自治区巴音郭楞蒙古自治州博湖县。建设规模：规划面积 18 平方千米。

项目全力打造国际一流的葡萄酒产业特色小镇，促进区域一产、二产、三产的协同发展。小镇内涵盖第一产业即葡萄种植业，拥有超过 2 万亩的生态葡萄种植基地，现种植酿酒葡萄约 1466.67 公顷（约 2.2 万亩）；第二产业红酒生产酿造，集葡萄酒生产、加工、展示、参观、品鉴为一体的综合性葡萄酒庄 – 磬玉酒庄；第三产业文化、旅游及体育产业，亚玛娜庄园 – 博葡园旅游度假村、国际标准的民族马术俱乐部、那达慕大会民族文化区、希望之城 – 地下主题酒店。整个小镇覆盖了葡萄种植业、红酒生产加工业、红酒电子期货交易、特色旅游观光、民族马术等多种特色产业。

项目总投资 15 亿元，其中：产业投资 12 亿元，商业综合体投资 3 亿元。产业投资包括：葡萄种植地，占地 21540 亩，投资约 2 亿元；磬玉酒庄，占地 108 亩，投资约 2 亿元；分体式酒庄，占地约 135 亩，投资约 3 亿元；亚玛娜庄园，占地 66.5 亩，投资约 2 亿元；马术俱乐部，占地 295 亩，投资约 1 亿元；沙漠生态公园，占地 5000 亩，投资约 1 亿元；交通道路建设、管网水电铺设及配套农业设施，投资约 1 亿元。

2. 投资及运营主体

投资主体：金恪投资控股集团。金恪集团（金恪投资控股股份有限公司）成立于 2014 年，注册资本金 32 亿元人民币，总部位于中国金融中心——上海陆家嘴。金恪集团以"产业＋资本＋投行"为模式，加大战略合作力度和加快资本布局步伐，专注产业链整合。

运营主体：新疆馨玉酒庄有限公司。新疆馨玉酒庄有限公司是上海金恪生态农业投资股份有限公司（简称金恪农业）旗下的全资子公司。金恪农业是金恪投资控股集团的战略核心产业板块，注册资本 10 亿元。新疆馨玉酒庄有限公司成立于 2015 年 2 月，注册资金 5 亿元人民币，致力于传承西域文化与红酒品牌。2017 年，新疆馨玉酒庄与西北农林科技大学达成合作意向；西北农林科技大学葡萄酒学院是亚洲第一所专门从事葡萄与葡萄酒研究、推广，培养葡萄与葡萄酒生产、营销、管理及科研推广高级专业人才的学院，双方以科技援疆项目为切入点，围绕产业、技术、人才、品牌、政策等方面展开深入合作。

3. 推进情况

目前已完成一期 21540 亩的酿酒葡萄种植基地建设及 108 亩的酒庄建设，累计完成投资约 8 亿元。已建成种植基地 21540 亩，其中科技研发示范基地 500 亩，品种资源圃 176 亩。已完成 108 亩酒庄建设，拥有分析化验室 50 亩。每年用于新技术、新品种科技投入 300 万元。

融资情况：目前正在办理流动资金贷款。长期资金贷款正在和金融机构洽谈。关于贷款的贴息已经取得了县级政府的支持。

4. 主要做法和经验

对金恪集团而言，特色小镇的建设与其"PE+ 产业 + 上市公司 +PPP+ 扶贫"的战略布局不谋而合。金恪集团立足"产业 + 金融"双轮驱动的战略方针，一方面依托强大的资本运作能力，实现农旅小镇相关产业和资本精准对接，不断输送金融活水，以支撑项目规划落地，确保其平稳运行。另一方面，金恪集团针对政府需求、消费者需求、农业从业者需求、资本需求、上市公司需求，充分研究农旅小镇及周边地区的区位特色、地域特色、建筑特色、产业特色、文旅特色，针对性地释放、整合、输出以生态农业为核心、集医疗健康、文化艺术、电子商务、地产物业、工业 4.0 于一体的全产业链优势资源。集团通过发挥产业集群效应，完善农业产业载体建设，夯实农业产业服务能力，推进农业产业链纵向和横向发展，实现上下游资源和资产的有效配置，为特色小镇的发展提供立体式服务和持续性运营保障。

5. 面临的问题和挑战

产业定位问题。小镇产业定位为：酿酒葡萄生产＋红酒加工＋文化旅游＋科普教育＋会务度假＋运动康养。一二三产融合、生产生活生态一体、宜业宜居宜游结合。因周边地区人口较少，且经济发展水平一般，在旅游发展方面面临人流不足的问题。未来，在旅游定位方面，我们将着重打造精品旅游资源，同时，利用金恪旗下艳阳集团拥有的 40 万会员，实现旅游线路和人流导入，以带动本项目及周边旅游发展。

融资问题。目前，项目主要依靠自有资金及政府贷款来解决资金问题，获取贷款额度有限，希望能够增加额度并给予贴息。争取政策性银行、商业银行的低成本融资服务，以及各类金融机构的在资本市场上的支持。

政策问题。建设用地指标不足；财政方面给予的补贴和支持有限；随着葡萄种植管理的进一步精细化和专业化，目前葡萄基地的产业工人数量已不能满足正常生产需要。就此公司采取了多种方式吸引当地劳动力来酒庄就业，如提高用工工资，提供技能培训等，对当地劳动力的转化做出了贡献。希望政府可以在此方面，结合当地劳动力转化的政策，给予一定的支持和补贴。

生态、环保等问题。项目中涉及的酒庄需要进行环评，因本项目为食品加工，基本不涉及污水或其他污染物排放。目前，项目区范围内已建设污水处理厂 1 座，日处理 100 方，处理水达到排放标准 3 级，可直接用于绿化。

其他问题。希望能与专业特色小镇投资、运营的企业和机构充分合作，精准对接特色小镇相关资源，做到优势互补。"千企千镇工程"对特色小镇建设运营起到了积极的推动作用，希望工程组织实施单位提供机会到国内外优秀特色小镇观摩考察，以及参加特色小镇建设和运营企业之间的交流学习。

七、中原花都·芳香小镇

1. 基本情况

"中原花都·芳香小镇"位于安徽省阜阳市颍州区王店镇，由阜阳芳香小镇发展有限公司与颍州区联手打造。自2016年1月建设以来，芳香小镇先期引入一家专业花卉企业（安徽农之源生态农业有限公司），通过企业导入一项核心农业科技（先进的植物克隆技术），完成一个产业示范基地（占地1400亩的农之源基地）的建设工作，带动周边一片农民就业脱贫。委托国内一流规划设计单位，根据阜阳及芳香小镇自身产业基础，制定了一个高水平策划方案，在小镇范围内调配一平方千米建设用地，启动了花卉小镇全面建设工作：以现代农业为基础产业，顺势延伸产业链条，构建集花卉衍生产品、电商特色花旅、文化创意、展会经济、花技培训、乡村地产等于一体的现代产业体系，实现了一二三产协调融合发展，加速人口在城乡之间流动、资本在城乡之间布局、土地在城乡之间配置，促进城乡融合发展。

2017年9月，获安徽省首批省级特色小镇。芳香小镇通过打造5000亩花卉产业小镇创新研发集聚核心区，带动周边5万亩特色花卉全产业链，对接中国农科院、林科院、中国花卉协会、北京林业大学等京沪创新研发资源，建设中原花卉组培科技创新平台和资源信息共享平台，打造年产值10亿元的安徽特色花卉产业小镇经济体，创造1万人以上花卉产业就业岗位，带动王店镇及颍州区其他周边乡镇产业精准扶贫工作，覆盖皖北中原区域、300千米范围内约5000万人口的花卉种苗生产及消费需求，建成中原第一、服务全国的"中原花都·芳香小镇"！

2. 投资及运营主体

2017 年 6 月，阜阳市颍州区引入安徽农之源生态农业有限公司为芳香小镇的投资运营主体，全面负责小镇的整体定位、投资、产业和建设运营，颍州区政府做好组织协调、规划编制、政策扶持等引导性、保障性工作，双方签订"中原花都·芳香小镇项目投资管理协议书"。

安徽农之源生态农业有限公司（以下简称农之源）园区办公地址位于安徽省阜阳市颍州区王店镇阜南路 8 号，企业性质为有限责任公司，注册资本 5000万元，为省级农业产业化龙头企业、省级林业产业化龙头企业。

3. 推进情况

颍州区选择特色花卉产业作为特色小镇支柱产业，以"农之源特色花卉智慧研发区"为核心，于 2017 年 8 月完成"中原花都·芳香小镇"申报工作，并于 2017 年 10 月获得省发展改革委批复，目前项目已投资 5.8 亿元，"农之源特色花卉智慧研发核心"已于 2016 年 8 月完成建设，开始生产运营。"中科院芳香植物产业基地"项目，"中花协耐寒梅花繁育中心"项目，"中花协月季分会品种示范中心"项目，"名花展示中心"项目，"花卉产业招商中心"项目等有序推进中。

4. 主要做法

（1）花卉全产业链。

芳香小镇以"'花卉+'衍生产品加工制造及服务"为主体，以"名花特花研发培育"为核心产业，以"特色花卉种苗培育"为主导产业，致力于打造集花卉种植、花卉衍生品加工、花卉产品销售、花卉展览、花艺培训、花卉康养、田园社区、婚庆摄影、观光旅游等为一体的"特色花卉全产业链"现代近郊农业产业核心示范区。

（2）以花为媒。

芳香小镇遵循以花为媒的产业定位，规划有梅花园、樱花园、郁金香园、荷花园、桂花园、月季园、玫瑰园、海棠园、核桃园、石榴园、梨园等各种分品类科普观光园，各园区植物分季节开花结果。各园区在发挥观赏价值的同时，兼具经济价值。通过小镇内深加工企业，大幅提高产品附加值、延伸花卉产业链、提高小镇花卉产业经济效益，有效带动周边的就业与创业。

（3）特色花旅。

芳香小镇以大面积景观花田为核心，配套花园式主题酒店、一站式婚庆基地、亲子乐园、蜜月村、二胎培育中心、康养基地等服务设施，打造包括花田运动、花汤养身、花卉文化、美食体验、花丛住宿等为一体的花卉主题特色旅游产业链。

（4）展会经济。

芳香小镇以花为载体，常年举办多种花卉类展会、展览，发展特色展会经济。目前芳香小镇配合省、市两级政府筹备举办"世界荷花科创博览会""中国腊梅梅花博览会""第一届阜阳市花卉博览会"等大规模、多层次、多主题花卉展会。通过展会开拓市场、促进交流、落地项目、完善配套、引入人才、增加就业，全面拉动小镇乃至阜阳经济发展，提高芳香小镇与阜阳城市形象。

（5）创意电商。

芳香小镇将建设花卉产业创意服务中心、电商服务中心、物流仓储中心，服务于阜阳乃至安徽、中原地区的小微花卉店铺、商家、花卉企业。创意服务中心为商家提供产品 VI 设计、品牌塑造、产品溯源系统等服务；电商服务中心与知名电商平台合作，整合包装花卉产品，提供广阔的线上销售平台；物流仓储中心分品类储存、运转花卉产品，实现足不出户将产品销往全国各地的一条龙服务。

（6）花技培训。

芳香小镇联合中国花卉协会、安徽省花卉协会、阜阳市教委、职业教育中心等科研培训机构，针对小镇原住民、花技工作者、花卉爱好者等开展"组合盆栽创意培训班""插花艺术技能培训班""园艺师职业技能培训班""花卉产业就业技能培训班"等职业技能培训活动。通过培训，提升花技人员职业技能水准，增加非专业人员就业机会，推动单一花卉产品艺术化，整体提升小镇产业人才数量、科技水平。

5. 面临的问题和挑战

其一，需要更加翔实、可落实性强的花卉产业扶持办法，温室加温能源需要针对性优惠政策。其二，花卉产业所需的流转土地与相应的配套建设用地需要及时提供用地指标，保障项目建设进度。其三，投融资支持：协助解决提供融资担保等融资配套支持。

八、农业硅谷特色小镇

1. 基本情况

本项目位于河南省浚县王庄镇，致力于打造循环农业、休闲观光农业、创意农业硅谷特色小镇。项目建成后，将发挥王庄镇的资源禀赋，深入推进农业供给侧结构性改革，适应王庄镇发展阶段性需要，遵循农村发展规律和市场经济规律，围绕农业增收、农民增收、农村增绿，支持王庄镇加强镇区基础设施、产业支撑、公共服务、环境风貌建设，实现农村生产生活生态"三生同步"、一二三产业"三产融合"、农业文化旅游"三位一体"，积极探索推进王庄镇农村经济社会全面发展的新模式、新业态、新路径，逐步建成以农民合作社为主要载体，让农民充分参与和受益。

项目规划范围所在地 2011 年被鹤壁政府批准为粮食精深加工园区，规划面积 5.8 平方千米。通过土地流转对 26 个行政村的搬迁，使农业生产由"传统分散"向"成方连片"的规模化转变。截至目前已流转土地 3.5 万亩，新增耕地 8600 亩，购置作业大型农机具 500 台套，成立农机合作社对土地实现了信息化监控，机械化耕作。

为使流转土地的农村真正实现城镇化，规划农村新型城镇化社区 11 平方千米，在新城建设初期，在编制总规和控规时高端设计，优化布局，高标准建设，强化住房对农村转移人口的吸引力。新建社区按防七级地震设计，外墙保温，室内地暖，天然气到户，多重城市建设标准。配套有幼、小、初的教育体系，社区医院和商业中心。实现了农村城市化，农民市民化。

2. 投资及运营主体

河南中鹤现代农业开发集团有限公司（以下简称中鹤集团），总注册资金 18 亿元，是以信息化为平台，以新型农业现代化为基础，以新型工业化为龙头，以新型城镇化为提升的产业融合发展的集团公司，是农业产业化国家重点龙头企业。集团在实践中探索出了用产业融合发展的方式，实现食品生产供给侧结构性改革的路子。完成了农业生产方式由传统的小农分散向现代规模化的转变，满足了现代高度集约化的健康食品生产需要，通过精准扶贫带动了当地农民脱贫致富奔小康，为实现"农业强、农民富、农村美"的宏伟蓝图迈出了坚实的步伐。

3. 推进情况

项目投资及完成情况如下表：

表 13.1　各功能区进展及投资完成情况

标号	项目名称	完成比例	投资额（万元）	备注
1	田园综合体核心区（现代农业科技园区）	10%	16500	
2	绿色生态宜居居住区	60%	362000	
3	生态湿地娱乐区	0	0	
4	休闲养生度假区	20%	8100	
5	三大特色小镇	0	0	

各功能区项目由中鹤集团投资、运营、建设，各方面情况进展良好。由于国家相关政策（包括 PPP 项目、银行贷款收紧等）的影响，在特色小镇建设的巨额投资下，企业存在融资难的问题。目前，已造成项目推进缓慢。

4. 主要做法和经验

镇企合作。采用"政府引导、企业主导"方法进行镇企合作，加强特色小镇建设的组织领导，把"智农王庄"特色小镇建设工作摆在重要位置，成立相应组织，实现"一盘棋"管理服务格局。成立由镇政府主要领导挂帅的领导小组，负责项目建设的指挥、协调等工作，统筹协调解决工程建设中的重大问题。镇政府分管领导任领导小组副组长，各参与新型农业经营主体负责人为领导小组成员，充分调动全镇各部门力量，服务、推进项目实施。

政策支持。浚县王庄镇人民政府采取相应措施加大对项目建设的支持力度。一是统筹现有渠道资金，按照"渠道不乱、用途不变"的原则向项目倾斜，统筹整合财政专项、基本建设投资等资金优先用于特色小镇建设，形成集聚效应。二是充分发挥财政资金的引领作用，通过PPP、政府购买服务、贷款贴息等方式，撬动更多金融和社会资本投入示范区建设。三是有针对性地制定用地、金融服务、科技创新应用、税收优惠等方面的政策措施。四是积极鼓励探索特色小镇管理体制和特色小镇投资、建设、运营方式。

拓宽投融资渠道。项目建设利用鹤壁市裕丰科技有限公司进行园区建设融资，注册资本1亿元，是特色小镇建设和发展的投融资平台，通过吸收和整合社会资本为特色小镇建设投融资，解决特色小镇建设资金需求，保障特色小镇建设顺利进行。

完善科技支撑体系。一是加强企业与科研院所的产学研大联合、大协作，开展现代农业关键技术研发与攻关，攻克一批关键技术。二是提高参与特色小镇的农业企业的科技创新能力，鼓励企业采取多种形式参与农业科技工作，支持企业建立或合作建立农业科技机构，自主研发先进适用的科学技术。三是充分利用县科技、技术推广、植保、农机等部门的技术力量，建立激励性的技术服务指导机制，随时掌握产业生产动态，对发现的技术问题，及时采取相应的技术对策与措施。

5. 面临的问题和挑战

融资问题。由于政府财力不足，所有项目（包含基础设施）都由企业投资，目前，企业融资困难，特别是公共建筑建设方面，造成特色小镇建设推进缓慢。

与政府的关系。由于PPP项目收紧，企业与政府责、权、利不清晰，如：一、二产业可以由企业投资，现在政府把所有项目的建设都推给企业建设运营，造成企业负担过大。

政策问题。目前，对特色小镇建设的政策支持力度不足，土地政策、财政

九、乡韵来康小镇

1. 基本情况

乡韵来康小镇位于河北省廊坊市永清县城东南侧、北京亦庄·永清高新技术产业开发区的南端，1 小时即可到达京津城区、首都机场及天津新港，区位优势明显。小镇已有农业流转土地 4300 亩，范围内已有新苑阳光农业园，已初步形成了以蔬菜、种苗、休闲观光、加工物流以及检验检测为主的发展格局。同时园区结合集团优势资源形成集农业科教、采摘、农业体验于一体的旅游项目，目前年接待游客量达 10 万人，于 2017 年被批准为 2A 级景区。

乡韵来康小镇定位为健康服务产业，依托都市近郊田园空间，以大医慢病调理为基础，运用科学的健康服务模式，面向当代人群提供全新的健康生活方式和田园式健康休闲体验。构建一个服务于京津冀的健康平台，打造一个身心自在的悠然小镇，引领一种优于大都市的健康生活。规划形成四大功能板块：健康服务核心区、健康产业研发区、乡韵田园体验区、康养文化养生区。

计划至 2020 年，规划投资新建项目 34 个，其中包括 25 个产业项目，3 个养生养老社区项目，4 个基础设施建设项目。项目总投资额 94.85 亿元，总建设用地面积 1477.5 亩；其中三年内累计投资 49.1 亿元，三年完成特色产业固定资产投资 39 亿元，累计建设用地 994.4 亩。

2. 投资及运营主体

乡韵来康小镇由永清来康郡建设发展有限公司投资建设。永清来康郡建设发展有限公司是新奥集团子公司，新奥集团创建于 1989 年，现有 300 多家全资、控股公司和分支机构，业务遍及国内 150 余座城市和世界各地，总产值超过 1000 亿元人民币。新奥集团从燃气业务起步，经过持续的战略升级与产业拓展，构建了生态、生活和互联网三大事业板块。其中生活板块，将为小镇建设提供平台支撑。

新绎置业是新奥集团旗下生活板块的重要产业之一。公司总部位于河北廊坊，先后在河北、北京、安徽、海南等多省、市进行来康郡建设，开发了艾力枫社、新绎贵宾楼、新奥科技园等一批高端住宅、特色酒店和主题园区项目。公司从客户健康生活需求出发，借助新奥在能源规划、生态环境、节能技术方面的科技优势，推动来康郡产品模块化，同时整合新绎置业在健康、旅游、文化等方面的产业优势，广泛联盟外部专业服务资源，推动来康郡服务标准化，为客户提供全生命周期的居家健康生活服务。公司以创造品质生活为使命，专注于打造全方位的健康生活空间，致力于成为来康郡专业运营商。通过建设并运营来康郡示范基地，为客户提供从身体到心灵健康的全方位、个性化服务，打造线上线下、社区内外互动的健康产业新城，成为健康服务生态系统的载体。

3. 推进情况

项目范围内已有以科技农业发展为主的新苑阳光农业园，2014年该农业园区被评为省级农业科技园区。新苑阳光农业园目前初步形成了以蔬菜、种苗、休闲观光、加工物流及检验检测为主的发展格局，已有水肥一体化系统、智能云灌溉系统、水培蔬菜、设施农业、菜品检验检测等示范项目。拥有"国家高效节水技术集成示范区、农业部蔬菜标准化创建基地、河北省乡村旅游和休闲农业省级示范点、廊坊市新型职业农民培育实训基地、廊坊市级新型农民实训基地、全国青少年农业科普示范基地、院士工作站、省级四星级休闲农业企业"等称号。园区已完成总投资8.75亿元。

在新苑阳光农业园的基础上，集合集团内优质资源北部湾旅游对该区域进行部分旅游设施建设，已形成农业科教、采摘、农业体验于一体的旅游项目，目前年接待游客量达10万人。并且该园区已于2016年申报成为2A级景区。

4. 主要做法和经验

本项目产业定位明确，符合区域发展形势，产业基础、项目基础条件较好，推动了小镇的建设进程。

企业主导产业项目的提前培育和孵化，有实体运营项目，形成较为成熟的运营模式，不依赖于项目批复时间限制，主动推进产业布局和发展。

企业与县政府及其他项目部门进行持续沟通，保持良好的合作关系，获得县政府的大力支持，并取得相关政策倾斜，为项目落地提供了基本条件。

项目具有良好的群众基础，在规划中充分考虑当地居民的就业、收入、生活及居住问题，并可辐射周边地区，解决农民就业问题。

企业综合实力强，具有良好的品牌效应，整合多方面资源，发挥产业协同优势，多方面支持小镇发展。

5. 特色小镇建设项目面临的问题和挑战

在扶持政策的基础上，与规划、土地部门进行对接，合理合法地对小镇进行开发建设。受空港新区影响，目前永清县城乡总体规划、亦庄开发区控制性详细规划以及土地利用规划均在修编中，未形成统一意见，限制开发进度。

目前部分主导产业项目已具备成熟的运营模式，部分已有实体项目正在运行，可直接复制到小镇建设中去。但对于小镇的整体运营缺乏经验，需借助外部优势资源。

十、丁蜀紫砂小镇

1. 基本情况

江苏省宜兴市丁蜀镇的紫砂特色小镇建设定位为"世界级的陶瓷文化创意展示中心""世界紫砂文化旅游目的地"和"中国特色小镇的新标杆"，将按照生态文化轴、休旅活力带、文创产业园三大脉络，坚持生态保护、文化发掘、产业驱动、适度开发四大原则，重点打造蜀山文创旅游片区、丁山文化休闲片区、汤渡活力复苏片区、莲花荡田园综合体片区。项目建成后游客造访预计185万人次/年，总营收创造预计10亿，常住人口导入预计1.5万人，创造就业人口预计1.13万人，GDP创造预计16.5亿/年，税收创造预计8000万/年（不算递增）。

2. 投资及运营主体

本项目中经营性PPP项目拟由中建联合体与宜兴市、镇两级政府的平台公司共同成立SPV（特殊目的项目公司），对项目进行投资开发运营及推动产业发展。中建联合体由中国建筑股份有限公司、中国华录集团有限公司、中国旅游集团公司、绿都地产集团等公司组成。

3. 推进情况

充分利用特色小镇的关注效应，优选团队，积极推进各类规划编制。对古南街修复、前墅古龙窑环境整治和综合配套等，抓紧启动施工建设。污水纳管工程、老小区和老集镇改造等基础设施建设取得阶段性成果。举办首届全国陶瓷特色小镇经验交流会，向先进地区学习取经。

4. 主要做法和经验

镇企合作。丁蜀紫砂小镇采用PPP模式开发建设，其中经营性PPP项目由中建联合体与宜兴市、镇两级政府的平台公司出资成立 SPV，负责协调投资开发运营及产业发展。中建联合体由中国建筑股份有限公司、中国华录集团有限公司、中国旅游集团公司等企业组成。在此基础上，寻找贷款、基金、债务融资实力强的目标金融机构以及产业导入、落户投资的合作伙伴进入 SPV 项目公司。再由 SPV 项目公司具体负责特色小镇项目的设计、招商、宣传、建设、运营等工作。整个特色小镇建设期为 3 年，运营期为 10 年。

政策创新。特色小镇是由政府主导、企业主体、市场化运作相结合的方式进行开发建设。这个过程中政府应当充分释放政策红利，让特色小镇开发企业、入驻企业以及创业团队能够享受好的优惠政策、好的招商引资环境。对于丁蜀紫砂小镇来说，一方面要基于小镇项目"非镇非区"、涉及板块多、历史文化遗存相对分散、旅游产业缺乏系统规划等因素，给予合作企业、投资企业多样化的优惠政策，包括土地供给优惠政策、招商引资补贴、税收减免政策、专项资金支持等。另一方面为项目审批提供"一站式"服务，对项目建设、生产经营过程中的收费给予减、免、缓等支持，对于特别重大项目视情况给予"一事一议"项目扶持等。

产业发展。丁蜀紫砂小镇主要以发展文化创意产业、文化旅游产业为重心，突出"特而强、聚而合"。以存量发展为主，充分挖掘空间潜力，发挥高铁枢纽区位优势；以特色小镇为主要空间载体，结合历史文化的展示与利用，积极发展传统手工业，带动商业、商务、旅游等产业发展；以打造特色餐饮、儿童体验、国际演艺、医疗养生、特色客栈、国际超市、国际商务、国际陶文化展示体验、文旅休闲、魔幻公园等重点产业，通过多个维度形成"点、线、面、全域"旅游集群。预计初期产业规模达到 6 个亿，远期产业规模达到 10 个亿。

融资策略。项目融资属于资产负债表外融资。出于风险隔离及可操作性考虑，特色小镇投融资以项目为主体，以未来收益和项目资产作为偿还贷款的资金来源和安全保障，融资安排和融资成本直接由项目未来现金流和资产价值决定。由 SPV 根据特色小镇项目的预期收益、资产以及相应担保扶持来安排融资。融资规模、成本以及融资结构的设计都与特色小镇项目的未来收益和资产价值直接相关。采用的融资方式包括政策性（商业性）银行（银团）贷款、债券计划、融资租赁、基金（专项、产业基金等）管理、PPP 融资等工具。

产城融合。丁蜀紫砂小镇建设范围主要为"一核两翼、三轴四区"，是产业、城市、生态、文化"四位一体"的融合体。一方面是要素交叉，四个区中都有"四位"要素，通过要素交叉，提高产城融合度，提升城市生命力。另一方面，四个区又各有区别，蜀山片区以生态保护为核心，主要侧重发展蜀山文创旅游；丁山片区以文化发掘为内容，主要侧重发展文化休闲；莲花荡以适度开发为前提，主要侧重发展田园综合体；汤渡片区以产业驱动为重点，主要侧重活力复苏。四个片区发展重点不同，但彼此呼应、互融互促。

小镇治理。一是建立"一核多元"社会治理体制。建立党委领导、政府主导、社会协同、公众参与、法治保障的"一核多元"精细化社会治理体制，充分发挥党委政府的核心指导作用，推动社会、市场协作的多元化治理。二是以制度化促进社会治理精细化。一方面，通过对行为主体在权限、责任上进行精细明确的规定，使政府、社会、市场在法治框架内各尽其能、各司其职又相互合作。另一方面，制定社会建设、社会管理、社会服务、社会安全等方方面面制度，形成系统全面的制度体系，以法治化促进社会治理精细化。三是以信息化引领社会治理精细化，推动公共管理和公共服务的精细化。通过推动现代信息技术应用和治理工具创新，提升社会公共服务水平。

创业就业。特色小镇的核心在于"特色"，具体来说，就是要形成特色产业聚集区，实现一二三产深度融合。丁蜀紫砂小镇建设将提升丁蜀的吸引力和承载力，成为丁蜀群众创业就业的大舞台。依托小镇规划建设，通过在居住区、商业街区、文创基地建设创业基地，为群众创业提供良好环境，使群众创业成为地方经济发展新引擎。预计，旅游部分直接创造就业人口约 4500 人，而这些就业人口的再消费可驱动衍生性消费（餐饮、服务等），在合理就业衍生乘数效应下（包括就业者家眷的导入及其衍生消费），总共可产生约 6300 人的就业；紫砂产业部分的专业技术从业人员创造就业人口约 5000 人，两者合计可创造就业人口约 1.1 万人。

5. 面临的问题和挑战

运营难问题。纵观大部分已经落地的小镇，运营难成了普遍问题。如何在运营环节避免出现困难、打造差异化个性化的运营体系已经成为每个特色小镇的当务之急。特别是主导特色小镇发展和开发建设的主体缺乏运营经验，而专业运营公司相对缺乏的情况下，选择一个具备推进力度、实施能力、资源整合能力的优质运营企业，是特色小镇实现最终成功的关键。

精确融资问题。对于特色小镇建设来说，金融的整体全维度参与十分重要。如在这方面缺乏专业精通人才，将不能制定完善的投融资规划来确定哪一部分资金要用低成本、长期发债的形式，哪一部分是资本导入，哪一部分以产业基金的形式结合政府 PPP 的形式进入，哪一部分是运营的，哪一部分可作为短期销售的，等等。

十一、中华龙城旅游创意小镇

位于长三角核心区江苏常州的中华龙城旅游创意小镇是有代表性的"园中镇"案例，是一个历经 10 年，多方引导、自然发育而来的小镇。目前 90% 已建设成型，各项事业引领区域发展，且形成了"以园带产，以产促城，以城兴产，产城共融"的独特发展模式，正成为中国特色小镇发展创新道路上的一股新势能。

1. 以园促城，顺势发展的小镇

小镇是伴随着常州市"十一五"、"十二五"和"十三五"多轮城市空间发展战略机遇，在常州市打造"三城联动"的现代化城市新格局的背景下，通过文化引领、机制创新、产业升级和交通破局等创新手段逐渐发展而来的。

小镇以产业园区为发展起始，先后经历了软件、主题旅游和文化创意产业发展等多轮园区和产业的迭代升级与相互融合发展，在产业不断的升级与融合过程中，持续带动周边生态和生活环境品质大幅提升，逐步形成了"产在园中，园在城中，城在景中"的"三生"叠加与产城人文融合的发展格局，成为"园中镇"型特色小镇。

小镇积极创新机制体制，充分秉持"政府引导、市场运做、企业主体、多元参与"的原则，由龙城旅游控股集团有限公司作为投资主体，常州文化科技创意发展有限公司作为运营主体，充分激活市场活力。目前该小镇经专家考察评定，已于 2017 年 10 月成功入选国家首批"千企千镇工程"项目库。

2. 以文为核，园镇融合的小镇

小镇以特色恐龙主题 IP 文化为亮点，以旅游创意产业文化为延伸，以文化创意产业为主导，以文化旅游景区、文化创意园区、文旅商业街区、高品质生活社区等为节点串联，整合旅游主题公园，创意产业园，软件园等三个国家级产业基地，形成了以文为核，文化引领的园镇融合特色形态。

国家级创意产业园区。创意产业园区聚集医疗信息系统开发、智能科技、互联网生活服务、电子商务、动漫、IP 打造等热门行业与一体。2017 年园区开票营收达 109 亿元，纳税 4.5 亿元。创意产业园区通过多年的发展，已经形成一定的产业规模和企业集群，先后吸引入驻企业 830 余家，在若干领域具有全国先进水平。

表 13.2   创意产业基地 2010-2017 年度发展情况一览表

国家 5A 级旅游景区环球恐龙城。一座占地面积 4800 余亩的"恐龙王国"。环球恐龙城包括：中华恐龙园、迪诺水镇、恐龙谷温泉、恐龙城大剧场、香树湾花园酒店、维景国际大酒店、恐龙主题度假酒店、三河三园亲水之旅等旅游项目，是一座集主题公园、游憩型商业、文化演艺、温泉休闲、动漫创意于一体的一站式恐龙主题综合度假区。

3. 以产促城，特色凸显的小镇

小镇经过多年发展，特色内涵逐渐凸显，初步形成了三区共生的小镇空间格局、三生融合的小镇功能集成、三轮驱动的产业发展模式、三文叠加的小镇文化体系引领和三方共建的小镇投资运营机制。

三区共生的小镇空间格局。依托良好的地理区位优势和以园促城、以城兴产的产业发展模式，中华龙城旅游创意小镇逐步发展形成了创意园区、旅游景区、与生活社区三区共生融合的小镇空间格局。

三生融合的小镇功能集成。中华龙城旅游创意小镇围绕创意和旅游两大重点产业，形成东部创意旅游、西部创意休闲和南部现代创智三大主要功能区，实现生产、生活、生态"三生"融合的小镇功能集成，打造产城人文一体化发展的生态宜居型特色小镇。

三轮驱动的产业发展模式。实现了 5A 级旅游景区、国家级创意园区和高校教育基地之间三轮驱动的产业发展模式，以景区内容更新催生园区文创产出，以园区产业发展促进高校人才培养，以高校人才输出推动景区园区创新。

三文叠加的小镇文化体系引领。通过挖掘根植常州传统的历史文化，不断放大旅游创意产业文化，并深挖以快乐基因为主导的社区文化，初步构建形成"历史文化 + 产业文化 + 社区文化"三文叠加的特色文化体系。

三方共建的小镇投资运营机制。中华龙城旅游创意小镇是由地方政府（常州国家高新区管委会）搭建平台，以龙城旅游控股集团为主导并参与小镇的市场化运营管理。通过政府引导、企业主导的合作方式，积极鼓励小镇企业多元化参与协作，形成了特有的三方共建运营机制。

4. 以园兴产，成效突出的小镇

旅游产业突飞猛进。集观光、休闲、人居于一体的国际一站式国家 5A 级旅游目的地环球恐龙城于 2015 年基本建成，目前平均年接待游客 1000 万人次。已陆续建成了全球知名主题乐园：中华恐龙园，全国最新一代敞开式主题游憩型文商旅公园：迪诺水镇，华东都市雨林温泉典范：恐龙谷温泉，诞生中国首个青春偶像爆笑打击秀《恐龙人》的先锋演艺集聚地：恐龙城大剧场，以及香树湾高尔夫酒店、恐龙主题酒店、三河三园亲水之旅等一批都市休闲旅游精品。2017 年，环球恐龙城共接待游客 1500 万人次，实现综合收益 70 亿元。

软件和信息服务产业持续升级。与传统产业紧密结合，重点发展嵌入式软件、行业应用管理软件、医疗信息化软件、移动互联网等特色产业，聚集了以OKI、翔云测控、世轩科技为代表的一批软件企业，基地累计拥有经认定的软件企业 228 家，通过 CMMI3、4、5 级认证企业 85 家，通过 ISO27001 认证企业 86 家，高新技术企业 30 家。

电子商务产业亮点纷呈。现已积聚电子商务应用、电子商务平台及电子商务第三方服务等各类电商企业 200 余家。形成了较为完整的电商产业链。未来，将重点发展以电商平台为核心本土特色电商产业；进一步构建完善电子商务支撑体系；促进电子商务与本土实体经济融合发展，引导一批本土优势传统产业开辟互联网经济新模式。

广告媒体产业特色凸显。重点规划建设"一核三基地"：以常州软件园为核心载体的国家广告产业园创意设计核心区；以高新区保纳产业基地为主体的展示交易基地、以高新区三井产业基地为主体的广告新媒体集成研发生产基地和以武进区灵通展览系统股份有限公司为主体的广告器材生产基地；重点发展公益广告征集、设计、制作、发布，广告会展器材研发、生产、交易，广告新技术、新媒体研发与应用三大特色产业。

动漫游戏产业百花齐放。以品牌培育为核心，积淀一批优秀动漫游戏企业，现拥有动漫游戏企业 100 多家，累计经国家认定的动漫企业达 30 家，国家重点动漫企业 3 家；涌现出一批原创动漫精品；50 多部作品荣获了包括"全国动画精品"一、二等奖、"华表奖"、"白玉兰奖"、"美猴奖"等一批国家级奖项在内的 150 多项奖项。

5. 以创强产，乘势升级的小镇

中华龙城旅游创意小镇将以目前取得的建设成果为基础，未来将继续以旅游（景区）文创为特色，以各产业发展平台为依托，打造出全国首个提供景区策划规划、设计施工、投资运营、景区 IP 开发、景区文创产品开发、景区游乐设施内容开发及生产等文化创意产业服务一体化的总部集群小镇。下一步将重点从以下四大方面实现小镇的升级发展：

一是围绕现有产业，强化精品 IP，增强产业价值链。对原有恐龙城旅游景区进行在产品、品牌、营销、人才等全面的升级，进一步强化精品 IP 打造和塑造意识，增强旅游创意产品的价值感和体验感。

二是扩从产业边界，聚焦科技创新，促进产业升级。在新增规划区域，进一步扩充产业边界，重点打造发展创新创业产业。吸引更多产业人才入驻。

三是升级产业高度，打造总部经济，提升产业价值。对现有创意园区，重点引进和打造总部经济群，大力发展孵化旅游＋文化＋科技融合的新兴复合产业，尤其是数字文化科技等新兴战略产业。

四是深挖小镇经验成果，向全国推广运营经验。以旅游（小镇）文创为特色，以各产业发展平台为依托，向中西部地区，提供小镇策划规划，设计施工，投资运营，小镇 IP 开发，小镇文创产品开发，小镇游乐设施内容开发及生产一体化的文化创意产业供应解决方案，目前这一战略正在积极推进。

6. 以品立标，示范引领的小镇

中华龙城旅游创意小镇用 10 年时间的成功经验与失败教训不断创新践行"以园带产，以产促城，以城兴产，产城共融"的中国"园中镇"类型特色小镇独特模式，许多经验和做法值得国内许多同类小镇建设的区域推广与借鉴。

一是"无中生有"的产业创新。常州从 10 年前便将创新精神充分发挥，通过机制创新，"无中生有"地在中国的主题公园史和主题文化旅游产业史上书写下了浓墨重彩的一笔，并以此带动常州主题公园旅游和文化创意产业的全面升级开发。

二是文化引领的城乡统筹。过去 10 年，依靠中华恐龙园主题景区的成功打造以及旅游创意文化的引领，使该地区从农村城郊结合部一跃成为品质新常州的代表符号。带动了周边一大批高品质住宅区、商业区及生活配套区在周边落户，大批高端人才在此落户。为常州整体城市品牌和气质提升起到了积极助推作用，成为今天常州旅游和文化创意产业的城市新名片，也为像常州这样的三线城市的城乡统筹提供了实践样板。

三是以产促城的培育路径。中华龙城旅游创意小镇由软件产业和旅游景区发展起步，逐步带动相关产业发展，不断汇聚人流物流，引领周边环境和配套不断提升，吸引众多国内一线开发商在此发展商业及社区物业，直接带动区域内地价大幅提升，并反向促进吸引相关企业入驻办公和产业人才在此发展、定居和生活。

四是产业模式的创新输出。目前小镇运营主体龙城旅游控股集团已成功经将恐龙园 IP 的一站式国内主题公园打造品牌模式在兰州、郑州等中西部地区成功复制，尚有其他地区在谈，为这些地区的新型城镇化发展和产业转型升级提供了产业、项目、资金、品牌和人才等各方面资源的支持。

综上所述，中华龙城旅游创意小镇通过 10 年不断持续地探索实践，摸索出了一条适合自身发展的道路和模式，成效明显，但也存在不少的短板与不足。未来，小镇将更加注重创新，逐步强化完善小镇各项功能，弥补不足，为争创国家更高级别、更具含金量的示范小镇不懈努力。

附　录

国家相关政策汇总

国家发展改革委　国家开发银行关于开发性
金融支持特色小（城）镇建设促进脱贫攻坚的意见

发改规划〔2017〕102号

各省、自治区、直辖市及计划单列市发展改革委、新疆生产建设兵团发展改革委，
国家开发银行各分行：

建设特色小（城）镇是推进供给侧结构性改革的重要平台，是深入推进新型城镇化、辐射带动新农村建设的重要抓手。全力实施脱贫攻坚、坚决打赢脱贫攻坚战是"十三五"时期的重大战略任务。在贫困地区推进特色小（城）镇建设，有利于为特色产业脱贫搭建平台，为转移就业脱贫拓展空间，为易地扶贫搬迁脱贫提供载体。为深入推进特色小（城）镇建设与脱贫攻坚战略相结合，加快脱贫攻坚致富步伐，现就开发性金融支持贫困地区特色小（城）镇建设提出以下意见。

一、总体要求

全面贯彻党的十八大和十八届三中、四中、五中、六中全会精神，统筹推进"五位一体"总体布局和协调推进"四个全面"战略布局，牢固树立和贯彻落实新发展理念，按照扶贫开发与经济社会发展相结合的要求，充分发挥开发性金融作用，推动金融扶贫与产业扶贫紧密衔接，夯实城镇产业基础，完善城

镇服务功能，推动城乡一体化发展，通过特色小（城）镇建设带动区域性脱贫，实现特色小（城）镇持续健康发展和农村贫困人口脱贫双重目标，坚决打赢脱贫攻坚战。

——坚持因地制宜、稳妥推进。从各地实际出发，遵循客观规律，加强统筹协调，科学规范引导特色小（城）镇开发建设与脱贫攻坚有机结合，防止盲目建设、浪费资源、破坏环境。

——坚持协同共进、一体发展。统筹谋划脱贫攻坚与特色小（城）镇建设，促进特色产业发展、农民转移就业、易地扶贫搬迁与特色小（城）镇建设相结合，确保群众就业有保障、生活有改善、发展有前景。

——坚持规划引领、金融支持。根据各地发展实际，精准定位、规划先行，科学布局特色小（城）镇生产、生活、生态空间。通过配套系统性融资规划，合理配置金融资源，为特色小（城）镇建设提供金融支持，着力增强贫困地区自我发展能力，推动区域持续健康发展。

——坚持主体多元、合力推进。发挥政府在脱贫攻坚战中的主导作用和在特色小（城）镇建设中的引导作用，充分利用开发性金融融资、融智优势，聚集各类资源，整合优势力量，激发市场主体活力，共同支持贫困地区特色小（城）镇建设。

——坚持改革创新、务求实效。用改革的办法和创新的精神推进特色小（城）镇建设，完善建设模式、管理方式和服务手段，加强金融组织创新、产品创新和服务创新，使金融资源切实服务小（城）镇发展，有效支持脱贫攻坚。

二、主要任务

（一）加强规划引导。加强对特色小（城）镇发展的指导，推动地方政府结合经济社会发展规划，编制特色小（城）镇发展专项规划，明确发展目标、建设任务和工作进度。开发银行各分行积极参与特色小（城）镇规划编制工作，统筹考虑财税、金融、市场资金等方面因素，做好系统性融资规划和融资顾问工作，明确支持重点、融资方案和融资渠道，推动规划落地实施。各级发展改革部门要加强与开发银行各分行、特色小（城）镇所在地方政府的沟通联系，积极支持系统性融资规划编制工作。

（二）支持发展特色产业。一是各级发展改革部门和开发银行各分行要加强协调配合，根据地方资源禀赋和产业优势，探索符合当地实际的农村产业融合发展道路，不断延伸农业产业链、提升价值链、拓展农业多种功能，推进多种形式的产城融合，实现农业现代化与新型城镇化协同发展。二是开发银行各分行要运用"四台一会"（管理平台、借款平台、担保平台、公示平台和信用协会）贷款模式，推动建立风险分担和补偿机制，以批发的方式融资支持龙头企业、中小微企业、农民合作组织以及返乡农民工等各类创业者发展特色优势产业，带动周边广大农户，特别是贫困户全面融入产业发展。三是在特色小（城）镇产业发展中积极推动开展土地、资金等多种形式的股份合作，在有条件的地区，探索将"三资"（农村集体资金、资产和资源）、承包土地经营权、农民住房财产权和集体收益分配权资本化，建立和完善利益联结机制，保障贫困人口在产业发展中获得合理、稳定的收益，并实现城乡劳动力、土地、资本和创新要素高效配置。

（三）补齐特色小（城）镇发展短板。一是支持基础设施、公共服务设施和生态环境建设，包括但不限于土地及房屋的征收、拆迁和补偿；安置房建设或货币化安置；水网、电网、路网、信息网、供气、供热、地下综合管廊等公共基础设施建设；污水处理、垃圾处理、园林绿化、水体生态系统与水环境治理等环境设施建设以及生态修复工程；科技馆、学校、文化馆、医院、体育馆等科教文卫设施建设；小型集贸市场、农产品交易市场、生活超市等便民商业设施建设；其他基础设施、公共服务设施以及环境设施建设。二是支持各类产业发展的配套设施建设，包括但不限于标准厂房、孵化园、众创空间等生产平台；

旅游休闲、商贸物流、人才公寓等服务平台建设；其他促进特色产业发展的配套基础设施建设。

（四）积极开展试点示范。结合贫困地区发展实际，因地制宜开展特色小（城）镇助力脱贫攻坚建设试点。对试点单位优先编制融资规划，优先安排贷款规模，优先给予政策、资金等方面的支持，鼓励各地先行先试，着力打造一批资源禀赋丰富、区位环境良好、历史文化浓厚、产业集聚发达、脱贫攻坚效果好的特色小（城）镇，为其他地区提供经验借鉴。

（五）加大金融支持力度。开发银行加大对特许经营、政府购买服务等模式的信贷支持力度，特别是通过探索多种类型的 PPP 模式，引入大型企业参与投资，引导社会资本广泛参与。发挥开发银行"投资、贷款、债券、租赁、证券、基金"综合服务功能和作用，在设立基金、发行债券、资产证券化等方面提供财务顾问服务。发挥资本市场在脱贫攻坚中的积极作用，盘活贫困地区特色资产资源，为特色小（城）镇建设提供多元化金融支持。各级发展改革部门和开发银行各分行要共同推动地方政府完善担保体系，建立风险补偿机制，改善当地金融生态环境。

（六）强化人才支撑。加大对贫困地区特色小（城）镇建设的智力支持力度，开发银行扶贫金融专员要把特色小（城）镇作为金融服务的重要内容，帮助派驻地（市、州）以及对口贫困县区域内的特色小（城）镇引智、引商、引技、引资，着力解决缺人才、缺技术、缺资金等突出问题。以"开发性金融支持脱贫攻坚地方干部培训班"为平台，为贫困地区干部开展特色小（城）镇专题培训，帮助正确把握政策内涵，增强运用开发性金融手段推动特色小（城）镇建设、促进脱贫攻坚的能力。

（七）建立长效合作机制。国家发展改革委和开发银行围绕特色小（城）镇建设进一步深化合作，建立定期会商机制，加大工作推动力度。各级发展改革部门和开发银行各分行要密切沟通，共同研究制定当地特色小（城）镇建设工作方案，确定重点支持领域，设计融资模式；建立特色小（城）镇重点项目批量开发推荐机制，形成项目储备库；协调解决特色小（城）镇建设过程中的困难和问题，将合作落到实处。

各级发展改革部门和开发银行各分行要支持贫困地区特色小（城）镇建设促进脱贫攻坚，加强合作机制创新、工作制度创新和发展模式创新，积极探索、勇于实践，确保特色小（城）镇建设取得新成效，打赢脱贫攻坚战。

国家发展改革委

国家开发银行

2017 年 1 月 13 日

住房城乡建设部　国家开发银行关于
推进开发性金融支持小城镇建设的通知

建村〔2017〕27号

各省、自治区、直辖市住房城乡建设厅（建委），北京市农委、规划和国土资源管理委，上海市规划和国土资源管理局，新疆生产建设兵团建设局，国家开发银行各省（区、市）分行、企业局：

为贯彻落实党中央、国务院关于推进小城镇建设的精神，大力推进开发性金融支持小城镇建设，现就有关工作通知如下。

一、充分认识开发性金融支持小城镇建设的重要意义

小城镇是新型城镇化建设的重要载体，是促进城乡协调发展最直接最有效的途径，在推进经济转型升级、绿色低碳发展和生态环境保护等方面发挥着重要作用。小城镇建设任务艰巨，资金需求量大，迫切需要综合运用财政、金融政策，引导金融机构加大支持力度。开发性金融支持是推动小城镇建设的重要手段，是落实供给侧结构性改革的重要举措。各级住房城乡建设部门、国家开发银行各分行要充分认识开发性金融支持小城镇建设的重要意义，加强部行协作，强化资金保障，全面提升小城镇的建设水平和发展质量。

二、主要工作目标

（一）落实《住房城乡建设部 国家发展改革委 财政部关于开展特色小镇培育工作的通知》（建村〔2016〕147号），加快培育1000个左右各具特色、富有活力的休闲旅游、商贸物流、现代制造、教育科技、传统文化、美丽宜居的特色小镇。优先支持《住房城乡建设部关于公布第一批中国特色小镇名单的

通知》（建村〔2016〕221号）确定的127个特色小镇。

（二）落实《住房城乡建设部等部门关于公布全国重点镇名单的通知》（建村〔2014〕107号），大力支持3675个重点镇建设，提升发展质量，逐步完善一般小城镇的功能，将一批产业基础较好、基础设施水平较高的小城镇打造成特色小镇。

（三）着力推进大别山等集中连片贫困地区的脱贫攻坚，优先支持贫困地区基本人居卫生条件改善和建档立卡贫困户的危房改造。

（四）探索创新小城镇建设运营及投融资模式，充分发挥市场主体作用，打造一批具有示范意义的小城镇建设项目。

三、重点支持内容

（一）支持以农村人口就地城镇化、提升小城镇公共服务水平和提高承载能力为目的的设施建设。主要包括：土地及房屋的征收、拆迁和补偿；供水、供气、供热、供电、通讯、道路等基础设施建设；学校、医院、邻里中心、博物馆、体育馆、图书馆等公共服务设施建设；防洪、排涝、消防等各类防灾设施建设。重点支持小城镇污水处理、垃圾处理、水环境治理等设施建设。

（二）支持促进小城镇产业发展的配套设施建设。主要包括：标准厂房、众创空间、产品交易等生产平台建设；展示馆、科技馆、文化交流中心、民俗传承基地等展示平台建设；旅游休闲、商贸物流、人才公寓等服务平台建设，以及促进特色产业发展的配套设施建设。

（三）支持促进小城镇宜居环境塑造和传统文化传承的工程建设。主要包括：镇村街巷整治、园林绿地建设等风貌提升工程；田园风光塑造、生态环境修复、湿地保护等生态保护工程；传统街区修缮、传统村落保护、非物质文化遗产活化等文化保护工程。

四、建立项目储备制度

（一）建立项目储备库。各县（市、区）住房城乡建设（规划）部门要加快推进本地区小城镇总体规划编制或修编，制定近期建设项目库和年度建设计划，统筹建设项目，确定融资方式和融资规模，完成有关审批手续。

（二）推荐备选项目。各县（市、区）住房城乡建设（规划）部门要组织做好本地区项目与国家开发银行各分行的项目对接和推荐，填写小城镇建设项目入库申报表（详见附件），报省级住房城乡建设部门。省级住房城乡建设部门应汇总项目申报表，于 2017 年 3 月底前报住房城乡建设部，并将项目信息录入全国小城镇建设项目储备库（http：//www.charmingtown.cn）。

今后，应在每年 11 月底前报送下一年度项目申报表，并完成项目录入工作。住房城乡建设部将会同国家开发银行对各地上报项目进行评估，将评估结果好的项目作为优先推荐项目。

五、加大开发性金融支持力度

（一）做好融资规划。国家开发银行将依据小城镇总体规划，适时编制相应的融资规划，做好项目融资安排，针对具体项目的融资需求，统筹安排融资方式和融资总量。

（二）加强信贷支持。国家开发银行各分行要会同各地住房城乡建设（规划）部门，确定小城镇建设的投资主体、投融资模式等，共同做好项目前期准备工作。对纳入全国小城镇建设项目储备库的优先推荐项目，在符合贷款条件的情况下，优先提供中长期信贷支持。

（三）创新融资模式，提供综合性金融服务。国家开发银行将积极发挥"投、贷、债、租、证"的协同作用，为小城镇建设提供综合金融服务。根据项目情况，采用政府和社会资本合作（PPP）、政府购买服务、机制评审等模式，推动项目落地；鼓励大型央企、优质民企以市场化模式支持小城镇建设。在风险可控、商业可持续的前提下，积极开展小城镇建设项目涉及的特许经营权、收费权和购买服务协议下的应收账款质押等担保类贷款业务。

六、建立工作协调机制

住房城乡建设部和国家开发银行签署《共同推进小城镇建设战略合作框架协议》，建立部行工作会商制度。省级住房城乡建设部门、国家开发银行省级分行要参照部行合作模式建立工作协调机制，加强沟通、密切合作，及时共享小城镇建设信息，协调解决项目融资、建设中存在的问题和困难；要及时将各地项目进展情况、存在问题及有关建议分别报住房城乡建设部和国家开发银行总行。

中华人民共和国住房和城乡建设部

国家开发银行股份有限公司

2017 年 1 月 24 日

住房城乡建设部　中国建设银行关于
推进商业金融支持小城镇建设的通知

建村〔2017〕81号

各省、自治区、直辖市住房城乡建设厅（建委），北京市农委、规划和国土资源管理委，上海市规划和国土资源管理局，新疆生产建设兵团建设局，中国建设银行各省、自治区、直辖市分行，总行直属分行，苏州分行：

为贯彻落实党中央、国务院关于推进小城镇建设的工作部署，大力推进商业金融支持小城镇建设，现就有关工作通知如下。

一、充分认识商业金融支持小城镇建设的重要意义

小城镇是经济转型升级、新型城镇化建设的重要载体，在推进供给侧结构性改革、生态文明建设、城乡协调发展等方面发挥着重要作用。小城镇建设任务重、项目多、资金缺口大，迫切需要发挥市场主体作用，加大商业金融的支持力度，积极引导社会资本进入小城镇。各级住房城乡建设部门、建设银行各分行要充分认识商业金融支持小城镇建设的重要意义，坚持用新发展理念统筹指导小城镇建设，加强组织协作，创新投融资体制，加大金融支持力度，确保项目资金落地，全面提升小城镇建设水平和发展质量。

二、支持范围和内容

（一）支持范围。

落实《住房城乡建设部　国家发展改革委　财政部关于开展特色小镇培育工作的通知》（建村〔2016〕147号）、《住房城乡建设部等部门关于公布全国重点镇名单的通知》（建村〔2014〕107号）等文件要求，支持特色小镇、

重点镇和一般镇建设。优先支持《住房城乡建设部关于公布第一批中国特色小镇名单的通知》（建村〔2016〕221号）确定的127个特色小镇和各省（区、市）人民政府认定的特色小镇。

（二）支持内容。

1. 支持改善小城镇功能、提升发展质量的基础设施建设。主要包括：道路、供水、电力、燃气、热力等基础设施建设；企业厂房、仓库、孵化基地等生产设施建设；学校、医院、体育场馆、公园、小镇客厅等公共设施建设；居民拆迁安置、园林绿化等居住环境改善设施建设；河湖水系治理、建筑节能改造、新能源利用、污水和垃圾处理等生态环境保护设施建设。

2. 支持促进小城镇特色发展的工程建设。主要包括：街巷空间、建筑风貌等综合环境整治工程建设；传统街区保护和修缮、非物质遗产活化等传统文化保护工程建设；双创平台、展览展示、服务平台、人才交流等促进特色产业发展的配套工程建设。

3. 支持小城镇运营管理融资。主要包括：基础设施改扩建、运营维护融资；运营管理企业的经营周转融资；优质企业生产投资、经营周转、并购重组等融资。

三、实施项目储备制度

（一）建立项目储备库。

各县（市、区）住房城乡建设（规划）部门要加快推进本地区小城镇总体规划编制或修编，制定近期建设项目库和年度建设计划，统筹建设项目，确定融资方式和融资规模，完成有关审批手续。

（二）推荐备选项目。

各县（市、区）住房城乡建设（规划）部门要组织做好本地区建设项目与中国建设银行地市级分行的对接和推荐，填写小城镇建设项目储备表（详见附件），并报送至省级住房城乡建设部门。省级住房城乡建设部门要联合中国建设银行省级分行对本地区上报项目进行审核，并于 2017 年 5 月底前将通过审核的项目信息录入全国小城镇建设项目储备库（http：//www.charmingtown.cn）。住房城乡建设部将会同中国建设银行总行对纳入全国小城镇建设项目储备库的项目进行评估，确定优先推荐项目。

四、发挥中国建设银行综合金融服务优势

（一）加大信贷支持力度。

中国建设银行将统筹安排年度信贷投放总量，加大对小城镇建设的信贷支持力度。对纳入全国小城镇建设项目储备库的推荐项目，予以优先受理、优先评审和优先投放贷款。

（二）做好综合融资服务。

充分发挥中国建设银行集团全牌照优势，帮助小城镇所在县（市）人民政府、参与建设的企业做好融资规划，提供小城镇专项贷款产品。根据小城镇建设投资主体和项目特点，因地制宜提供债券融资、股权投资、基金、信托、融资租赁、保险资金等综合融资服务。

（三）创新金融服务模式。

中国建设银行将在现有政策法规内积极开展金融创新。探索开展特许经营权、景区门票收费权、知识产权、碳排放权质押等新型贷款抵质押方式。探索与创业投资基金、股权基金等开展投贷联动，支持创业型企业发展。

五、建立工作保障机制

住房城乡建设部与中国建设银行总行签署《共同推进小城镇建设战略合作框架协议》，建立部行工作会商制度。省级住房城乡建设部门、中国建设银行省级分行要参照部行合作模式尽快建立定期沟通机制和工作协作机制，及时共享小城镇建设信息，共同协调解决项目融资、建设中存在的问题，做好风险防控，

为小城镇建设创造良好的政策环境和融资环境。执行过程中如有问题和建议，请及时与住房城乡建设部和中国建设银行总行联系。

中华人民共和国住房和城乡建设部

中国建设银行股份有限公司

2017 年 4 月 1 日

体育总局办公厅关于
推动运动休闲特色小镇建设工作的通知
体群字〔2017〕73号

各省、自治区、直辖市、新疆生产建设兵团体育局，体育总局各运动项目管理中心，中国足球协会：

　　运动休闲特色小镇是在全面建成小康社会进程中，助力新型城镇化和健康中国建设，促进脱贫攻坚工作，以运动休闲为主题打造的具有独特体育文化内涵、良好体育产业基础，运动休闲、文化、健康、旅游、养老、教育培训等多种功能于一体的空间区域、全民健身发展平台和体育产业基地。

　　为贯彻党中央和国务院关于推进特色小镇建设、加大脱贫攻坚工作力度的精神，充分发挥体育在脱贫攻坚工作中的潜在优势作用，更好地为基层经济社会事业、全民健身与健康事业、体育产业发展服务，引导推动运动休闲特色小镇实现可持续发展，体育总局决定组织开展运动休闲特色小镇建设、促进脱贫攻坚工作。现将有关事宜通知如下。

一、重要意义

　　建设运动休闲特色小镇，是满足群众日益高涨的运动休闲需求的重要举措，是推进体育供给侧结构性改革、加快贫困落后地区经济社会发展、落实新型城镇化战略的重要抓手，也是促进基层全民健身事业发展、推动全面小康和健康中国建设的重要探索。建设运动休闲特色小镇，能够搭建体育运动新平台、树立体育特色新品牌、引领运动休闲新风尚，增加适应群众需求的运动休闲产品和服务供给；有利于培育体育产业市场、吸引长效投资，促进镇域运动休闲、旅游、健康等现代服务业良性互动发展，推动产业集聚并形成辐射带动效应，为城镇经济社会发展增添新动能；能够有效促进以乡镇为重点的基本公共体育服务均等化，促进乡镇全民健身事业和健康事业实现深度融合与协调发展。

二、总体要求

（一）指导思想

认真贯彻落实习近平总书记系列重要讲话精神和治国理政新理念、新思想、新战略，落实总书记关于体育工作重要论述，落实党的十八大和十八届三中、四中、五中、六中全会精神，统筹推进"五位一体"总体布局，协调推进"四个全面"战略布局，牢固树立和践行新发展理念，加快推动体育领域供给侧结构性改革。将运动休闲特色小镇建设和脱贫攻坚任务紧密结合起来，多措并举、综合施策、循序渐进、以点带面，促进体育与健康、旅游、文化等产业实现融合协调发展，带动区域经济社会各项事业全面发展。

（二）基本原则

——因地制宜，突出特色。从各地实际出发，依托各地传统体育文化、运动休闲项目和体育赛事活动等特色资源，结合当地经济社会发展和基础设施条件，依据产业基础和发展潜力科学规划、量力而行、有序推进，形成体育产业创新平台。

——政府引导，市场主导。强化政府在政策引导、平台搭建、公共服务等方面的保障作用；充分发挥市场在资源配置中的决定性作用，鼓励、引导和支持企业、社会力量参与运动休闲特色小镇建设并发挥重要作用。

——改革创新，融合发展。鼓励各地创新发展理念、发展模式，大胆探索、先行先试。促进运动休闲产业与体育用品制造、体育场地设施建设等其他体育产业门类，旅游、健康、文化等其他相关产业互通互融和协调发展。

——以人为本，分类指导。以人民为中心，充分发挥体育在引导形成健康生活方式、提高人民健康水平、促进经济社会发展等方面的综合作用。鼓励东部地区多出经验和示范，政策和资金支持向中西部贫困地区倾斜。

三、主要任务

到 2020 年，在全国扶持建设一批体育特征鲜明、文化气息浓厚、产业集聚融合、生态环境良好、惠及人民健康的运动休闲特色小镇；带动小镇所在区域体育、健康及相关产业发展，打造各具特色的运动休闲产业集聚区，形成与当地经济社会相适应、良性互动的运动休闲产业和全民健身发展格局；推动中西部贫困落后地区在整体上提升公共体育服务供给和经济社会发展水平，增加就业岗位和居民收入，推进脱贫攻坚工作。运动休闲特色小镇要形成以下特色：

——特色鲜明的运动休闲业态。聚焦运动休闲、体育健康等主题，形成体育竞赛表演、体育健身休闲、体育场馆服务、体育培训与教育、体育传媒与信息服务、体育用品制造等产业形态。

——深厚浓郁的体育文化氛围。具备成熟的体育赛事组织运营经验，经常开展具有特色的品牌全民健身赛事和活动，以独具特色的运动项目文化或民族民间民俗传统体育文化为引领，形成运动休闲特色名片。

——与旅游等相关产业融合发展。实现体育旅游、体育传媒、体育会展、体育广告、体育影视等相关业态共享发展，运动休闲与旅游、文化、养老、教育、健康、农业、林业、水利、通用航空、交通运输等业态融合发展，打造旅游目的地。

——脱贫成效明显。通过当地体育特色产业的发展吸纳就业，创造增收门路，促进当地特色农产品销售，在体育脱贫攻坚中树立示范。

——禀赋资源的合理有效利用。自然资源丰富的小镇依托自然地理优势发展冰雪、山地户外、水上、汽车摩托车、航空等运动项目；民族文化资源丰富的小镇依托人文资源发展民族民俗体育文化。大城市周边重点镇加强与城市发展的统筹规划与体育健身功能配套；远离中心城市的小镇完善基础设施和公共体育服务，服务农村。

四、组织实施

运动休闲特色小镇的建设由地方各级政府及其体育等相关部门根据当地实际进行，充分发挥社会力量和市场机制的作用，避免盲目跟风。各省（区、市）体育局、体育总局有关运动项目管理中心分别根据当地和运动项目实际向体育总局推荐小镇项目、进行业务指导。体育总局主要以组织开展运动休闲特色小镇示范试点、制定完善政策的方式加强行业管理和引导。

（一）项目报送

1. 报送程序

坚持地方自愿申报和省（区、市）体育局、体育总局运动项目管理中心（项目协会）推荐相结合，按年度分批报送。县级体育行政部门根据实际情况，将辖区内符合条件的项目上报省（区、市）体育局，省（区、市）体育局进行审核后推荐上报体育总局。体育总局各运动项目管理中心（项目协会）可直接推荐项目。

2. 基本条件

申报和推荐的小镇应具备以下基本条件：

（1）交通便利，自然生态和人文环境好；

（2）体育工作基础扎实，在运动休闲方面特色鲜明；

（3）近5年无重大安全生产事故、重大环境污染、重大生态破坏、重大群体性社会事件、历史文化遗存破坏现象；

（4）小镇所在县（区、市）政府高度重视体育工作，能对发展运动休闲特色小镇提供政策保障；

（5）运动休闲特色小镇建设对当地推进脱贫攻坚工作具有特殊意义。

3. 推荐数量（2017年度）

（1）京津冀三省（市）各推荐3个，其他省（区、市）各推荐1—2个；

（2）体育总局有关运动项目管理中心各推荐 1 个。

（二）政策支持

对所推荐的第一批小镇项目，体育总局将组织专家对规划进行评审，筛选出一批基础扎实、条件良好、具备优势、特色鲜明的运动休闲小镇进行试点示范，并会同有关部门给予引导和支持。

对纳入试点的小镇，一次性给予一定的经费资助，用于建设完善运动休闲设施，组织开展群众身边的体育健身赛事和活动。

体育总局各运动项目管理中心（项目协会）将向各小镇提供体育设施标准化设计样式，配置各类赛事资源。

体育总局将会同中央有关部门制定完善运动休闲特色小镇建设有关政策、细化工作方案，推动此项工作持续健康发展，成为脱贫攻坚工作的助力项目。

（三）有关要求

各省（区、市）体育局和体育总局运动项目管理中心要认真组织，做好运动休闲特色小镇遴选和推荐工作，坚持优中选优、宁缺毋滥，把好关口，保证推荐上报的材料真实准确。

请组织填报《2017 年度运动休闲特色小镇推荐表》（附件 1），按附件 2 的提纲格式报送《运动休闲特色小镇建设工作汇报材料》（含电子版），提供运动休闲特色小镇建设总体规划，于 2017 年 6 月 20 日前一并报送体育总局。

体育总局办公厅

2017 年 5 月 9 日

住房城乡建设部办公厅关于
做好第二批全国特色小镇推荐工作的通知

建办村函〔2017〕357号

各省（区、市）住房城乡建设厅（建委）、北京市农委、上海市规划和国土资源局：

为落实《住房城乡建设部 国家发展改革委 财政部关于开展特色小镇培育工作的通知》（建村〔2016〕147号）精神，做好第二批全国特色小镇推荐工作，经商财政部，现将有关事项通知如下：

一、推荐要求

各地推荐的特色小镇应符合建村〔2016〕147号文件规定的培育要求，具备特色鲜明的产业形态、和谐宜居的美丽环境、彰显特色的传统文化、便捷完善的设施服务和充满活力的体制机制，并满足以下条件：

（一）具备良好的发展基础、区位优势和特色资源，能较快发展起来。

（二）实施并储备了一批质量高、带动效应强的产业项目。

（三）镇规划编制工作抓得紧，已编制的总体规划、详细规划或专项规划达到了定位准确、目标可行、规模适宜、管控有效4项要求。现有规划未达到定位准确等4项要求的已启动规划修编工作。

（四）制定并实施了支持特色小镇发展的政策措施，营造了市场主导、政企合作等良好政策氛围。

（五）实施了老镇区整治提升和发展利用工程，做到设施完善、风貌协调和环境优美。

（六）引入的旅游、文化等大型项目符合当地实际，建设的道路、公园等设施符合群众需求。

对存在以房地产为单一产业，镇规划未达到有关要求、脱离实际，盲目立项、盲目建设，政府大包大揽或过度举债，打着特色小镇名义搞圈地开发，项目或设施建设规模过大导致资源浪费等问题的建制镇不得推荐。县政府驻地镇不推荐。以旅游文化产业为主导的特色小镇推荐比例不超过 1/3。

二、推荐程序

我部根据各省（区、市）建制镇数量、规划编制与实施情况、特色小镇培育工作进展、地方组织推进小城镇建设力度等因素，确定了 2017 年各省（区、市）特色小镇推荐名额（附件 1）。请各省（区、市）按照分配名额组织好特色小镇推荐工作。

按照自愿申报、择优推荐的原则，由县（市、区）住房城乡建设部门做好特色小镇信息填报等工作，经县（市、区）人民政府审核后，于 2017 年 6 月 15 日前将有关材料报省级住房城乡建设部门。省级住房城乡建设部门要严格按照建村〔2016〕147 号文件要求，组织专家对上报的有关材料进行初审、评估并实地考核，确定本省（区、市）特色小镇推荐名单和排序，于 2017 年 6 月 30 日前将推荐名单和推荐材料报我部村镇建设司。我部将以现场答辩形式审查推荐的特色小镇，会同财政等部门认定并公布第二批全国特色小镇名单。现场答辩的有关安排另行通知。

三、材料要求

各省级住房城乡建设部门上报的推荐材料应包括特色小镇推荐信息表（附件 2）、特色小镇培育说明材料、相关视频（可选）和有关规划。推荐信息表 1 式 2 份并加盖单位公章，相关信息录入特色小镇培育网（www.charmingtown. cn）。培育说明材料应逐项用文字、照片和图纸进行说明，以 PPT 格式提交（说明材料模板及示例可从特色小镇培育网下载）。视频材料时长为 5—10 分钟，文件格式不限。有关规划包括总体规划、详细规划和专项规划，提交电子版。推荐材料可通过光盘或 U 盘方式提交。

　　　　附件：各省（区、市）特色小镇推荐名额分配表

　　　　中华人民共和国住房和城乡建设部办公厅

　　　　2017 年 5 月 26 日

附件

各省（区、市）特色小镇推荐名额分配表

编号	省（区、市）	推荐数量（个）
1	北京市	5
2	天津市	5
3	河北省	11
4	山西省	10
5	内蒙古自治区	10
6	辽宁省	10
7	吉林省	8
8	黑龙江省	8
9	上海市	6
10	江苏省	15
11	浙江省	15
12	安徽省	11
13	福建省	11
14	江西省	10
15	山东省	15
16	河南省	11
17	湖北省	11
18	湖南省	11
19	广东省	15
20	广西壮族自治区	10
21	海南省	6
22	重庆市	9
23	四川省	13
24	贵州省	11
25	云南省	11
26	西藏自治区	5
27	陕西省	11
28	甘肃省	6
29	青海省	5
30	宁夏回族自治区	5
31	新疆维吾尔自治区	7
32	新疆生产建设兵团	3
合计		300

国家林业局办公室关于开展森林特色小镇建设试点工作的通知

办场字〔2017〕110号

各省、自治区、直辖市林业厅（局），内蒙古、吉林、龙江、大兴安岭森工（林业）集团公司，新疆生产建设兵团林业局：

为贯彻落实中发〔2015〕6号文件精神，深入推进国有林场和国有林区改革及林业供给侧结构性改革，推动林业发展模式由利用森林获取经济利益为主向保护森林提供生态服务为主转变，提高森林观光游览、休闲度假、运动养生等生态产品供给能力和服务水平，不断满足人民群众日益迫切的生态福祉需求，大力提升林业在国民经济发展中的战略地位，我局决定在国有林场和国有林区开展森林特色小镇建设试点工作，为全面推进森林特色小镇建设探索路子、总结经验。现将有关事项通知如下：

一、建设目的

森林特色小镇是指在森林资源丰富、生态环境良好的国有林场和国有林区林业局的场部、局址、工区等适宜地点，重点利用老旧场址工区、场房民居，通过科学规划设计、合理布局，建设接待设施齐全、基础设施完备、服务功能完善，以提供森林观光游览、休闲度假、运动养生等生态产品与生态服务为主要特色的，融合产业、文化、旅游、社区功能的创新发展平台。

开展森林特色小镇建设，有利于提高国有林场和国有林区吸引和配置林业特色产业要素的能力，推动资源整合、产业融合，促进产业集聚、创新和转型升级；有利于深化国有林场和国有林区改革，助推林场林区转型发展，改善国有林场和国有林区生产生活条件、增加职工收入，增强发展后劲；有利于促进林业供给侧结构性改革，提高生态产品和服务供给能力和质量，不断满足广大人民群众日益增长的生态福祉需求；有利于保护生态和改善民生，促进国有林场和国有林区经济发展、林农增收，助推脱贫攻坚，着力践行习近平总书记提出的"绿水青山就是金山银山"等新发展理念。

二、试点原则

（一）坚持生态导向、保护优先。要以保护好当地森林资源、原生生态环境和原生生态景观为森林特色小镇建设的立足点和出发点，在确保森林资源总量增加、森林质量提高、生态功能增强的前提下，采用环境友好型、资源节约型等建设模式和方式，实现生态环境、生态文化、森林景观和服务设施有机融合，充分发挥森林生态多种功能，为社会提供更多的生态产品和更优良的生态服务。

（二）坚持科学规划、有序发展。要与国有林场和国有林区发展规划、森林经营方案相结合，坚持规划先行，科学设计，立足实际，深入挖掘特色，找准发展方向。要严格按照当地生态环境的承载量，科学规划，经过严格的科学评估论证，按照程序批准后严格执行。

（三）坚持试点先行、稳步推进。要优先选择发展基础好、政府支持力度大、建设积极性高的国有林场和国有林区林业局作为建设试点。在及时总结试点成功经验和模式的基础上，逐步示范推广、稳步推进。

（四）坚持政府引导、林场主导、多元化运作。各级林业主管部门要积极协调有关部门在基础设施建设、项目立项和资金投入、易地搬迁、土地使用审批以及投融资政策等方面予以倾斜，不断优化政策和投融资环境，大力支持小镇建设；国有林场和国有林区林业局是森林特色小镇建设的主体，要创造条件，推进小镇与企业、金融机构有效对接，促进场镇企融合发展、共同成长。

三、试点内容

（一）范围和规模。在全国国有林场和国有林区林业局范围内选择 30 个左右作为首批国家建设试点。

（二）建设方式。在稳定和充分保障国有林场和国有林区森林资源权益的基础上，可采取使用权与经营权分离的方式，放活经营权。可采取自建、合资合作和 PPP 合作建设等模式推进小镇建设，实现场镇企有效对接、互利共赢，融合发展。小镇建设要坚持改造利用、提档升级为主，原则上不搞新建，确需新建的要从严控制、严格把关。重点通过对国有林场和国有林区林业局的老旧场（局）址工区、场房住房等的改造，将其建设成地方特色鲜明，又与原生态景观风貌紧密融合的特色民居、森林小屋等接待设施。要注重与生态扶贫、林场棚户区改造、移民搬迁和场部搬迁重建，以及森林公园、湿地公园等工程项目建设相结合，相互促进，融合发展。

（三）建设条件

1.具有一定规模。一般应选择在森林分布集中，森林覆盖率一般应在 60%以上，森林景观优美、周边生态环境良好，具备较好文化底蕴、无重大污染源，规模较大的国有林场或国有林区林业局建设。

2.建设积极性高。国有林场和国有林区林业局建设积极性较高，当地政府重视森林特色小镇建设工作，在小镇项目建设投入、招商引资、土地优惠以及基础设施建设等方面政策扶持力度大。

3.主导产业定位准确。主要依托森林资源和生态优势，重点发展森林观光游览、休闲度假、运动养生，以及森林食品、森林药材等林产品培育、采集和初加工的绿色产业。

4.基础设施较完备。国有林场和国有林区林业局水电路讯等基础设施较完善，建设地点原则上要选择在距机场或高铁站 50—100 千米范围内。

（四）建设主要内容

1.改善接待条件。通过对国有林场和国有林区林业局老旧场（局）址工区、场房民居等的改造，建设成地方特色鲜明，又与小镇森林特色生态景观风貌紧密融合的特色民居、森林小屋等，努力提升食宿接待能力和服务水平。

2.完善基础设施。建设水、电、路、讯、生态环境监测等基础设施和森林步道等相应的观光游览、休闲养生服务设施，为开展游憩、度假、疗养、保健、养老等休闲养生服务提供保障，不断提升小镇公共服务能力、水平和质量。

3.培育产业新业态。充分发掘利用当地的自然景观、森林环境、休闲养生等资源，积极引入森林康养、休闲养生产业发展先进理念和模式，大力探索培育发展森林观光游览、休闲养生新业态，拓展国有林场和国有林区发展空间，促进生态经济对小镇经济的提质升级，提升小镇独特竞争力。

（五）工作程序

1.摸清家底。各省（含自治区、直辖市、森工集团、新疆兵团，下同）要尽快组织力量对本省国有林场和国有林区森林特色小镇建设情况和潜力进行调查摸底，填写森林特色小镇资源情况调查统计表（见附件1）。

2.推荐上报。各省组织国有林场和国有林区林业局开展森林特色小镇建设试点申报工作，根据当地实际情况，推荐2—3个国有林场或国有林区林业局作为国家建设试点，填写试点申报表（见附件2）。

3.确定试点。我局将在各省推荐的基础上，统筹考虑区域布局、建设特点、发展特色等因素，确定全国森林特色小镇建设试点单位，并予以公布。

四、有关要求

各地要及时对森林特色小镇建设试点工作进行安排部署，做好摸底调查和试点申报工作。认真填写森林特色小镇资源情况调查统计表，确保各项信息的客观、真实、准确。推荐为试点单位的要提供3000字左右的文字材料和小镇概念性规划，有条件的可同时提供10—15分钟的视频材料。

文字材料应包括建设基本情况，建设目标、建设任务、建设方式、建设路径措施等主要内容；概念性规划应包括小镇区域产业规划、功能布局、配套设施建设、文化底蕴研究等。

请于 2017 年 9 月 30 日前将文字材料和电子版报送我局。

特此通知。

国家林业局办公室

2017 年 7 月 4 日

住房城乡建设部关于保持和彰显特色小镇特色若干问题的通知
建村〔2017〕144 号

各省、自治区住房城乡建设厅，北京市住房城乡建设委、规划国土委、农委，天津市建委、规划局，上海市住房城乡建设管委、规划国土局，重庆市城乡建设委：

　　党中央、国务院作出了关于推进特色小镇建设的部署，对推进新发展理念、全面建成小康社会和促进国家可持续发展具有十分重要的战略意义。保持和彰显小镇特色是落实新发展理念，加快推进绿色发展和生态文明建设的重要内容。目前，特色小镇培育尚处于起步阶段，部分地方存在不注重特色的问题。各地要坚持按照绿色发展的要求，有序推进特色小镇的规划建设发展。现就有关事项通知如下。

一、尊重小镇现有格局、不盲目拆老街区

　　（一）顺应地形地貌。小镇规划要与地形地貌有机结合，融入山水林田湖等自然要素，彰显优美的山水格局和高低错落的天际线。严禁挖山填湖、破坏水系、破坏生态环境。

　　（二）保持现状肌理。尊重小镇现有路网、空间格局和生产生活方式，在此基础上，下细致功夫解决老街区功能不完善、环境脏乱差等风貌特色缺乏问题。严禁盲目拉直道路，严禁对老街区进行大拆大建或简单粗暴地推倒重建，避免采取将现有居民整体迁出的开发模式。

　　（三）延续传统风貌。统筹小镇建筑布局、协调景观风貌、体现地域特征、民族特色和时代风貌。新建区域应延续老街区的肌理和文脉特征，形成有机的整体。新建建筑的风格、色彩、材质等应传承传统风貌，雕塑、小品等构筑物应体现优秀传统文化。严禁建设"大、洋、怪"的建筑。

二、保持小镇宜居尺度、不盲目盖高楼

（一）建设小尺度开放式街坊住区。应以开放式街坊住区为主，尺度宜为100—150米，延续小镇居民原有的邻里关系，避免照搬城市居住小区模式。

（二）营造宜人街巷空间。保持和修复传统街区的街巷空间，新建生活型道路的高宽比宜为1：1至2：1，绿地以建设贴近生活、贴近工作的街头绿地为主，充分营造小镇居民易于交往的空间。严禁建设不便民、造价高、图形象的宽马路、大广场、大公园。

（三）适宜的建筑高度和体量。新建住宅应为低层、多层，建筑高度一般不宜超过20米，单体建筑面宽不宜超过40米，避免建设与整体环境不协调的高层或大体量建筑。

三、传承小镇传统文化、不盲目搬袭外来文化

（一）保护历史文化遗产。保护小镇传统格局、历史风貌，保护不可移动文物，及时修缮历史建筑。不要拆除老房子、砍伐老树以及破坏具有历史印记的地物。

（二）活化非物质文化遗产。充分挖掘利用非物质文化遗产价值，建设一批生产、传承和展示场所，培养一批文化传承人和工匠，避免将非物质文化遗产低俗化、过度商业化。

（三）体现文化与内涵。保护与传承本地优秀传统文化，培育独特文化标识和小镇精神，增加文化自信，避免盲目崇洋媚外，严禁乱起洋名。

各地要按照本通知要求，加强特色小镇规划建设的指导和检查。我部已将是否保持和体现特色作为特色小镇重要认定标准，将定期对已认定特色小镇有关情况进行检查。

中华人民共和国住房和城乡建设部

2017年7月7日

住房城乡建设部关于公布第二批全国特色小镇名单的通知

建村〔2017〕178 号

各省、自治区住房城乡建设厅，北京市住房城乡建设委、规划国土委、农委，天津市建委、规划局，上海市住房城乡建设管委、规划国土局，重庆市城乡建设委：

为贯彻落实党中央、国务院关于推进特色小镇建设的部署，按照《住房城乡建设部关于保持和彰显特色小镇特色若干问题的通知》（建村〔2017〕144 号）和《住房城乡建设部办公厅关于做好第二批全国特色小镇推荐工作的通知》（建办村函〔2017〕357 号）要求，在各地择优推荐的基础上，经组织现场答辩、专家评审和公示，认定北京市怀柔区雁栖镇等 276 个镇（名单见附件 1）为第二批全国特色小镇，现予以公布。

各省（区、市）住房城乡建设部门要做好特色小镇建设工作的指导、支持和监督，进一步保持和彰显特色小镇特色，同时，督促检查第二批特色小镇按照专家评审意见（见附件 2）予以整改。我部将联合财政部等有关部门对已认定特色小镇工作推进情况进行检查。

中华人民共和国住房和城乡建设部

2017 年 8 月 22 日

农业部办公厅关于开展农业特色互联网小镇建设试点的指导意见

农办市〔2017〕27号

各省、自治区、直辖市及计划单列市农业（农牧、农村经济）、农机、畜牧、兽医、农垦、农产品加工、渔业厅（局、委、办），新疆生产建设兵团农业局：

为深入贯彻落实 2017 年中央 1 号文件和中央城镇化工作会议精神，加快推动农业现代化与新型工业化、信息化、城镇化同步发展，统筹推进"互联网+"现代农业行动和特色小城镇建设，前期，我部对农业特色互联网小镇建设试点作出了初步安排。为进一步规范农业特色互联网小镇建设，厘清建设的总体思路、融资模式、重点任务和机制路径，现就开展农业特色互联网小镇建设试点提出如下指导意见，请认真贯彻落实党中央、国务院决策部署并结合当地实际，按照本文件要求扎实推进农业特色互联网小镇建设。

一、农业特色互联网小镇建设的基本形势

（一）"互联网+"现代农业行动为农业特色互联网小镇建设提供了基础条件。党的十八大以来，党中央、国务院高度重视农业农村信息化工作，大力推进现代信息技术向农业农村渗透融合，农村信息基础设施支撑能力明显增强，宽带网络建设显著加速，农业生产智能化、经营网络化、管理数字化、服务在线化水平大幅提升，农民信息化应用能力明显增强。物联网、大数据、空间信息等技术在农业生产的在线监测、精准作业、数字化管理等方面得到不同程度应用。农业农村电子商务快速发展，2017 年上半年农村网络零售额为 5376.2 亿元，同比增长 38.1%，增速高出城市 4.9 个百分点，农产品电商增速远高于电子商务整体增速，农产品电商正在实现由"客厅"向"厨房"的变革。信息进村入户工程从局部试点进入全面实施阶段，并在 10 个省市开展整省推进示范。目

前全国共建成运营近 7 万个益农信息社，累计为农民和新型农业经营主体提供公益服务 1360 万人次，开展便民服务 1.85 亿人次，实现电子商务交易额 135 亿元。各地积极探索农业特色互联网小镇建设，并取得初步成效。海南省自 2015 年以来，以"互联网 +"为支撑，与信息进村入户工程实施紧密结合，以现代农业建设为依托，因地制宜，率先探索建设了 10 个互联网农业小镇。

（二）农业特色互联网小镇建设顺应了农业农村信息化发展趋势。新一轮科技革命和产业变革正在兴起，现代信息技术不断向农业农村生产生活各领域各环节深入渗透融合。农业特色互联网小镇建设就是顺应信息革命发展大势，以信息流带动技术流、资金流、人才流、物资流向农村地区集聚，让农村共享数字经济红利，为打破城乡二元结构、以信息化带动新型城镇化、推动城乡一体化发展带来了历史机遇。

（三）农业特色互联网小镇建设为农业农村经济社会发展提供了强大内生动力。信息化是农业现代化的制高点。农业特色互联网小镇利用互联网的理念和思维，将现代信息技术与农业生产、农民生活、农村生态的各个方面相融合，以农业电子商务、农产品加工、乡村旅游、休闲农业、运动养生等特色产业为发展载体，是将产业、文化、旅游和社区等功能融为一体的创业创新平台。建设农业特色互联网小镇，为农村经济社会发展提供了新的内生动力，有利于开发特色农业资源，促进产业集聚、创新和转型升级，推进农业供给侧结构性改革；有利于城乡协调发展，促进城乡公共服务均等化、资源配置合理化，推动农村大众创业万众创新；有利于推动自然生态、历史人文、民族特色、传统工艺与农业产业和信息技术融合发展，丰富特色产业内涵，助推脱贫攻坚。

二、总体要求

（一）指导思想

全面贯彻党的十八大和十八届三中、四中、五中、六中全会精神，牢固树立和贯彻落实创新、协调、绿色、开放、共享的发展理念，以农村资源禀赋和特色产业为基础，以"互联网+"为手段，充分发挥市场主体作用，创新制度机制，高起点、高标准、高水平培育一批特点鲜明、产业发展、绿色生态、美丽宜居的农业特色互联网小镇。

（二）基本原则

坚持政府引导、市场主体。加强政策引导和规划指导，按照公平、公开、公正的原则，组织开展银企对接、投资对接等活动，切实防范可能出现的社会风险、市场风险和法律风险；充分发挥市场配置资源的决定性作用，大力推进政府和社会资本合作，鼓励企业等市场主体投入资金并组织开展小镇建设、运营和管理等工作。

坚持创新驱动。在试点过程中，把体制机制创新和信息技术应用创新摆在小镇建设的核心位置，大胆探索创新促进小镇建设的体制机制和信息技术应用，让农民群众有更多的获得感和幸福感。

坚持绿色发展。贯彻落实绿水青山就是金山银山的发展理念，以绿色惠民为小镇建设的出发点和落脚点。因地制宜，严格按照当地生态环境的承载能力，利用信息技术，积极推动农业生产与加工、文化、旅游、康养等产业融合发展。

坚持合作共赢。运用互联网理念和思维，实现小镇共建共享和包容性发展。调动政府、市场、农民的积极性，探索建立多元主体参与、成果共享的可持续发展机制，让当地农民参与发展，共享发展成果，促进增收致富。

坚持试点先行。在省级农业部门积极组织开展试点建设与探索的基础上，优先选择政府支持力度大、企业建设积极性高、主导产业定位准确、对农民增收带动明显、持续运营能力强的小镇作为全国性试点，逐步示范推广、稳步推进。

（三）建设目标

力争到2020年，在全国范围内试点建设、认定一批产业支撑好、体制机制灵活、人文气息浓厚、生态环境优美、信息化程度高、多种功能叠加、具有持续运营能力的农业特色互联网小镇。

三、试点任务

（一）建设一批农业特色互联网小镇

各地要将农业特色互联网小镇建设与特色农产品优势区、全国"一村一品"示范乡镇等相结合，建设一批产业"特而强"、功能"聚而合"、形态"小而美"、机制"新而活"的农业特色互联网小镇，推动设施农业、畜禽水产养殖、农产品流通加工、休闲农业等领域的创业创新。加强资源共建共享和互联互通，全面推进信息进村入户工程，加快水电路、信息通信、物流、污水垃圾处理等基础设施建设，加大农村资源、生态、环境监测和保护力度，建设和完善农村公共服务云平台，提升教育、医疗、文化、体育等公共服务供给能力，推动电信、银行、保险、供销、交通、邮政、医院、水电气等便民服务上线，深度挖掘小镇产业价值、生态价值和文化价值，实现农业特色产业推介、文化历史展示、食宿预定、土特产网购、移动支付等资源和服务的在线化。

（二）探索一批农业农村数字经济发展的新业态新模式

数字经济是驱动农业特色互联网小镇建设的新引擎。各地要因地制宜运用互联网等现代信息技术，融合生产、生活和生态，结合文化、产业和旅游，探索适合农业特色互联网小镇建设的新产业、新业态和新模式，最大限度挖掘和释放数字经济潜力，实现对传统农业的数字化改造，培育农业农村经济发展新动能。支持返乡下乡人员利用大数据、物联网、云计算、移动互联网等信息技术开展创业创新，培育一批具有互联网思维、能够熟练运用信息技术的新型农业经营主体。构建天空地一体化的农业物联网测控体系，在大田种植、设施农业、畜禽水产养殖等领域加大物联网技术应用。大力发展农业电子商务，加强网络、加工、包装、物流、冷链、仓储、支付等基础设施建设，完善农产品分等分级、包装配送、品牌创建、文创摄影、冷链物流等支撑体系建设，结合农产品电商出村试点，打造农产品电商供应链，加强农产品、农业生产资料和消费品的在线销售。加强农业农村大数据创新应用，完善数据采集、传输、共享基础设施，建立数据采集、处理、应用、服务体系，提升农村社会治理能力和公共服务供给水平。加快发展生产性和生活性信息服务业，与信息进村入户工程统筹推进，构建新型农业信息综合服务体系，加强农业金融、农机作业、田间管理等领域的社会化服务。大力发展社区支持农业、体验经济、分享经济等多种业态，促进一二三产业融合发展。

（三）培育一批绿色生态优质安全的农业品牌

农业品牌是农业特色互联网小镇建设的重要抓手。依托特色农产品优势区建设，突出农业产业特色，聚焦优势品种，建立农业品牌培育、发展、监管、保护以及诚信管理制度，重点打造一批区域特色明显、产品品质优良、质量安全体系较为健全、生产方式绿色生态、市场竞争力强、适合网络营销的农业品牌，带动传统农业产业结构优化升级，提高质量、效益和竞争力。利用物联网、大数据等信息技术加强农产品质量安全监管，增强农业全产业上下游追溯体系业务协调和信息共建共享，强化产地环境监测、生产资料监控、动物疫病与卫生监督，增加消费者信任度，提升标准化程度。鼓励农业产业化龙头企业充分利用互联网技术、工具，发展农业电子商务，拓展农产品网络销售路径，打造网络品牌，实现优质优价。用互联网打造小镇对外窗口和农产品产销对接平台，利用新媒体等网络传播手段，加大小镇特色产业、产品宣传推介力度，实现生产和消费需求的精准对接。

（四）建立一套可持续发展机制

可持续发展机制是农业特色互联网小镇建设的重要保障。完善农业特色互联网小镇建设的政策体系，探索"政府引导、市场主体"的建设模式，构建小镇共建共享的可持续发展机制。创新投融资机制，拓展融资渠道，鼓励利用财政资金撬动社会资本，鼓励银行和其他金融机构加大金融支持力度。深化便利投资、商事仲裁、负面清单管理等改革创新，构建项目选择、项目孵化、资金投入和金融服务的市场化机制。完善利益分享机制，实现政府得民心、企业得效益、农村得发展、农民得实惠的综合效果。

四、有关安排和要求

（一）各级农业部门要进一步提高认识，将农业特色互联网小镇建设作为深入推进"互联网＋"现代农业行动、加快推进农业农村信息化的重要任务来抓。

（二）各级农业部门要推动当地把农业特色互联网小镇建设试点纳入本辖区内特色小城镇建设规划，坚持规划先行，不以面积为主要参考，突出特色，避免"千镇一面"。

（三）各级农业部门要加强监督管理和市场主体资质审查，确保资金使用合理合法和运营规范有序；鼓励有条件的地方设立政策性的引导资金，与市场主体开展合作，创新小镇建设的投融资方式，努力营造公平公正的营商环境。

（四）各级农业部门在结合本地实际加强机制创新的同时，要严格遵守国家相关规定，及时总结提炼试点中的经验、做法、模式和案例，并研究解决遇到的困难和问题。农业部将根据试点情况、进展成效，适时组织开展农业特色互联网小镇认定工作。

农业部办公厅

2017 年 10 月 10 日

国家发展改革委　国土资源部　环境保护部　住房城乡建设部 关于规范推进特色小镇和特色小城镇建设的若干意见

各省、自治区、直辖市人民政府，新疆生产建设兵团：

特色小镇是在几平方千米土地上集聚特色产业、生产生活生态空间相融合、不同于行政建制镇和产业园区的创新创业平台。特色小城镇是拥有几十平方千米以上土地和一定人口经济规模、特色产业鲜明的行政建制镇。近年来，各地区各有关部门认真贯彻落实党中央国务院决策部署，积极稳妥推进特色小镇和小城镇建设，取得了一些进展，积累了一些经验，涌现出一批产业特色鲜明、要素集聚、宜居宜业、富有活力的特色小镇。但在推进过程中，也出现了概念不清、定位不准、急于求成、盲目发展以及市场化不足等问题，有些地区甚至存在政府债务风险加剧和房地产化的苗头。为深入贯彻落实党中央国务院领导同志重要批示指示精神，现就规范推进各地区特色小镇和小城镇建设提出以下意见。

一、总体要求

（一）指导思想。深入学习贯彻党的十九大精神，以习近平新时代中国特色社会主义思想为指导，坚持以人民为中心，坚持贯彻新发展理念，把特色小镇和小城镇建设作为供给侧结构性改革的重要平台，因地制宜、改革创新，发展产业特色鲜明、服务便捷高效、文化浓郁深厚、环境美丽宜人、体制机制灵活的特色小镇和小城镇，促进新型城镇化建设和经济转型升级。

（二）基本原则。

坚持创新探索。创新工作思路、方法和机制，着力培育供给侧小镇经济，努力走出一条特色鲜明、产城融合、惠及群众的新路子，防止"新瓶装旧酒""穿新鞋走老路"。

坚持因地制宜。从各地区实际出发，遵循客观规律，实事求是、量力而行、控制数量、提高质量，体现区域差异性，提倡形态多样性，不搞区域平衡、产业平衡、数量要求和政绩考核，防止盲目发展、一哄而上。

坚持产业建镇。立足各地区要素禀赋和比较优势，挖掘最有基础、最具潜力、最能成长的特色产业，做精做强主导特色产业，打造具有核心竞争力和可持续发展特征的独特产业生态，防止千镇一面和房地产化。

坚持以人为本。围绕人的城镇化，统筹生产生活生态空间布局，提升服务功能、环境质量、文化内涵和发展品质，打造宜居宜业环境，提高人民获得感和幸福感，防止政绩工程和形象工程。

坚持市场主导。按照政府引导、企业主体、市场化运作的要求，创新建设模式、管理方式和服务手段，推动多元化主体同心同向、共建共享，发挥政府制定规划政策、搭建发展平台等作用，防止政府大包大揽和加剧债务风险。

二、重点任务

（三）准确把握特色小镇内涵。各地区要准确理解特色小镇内涵特质，立足产业"特而强"、功能"聚而合"、形态"小而美"、机制"新而活"，推动创新性供给与个性化需求有效对接，打造创新创业发展平台和新型城镇化有效载体。不能把特色小镇当成筐、什么都往里装，不能盲目把产业园区、旅游景区、体育基地、美丽乡村、田园综合体以及行政建制镇戴上特色小镇"帽子"。各地区可结合产业空间布局优化和产城融合，循序渐进发展"市郊镇""市中镇""园中镇""镇中镇"等不同类型特色小镇；依托大城市周边的重点镇培育发展卫星城，依托有特色资源的重点镇培育发展专业特色小城镇。

（四）遵循城镇化发展规律。浙江特色小镇是经济发展到一定阶段的产物，具备相应的要素和产业基础。各地区发展很不平衡，要按规律办事，树立正确政绩观和功成不必在我的理念，科学把握浙江经验的可复制和不可复制内容，合理借鉴其理念方法、精神实质和创新精神，追求慢工出细活出精品，避免脱离实际照搬照抄。特别是中西部地区要从实际出发，科学推进特色小镇和小城镇建设布局，走少而特、少而精、少而专的发展之路，避免盲目发展、过度追求数量目标和投资规模。

（五）注重打造鲜明特色。各地区在推进特色小镇和小城镇建设过程中，要立足区位条件、资源禀赋、产业积淀和地域特征，以特色产业为核心，兼顾特色文化、特色功能和特色建筑，找准特色、凸显特色、放大特色，防止内容重复、形态雷同、特色不鲜明和同质化竞争。聚焦高端产业和产业高端方向，着力发展优势主导特色产业，延伸产业链、提升价值链、创新供应链，吸引人才、技术、资金等高端要素集聚，打造特色产业集群。

（六）有效推进"三生融合"。各地区要立足以人为本，科学规划特色小镇的生产、生活、生态空间，促进产城人文融合发展，营造宜居宜业环境，提高集聚人口能力和人民群众获得感。留存原住居民生活空间，防止将原住居民整体迁出。增强生活服务功能，构建便捷"生活圈"、完善"服务圈"和繁荣"商业圈"。提炼文化经典元素和标志性符号，合理应用于建设运营及公共空间。保护特色景观资源，将美丽资源转化为"美丽经济"。

（七）厘清政府与市场边界。各地区要以企业为特色小镇和小城镇建设主力军，引导企业有效投资、对标一流、扩大高端供给，激发企业家创造力和人民消费需求。鼓励大中型企业独立或牵头打造特色小镇，培育特色小镇投资运营商，避免项目简单堆砌和碎片化开发。发挥政府强化规划引导、营造制度环境、提供设施服务等作用，顺势而为、因势利导，不要过度干预。鼓励利用财政资金联合社会资本，共同发起特色小镇建设基金。

（八）实行创建达标制度。各地区要控制特色小镇和小城镇建设数量，避免分解指标、层层加码。统一实行宽进严定、动态淘汰的创建达标制度，取消一次性命名制，避免各地区只管前期申报、不管后期发展。

（九）严防政府债务风险。各地区要注重引入央企、国企和大中型民企等作为特色小镇主要投资运营商，尽可能避免政府举债建设进而加重债务包袱。县级政府综合债务率超过 100% 的风险预警地区，不得通过融资平台公司变相举债立项建设。统筹考虑综合债务率、现有财力、资金筹措和还款来源，稳妥把握配套设施建设节奏。

（十）严控房地产化倾向。各地区要综合考虑特色小镇和小城镇吸纳就业和常住人口规模，从严控制房地产开发，合理确定住宅用地比例，并结合所在市县商品住房库存消化周期确定供应时序。适度提高产业及商业用地比例，鼓励优先发展产业。科学论证企业创建特色小镇规划，对产业内容、盈利模式和后期运营方案进行重点把关，防范"假小镇真地产"项目。

（十一）严格节约集约用地。各地区要落实最严格的耕地保护制度和最严格的节约用地制度，在符合土地利用总体规划和城乡规划的前提下，划定特色小镇和小城镇发展边界，避免另起炉灶、大拆大建。鼓励盘活存量和低效建设用地，严控新增建设用地规模，全面实行建设用地增减挂钩政策，不得占用永久基本农田。合理控制特色小镇四至范围，规划用地面积控制在 3 平方千米左右，其中建设用地面积控制在 1 平方千米左右，旅游、体育和农业类特色小镇可适当放宽。

（十二）严守生态保护红线。各地区要按照《关于划定并严守生态保护红线的若干意见》要求，依据应划尽划、应保尽保原则完成生态保护红线划定工作。严禁以特色小镇和小城镇建设名义破坏生态，严格保护自然保护区、文化自然遗产、风景名胜区、森林公园和地质公园等区域，严禁挖山填湖、破坏山水田园。严把特色小镇和小城镇产业准入关，防止引入高污染高耗能产业，加强环境治理设施建设。

三、组织实施

（十三）提高思想认识。各地区要深刻认识特色小镇和小城镇建设的重要意义，将其作为深入推进供给侧结构性改革的重要平台，以及推进经济转型升级和新型城镇化建设的重要抓手，切实抓好组织实施。

（十四）压实省级责任。各省级人民政府要强化主体责任意识，按照本意见要求，整合各方力量，及时规范纠偏，调整优化实施方案、创建数量和配套政策，加强统计监测。

（十五）加强部门统筹。充分发挥推进新型城镇化工作部际联席会议机制的作用，由国家发展改革委牵头，会同国土资源、环境保护、住房城乡建设等有关部门，共同推进特色小镇和小城镇建设工作，加强对各地区的监督检查评估。国务院有关部门对已公布的两批 403 个全国特色小城镇、96 个全国运动休闲特色小镇等，开展定期测评和优胜劣汰。

（十六）做好宣传引导。发挥主流媒体舆论宣传作用，持续跟踪报道建设进展，发现新短板新问题，总结好样板好案例，形成全社会关注关心的良好氛围。

国家发展改革委

国土资源部

环境保护部

住房城乡建设部

2017 年 12 月 4 日

大事记

一、特色小（城）镇建设

2017 年 1 月 8 日上午，"2017 年中国新型城镇化论坛暨'千企千镇工程'启动仪式"在人民大会堂金色大厅举行。下午中国城镇化促进会城镇规划专业委员会分论坛在人民大会堂重庆厅举办，会议主题为"特色小镇，规划先行"。

2017 年 1 月 13 日，《国家发展改革委国家开发银行关于开发性金融支持特色小（城）镇建设促进脱贫攻坚的意见》（发改规划〔2017〕102 号）提出："在贫困地区推进特色小（城）镇建设，有利于为特色产业脱贫搭建平台，为转移就业脱贫拓展空间，为易地扶贫搬迁脱贫提供载体。"具体提出了七项任务：一是加强规划引导；二是支持发展特色产业；三是补齐特色小（城）镇发展短板；四是积极开展试点示范；五是加大金融支持力度；六是强化人才支撑；七是建立长效合作机制。

2017 年 1 月 18 日，住房城乡建设部在国务院新闻办召开新闻发布会，住房城乡建设部总经济师赵晖先生、住房城乡建设村镇建设司司长张学勤先生出席发布会，向大家介绍改善农村人居环境工作进展情况，要求各地有重点、有条件开展特色小镇培育工作，强调特色小镇的建设要注意以下问题和原则：一是要坚持有重点发展、有条件发展，不能一哄而上；二是要坚持有特色发展、有特色建设，防止千镇一面；三是要坚持市场主体、产业为动力，防止"只见新镇不见人"；四是要防止打着特色小镇名义，违法违规搞圈地开发。并就关于特色小镇的问题，避免一哄而上、圈地开发的具体举措回答了与会记者的提问。

2017 年 1 月 22 日，国家开发银行与住房城乡建设部举行高层联席会议。住建部部长陈政高、国开行董事长胡怀邦出席会议并代表双方签署《共同推进小城镇建设战略合作框架协议》。住建部副部长陆克华、总经济师赵晖，国开行行长郑之杰、副行长张旭光、蔡东参加。根据协议，双方将建立部行合作推动机制，按照"优势互补、统筹规划、机制共建、信息共享"原则，协同推进小城镇提升建设和城乡协调发展，2017 年力争打造一批具有示范带动意义的试点小城镇，到 2020 年在全国范围内支持培育 1000 个特色小镇。

2017 年 1 月 24 日，住房城乡建设部与国家开发银行联合发布《关于推进开发性金融支持小城镇建设的通知》（建村〔2017〕27 号），明确开发性金融支持是推动小城镇建设的重要手段，落实各个通知文件里确定的重点镇的建设，推进集中连片贫困区的条件改善以及危房改造，打造出一批有示范意义的小城镇建设项目，明确了重点支持以农村人口就地城镇化、提升小城镇公共服务水平和提高承载能力为目的的设施建设、促进小城镇产业发展的配套设施建设、促进小城镇宜居环境塑造和传统文化传承的工程建设，提出要加大开发型金融支持力度。

2017 年 3 月 11 日，人民银行制定出台《关于做好 2017 年信贷政策工作的意见》（银办发〔2017〕48 号）。意见要求金融机构加大对特色小镇、新型城镇化等重点领域的金融支持，充分发挥中央银行职能作用，加强和改进信贷政策指导，创新投融资机制和金融产品，积极引导金融机构加大信贷支持。会同有关部门建立激励约束机制，大力推动金融机构创新金融产品和服务，探索开展特许经营权、知识产权、碳排放权质押等押质融资方式，支持特色小镇的绿色低碳发展。

2017 年 3 月 23 日，住房城乡建设部在浙江省湖州市德清县召开全国特色小镇培训会，住房城乡建设部总经济师赵晖出席会议并讲话，住房城乡建设部村镇建设司、财政部农业司、国务院侨办，国家开发银行、中国建设银行和各省（区、市）住房城乡建设部门、新疆生产兵团建设局的有关负责人及 127 个特色小镇政府主要负责人参加培训。有关专家讲解了小城镇规划建设指南、产业培育方法，国家开发银行和中国建设银行相关负责人讲解了金融支持政策。会议针对小城镇建设中的问题提出了十项要求规范。

2017 年 4 月 1 日，住房城乡建设部与中国建设银行联合发布了《关于推进商业金融支持小城镇建设的通知》（建村〔2017〕81 号），就利用商业金融支持小城镇建设做出了规定。

2017 年 4 月，住房城乡建设部印发《住房城乡建设部办公厅关于开展 2017 年特色小镇培育工作检查的通知》（建办村函〔2017〕268 号）。通知要求对各省（区、市）和县（市、区）的特色小镇培育工作进行检查，并对第一批 127 个中国特色小镇建设成效进行评估。

2017 年 5 月 9 日，体育总局办公厅下发了《关于推动运动休闲特色小镇建设工作的通知》（体群字〔2017〕73 号），明确指导思想、原则和目标，项目报送的材料和程序。提出到 2020 年，扶持建设一批运动休闲特色小镇；带动小镇所在区域相关产业发展，打造各具特色的运动休闲产业集聚区。

2017 年 5 月 24 日，财政部发出了《关于开展田园综合体建设试点工作的通知》（财办〔2017〕29 号）决定开展田园综合体建设试点工作。明确了基本原则、重点建设内容，同时说明了各省的立项条件、扶持政策以及有关工作要求。

2017 年 5 月 15 日，住房和城乡建设部与光大集团签署《共同推进特色小镇建设战略合作框架协议》。协议规定将建立工作会商制度，通过政府与国有金融控股集团合作的投融资模式，引导商业金融支持特色小镇建设。协议签订后，双方的合作将发挥光大集团在小镇配套设施建设中的优势，为特色小镇建设提供全方位支持；运用节能环保等领域的先进技术和成功经验，创新并设立生态保护、清洁能源、节能减排、资源综合利用等金融产品，积极支持特色小镇的绿色低碳发展。

2017 年 5 月 26 日，住房城乡建设部办公厅下发了《关于做好第二批全国特色小镇推荐工作的通知》。为了做好第二批全国特色小镇推荐工作，通知指出推荐要求，并明确推荐程序和推荐材料。

2017 年 6 月 9 日，农业部市场与经济信息司发布了《关于组织开展农业特色互联网小镇建设试点工作的通知》（农市便函〔2017〕114 号），明确建设原则、投资机制，提出在 2020 年在全国建设、运营 100 个农业特色优势明显、产业基础好、发展潜力大、带动能力强的农业特色互联网小镇。并在小镇内培育一批经济效益好、辐射带动强的新型农业经营主体，打造一批优势特色明显的农业区域公用品牌、企业品牌和产品品牌，将小镇培育成农业农村经济的重要支柱。

2017 年 7 月 3 日，住房城乡建设部办公厅下发了《关于印发全国优秀村镇规划案例集的通知》（建办村函〔2017〕458 号），按照有关要求，遴选山西省晋中市祁县等 10 个县（市）域乡村建设规划、辽宁省大连市瓦房店市谢屯镇等 10 个特色小镇规划、宁夏回族自治区固原市彭阳县城阳乡杨坪村等 10 个村庄规划为全国优秀村镇规划，并汇总编制了《全国优秀村镇规划案例集》。

2017 年 7 月 7 日，国家林业局办公室发布了《关于开展森林特色小镇建设试点工作的通知》（办场字〔2017〕110 号），决定在国有林场和国有林区开展森林特色小镇建设试点工作，明确各省推荐名额、推荐要求和推荐程序。

2017 年 7 月 7 日，住房城乡建设部发布了《关于保持和彰显特色小镇特色若干问题的通知》（建村〔2017〕144 号）。通知指出各地要坚持按照绿色发展的要求，有序推进特色小镇的规划建设发展。在发展过程中要尊重小镇现有格局、不盲目拆老街区；保持小镇宜居尺度、不盲目盖高楼；传承小镇传统文化、不盲目搬袭外来文化。

2017 年 8 月 22 日，住房城乡建设部发布了《关于公布第二批全国特色小镇名单的通知》（建村〔2017〕178 号），公布了包括北京市怀柔区雁栖镇等

276 个镇为第二批全国特色小镇。

2017 年 10 月 10 日，农业部办公厅发布了《关于开展农业特色互联网小镇建设试点的指导意见》（农办市〔2017〕27 号），进一步规范农业特色互联网小镇建设，厘清建设的总体思路、融资模式、重点任务和机制路径。力争到 2020 年在全国范围内试点建设、认定一批产业支撑好、体制机制灵活、人文气息浓厚、生态环境优美、信息化程度高、多种功能叠加、具有持续运营能力的农业特色互联网小镇，并对各级农业部门做了有关安排和要求

2017 年 10 月 18 日上午，中国共产党第十九次全国代表大会在人民大会堂召开，会议强调，实施区域协调发展战略，以城市群为主体构建大中小城市和小城镇协调发展的城镇格局，加快农业转移人口市民化。

2017 年 12 月 4 日，国家发展改革委、国土资源部、环境保护部、住房城乡建设部联合发布了《关于规范推进特色小镇和特色小城镇建设的若干意见》。

2017 年 12 月 18 至 20 日，中央经济工作会议在北京举行。会议强调，实施区域协调发展战略，引导特色小镇健康发展。

二、"千企千镇工程"

2017 年 1 月 8 日，"2017 年中国新型城镇化论坛暨'千企千镇工程'启动仪式"在京举行。全国人大常委会原副委员长、中国城镇化促进会主席蒋正华致开幕辞，国家发展改革委副主任胡祖才发表主旨演讲，中央政策研究室原副主任、中国城镇化促进会常务副会长郑新立和住建部原副部长、国务院参事仇保兴等围绕新型城镇化建设、美丽特色小（城）镇建设及实施"千企千镇工程"等发表演讲。

2017 年 1 月 12 日，"千企千镇工程"第一次六部门联席会议召开。

2017 年 3 月 3 日，"千企千镇工程"第二次六部门联席会议召开。会议就《千

企千镇工程实施导则（草案）》广泛听取各方意见和建议。

2017年3月31日，"千企千镇工程"办公室召开千企千镇服务网建设座谈会。会议指出，信息化建设对实施"千企千镇工程"意义重大，各部门都要高度重视，狠抓执行，狠抓落实。

2017年4月11日，"千企千镇工程"课题组调研碧桂园总部。

2017年4月16日至4月19日，由国家发展改革委发展规划司指导、中国城镇化促进会举办的第一期"千企千镇工程"培训班在国家行政学院举办。来自全国各地的特色小（城）镇建设负责人，以及有意愿加入"千企千镇工程"的相关企业负责人共260余人参加了培训。

2017年4月16日至17日，"千企千镇工程"课题组赴吉林省，就特色小（城）镇建设情况展开调研。

2017年4月26日，"千企千镇工程"课题组赴城云科技（中国）有限公司调研。调研组参观了城云科技"云中之城"智慧城市体验中心，并与城云科技领导就特色小（城）镇建设和"千企千镇工程"实施合作事宜进行沟通与交流。

2017年4月28日，"千企千镇工程"课题组赴武汉新港华中贸易服务区项目调研，出席了2017年武汉新港华中贸易服务区项目现场推进会，与武汉金融控股集团、新洲区政府就推进阳逻港口特色小镇（城）的港产、港城融合发展和智慧信息系统建设，以及建设港口特色小（城）镇和实施"千企千镇工程"合作事宜进行沟通与交流。

2017年5月5日，"千企千镇工程"第三次联席工作会议召开。会议审议通过了《千企千镇工程实施导则》；审议通过了《千企千镇工程办公室主任、副主任名单》。

2017年5月6日，2017年中国企业家年会特别举办了"千企千镇工程"进株洲论坛，中国企业联合会、中国企业家协会和中国城镇化促进会邀请国家开发银行、中国光大银行、中国金茂控股集团、中建八局、北京东方园林股份有限公司和泰禾集团等单位与株洲市 20 个小镇领导进行了座谈和交流。

2017 年 6 月 1 日，《中国特色小（城）镇发展报告 2016》发布会在国家行政学院举行。

2017 年 6 月 1 日至 3 日，"千企千镇工程"培训班在京举办。在国家发展改革委发展规划司指导下，中国城镇化促进会在国家行政学院举办了第二期"千企千镇工程"培训班。参加本期培训的学员共 301 人，其中来自全国 17 个省市乡（镇）以上地方政府学员 199 人；来自央企和全国 18 个省市的企业学员 102 人。

2017 年 6 月 5 日至 7 日，"千企千镇工程"课题组赴山西调研，分别赴山西省侯马市、洪洞县调研特色小镇建设情况。通过调研，课题组认为，特色小镇建设的核心是"特色"和"产业"，只有真正做到生产、生活和生态"三生融合"，坚持科技引领、创新驱动，充分发挥市场主体作用，特色小镇建设才真正能够少走弯路、多见成效。

2017 年 6 月 24 日至 7 月 1 日，"千企千镇工程"课题组赴四川调研，分别赴四川省眉山市、德阳市、南充市、宜宾市和自贡市调研特色小镇建设情况，并与当地政府和企业就特色小镇建设过程中的有关问题进行了广泛交流和探讨。

2017 年 7 月 12 日至 15 日，全国人大原副委员长、中国城镇化促进会主席蒋正华率课题组赴广东省中山市、深圳市专题调研特色小镇建设。在深圳市，蒋正华出席了"深圳人工智能·机器人小镇座谈会"和座谈会后举行的"深圳人工智能·机器人小镇签约仪式"。

2017 年 7 月 15 日，中国城镇化促进会与重庆市发展改革委联合举办了"千企千镇工程"进重庆活动。活动中，中信城开、中建一局、上海中建、洛德文化、梅安森科技、香港卓越环球、北京戎华影视、中科雁栖湖科技、京汉实业等近 20 家企业与重庆市 39 个特色小镇、11 个主题街区进行了对接交流。

2017 年 7 月 27 日"千企千镇工程"第四次六部门联席工作会议召开。会议回顾总结了"千企千镇工程"实施半年来的工作情况，并就下一步工作进行了部署。

2017年7月29日至31日，中国城镇化促进会课题组赴湖北调研。课题组赴湖北省云梦县、天门市、襄阳市专题调研特色小镇建设和"千企千镇工程"实施情况。

2017年8月6日，由中国城镇化促进会主办，青岛市城镇化工作领导小组、青岛市黄岛区人民政府（西海岸新区管委）承办的"千企千镇工程"进青岛活动在黄岛区举行。

2017年8月7日，"千企千镇工程"课题组赴即墨太阳能小镇调研。

2017年8月11日，中国城镇化促进会课题组赴河北滦平调研特色小镇建设和"千企千镇工程"实施情况。

2017年8月26日，2017美丽中国·产城融合——战略新兴产业暨"千企千镇工程"走进兴安盟高峰论坛在内蒙古兴安盟科右前旗举行。来自全国各地的院士、金融专家、企业家约200人出席了会议。会议就有关政策、技术以及新兴战略产业如何与特色小镇建设相融合，促进经济可持续发展等问题进行了深入探讨，并签订了一批合作项目。

2017年10月27日，"千企千镇工程"进咸宁活动正式启动。活动由中国城镇化促进会、国家中医药管理局所属事业单位中国中医药科技开发交流中心、全国老龄委办公室所属事业单位中国老龄协会老年人才信息中心和咸宁市人民政府共同主办。全国人大常委会原副委员长、中国城镇化促进会主席蒋正华出席活动并讲话。

2017年10月20日，"千企千镇工程"第五次联席工作会议召开。会议总结了"千企千镇工程"一段时期以来的工作情况，审议了"千企千镇工程培育办法"及"千企千镇工程专家库管理办法"。

2017年12月10日，第九届中国侨商论坛暨"千企千镇工程"进海南活动在海口举办。活动主题是"凝聚世界侨商力量·服务乡村振兴战略·建设海南百镇千村"。活动旨在搭建海南省乡镇与华商侨商企业交流平台，促进海南省镇企融合发展和城乡融合发展。全国人大原副委员长、中国城镇化促进会主席蒋正华出席活动并讲话。中国侨商联合会、各省市区的侨商联合会、华商联谊会、华侨华人商会、国际华商会、中国城镇化促进会、中国企业联合会和中国企业家协会等社会组织代表，华商侨商企业代表，以及海南省部分乡镇代表共计 600 余人参加了活动。

2017 年 12 月 23 日至 24 日，"千企千镇工程"课题组赴贵州省铜仁市调研。课题组对当地特色小镇、乡村建设等进行了调研，并就该市在特色小镇建设、乡村振兴等方面遇到的相关问题进行了充分交流和探讨。

后 记

自 2016 年 7 月"三部委"联合发布《关于开展特色小镇培育工作的通知》以来，特色小（城）镇建设在全国全面开展已有两个年头。2017 年各地进一步明确特色小（城）镇发展目标和路径，扎实推进，展现了良好的发展势头。一年来，各地政府抓住乡村振兴和城乡融合的发展契机，充分发挥政府主导作用，积极制定金融和产业扶持政策，在小城镇规划建设和基础设施方面取得了明显成效；企业积极配合，通过跨界融合，在特色小镇方面不断创新；鼓励居民参与，调动了广大居民的积极性。投融资模式更加灵活、品牌意识逐渐增强，大批具有知识产权的特色小镇如雨后春笋脱颖而出。本报告的目的主要在于展现 2017 年特色小镇建设所取得的成就、发展特点、问题和发展趋势，为读者全面了解我国特色建设提供参考。

参加编写的人员：

陈炎兵：全书的策划和组织。

姚永玲：全书的内容设计、组织和结构安排，资料搜集、撰写，最后统稿等。

杨阳：第一、二、四、六章资料整理和部分初稿、小镇类型划分。

李若愚：全书的地图绘制、专家观点整理等。

俞恺：提供了杭州市部分调查资料。

谢怡莉：第七章网络数据搜集和计算、政策汇总编排。

王佩琳：专家观点汇总和大事记整理。

马圣慧：部分类型汇总。

黄顺军：报告编写的联络工作。

宋海波："千企千镇工程"发展报告的起草统筹。

张斌："千企千镇工程"案例征集统筹。

张敏："千企千镇工程"发展报告资料案例收集、整理，起草工作协调。

尧秋根："千企千镇工程"发展报告的初稿撰写。

束文琦：各地特色小（城）镇建设相关资料收集和整理。

张金来："千企千镇工程"发展报告的统稿。